勿使前辈之遗珍失于我手
勿使国术之精神止于我身

拳道薪传

大道太极

太极拳道修诀要

黄震寰 —— 著

北京科学技术出版社

图书在版编目（CIP）数据

大道太极：太极拳道修诀要 / 黄震寰著．— 北京：北京科学技术出版社，2023.1（2024.4 重印）
ISBN 978-7-5714-2201-1

Ⅰ.①大… Ⅱ.①黄… Ⅲ.①太极拳—研究 Ⅳ.①G852.11

中国版本图书馆 CIP 数据核字 (2022) 第 041079 号

策划编辑：李博伦
责任编辑：苑博洋
责任校对：贾　荣
封面设计：何　瑛
责任印制：张　良
出 版 人：曾庆宇
出版发行：北京科学技术出版社
社　　址：北京西直门南大街 16 号
邮政编码：100035
电　　话：0086-10-66135495（总编室）　0086-10-66113227（发行部）
网　　址：www.bkydw.cn
印　　刷：保定市中画美凯印刷有限公司
开　　本：710 mm × 1000 mm　1/16
字　　数：315 千字
印　　张：22.75
插　　页：16
版　　次：2023 年 1 月第 1 版
印　　次：2024 年 4 月第 3 次印刷
ISBN 978-7-5714-2201-1

定　　价：118.00 元

黄震寰（后）与吴图南大师夫妇（前）在吴图南大师百岁时合影

1985 年，黄震寰的首批弟子（后排）拜师，与黄震寰的恩师石明大师（前排左 2）、黄震寰的师兄弟杨家仓（前排左 1）、张国健（前排右 1）等老师合影留念

1991 年，吴图南武术思想研究社成立大会合影。［徐才（中国武术协会主席，前排左 6）、刘哲（北京武术协会主席，前排左 5）、杨家仓（吴图南武术思想研究社第一任社长，前排左 7）］

2001 年 9 月，邯郸国际太极拳大会名家合影。［陈正雷（左 8）、孙永田（左 4）、王海洲（左 5）、郝怀木（左 6）、吴文瀚（左 7）、黄震寰（左 3）］

2007 年 8 月，黄震寰在西班牙教授大道太极拳

2010 年 8 月 28 日，黄震寰在美国西雅图与弟子、学生合影

2013 年 3 月，黄震寰 80 岁寿庆暨大道太极拳学术研讨会，黄震寰与海内外弟子、同修合影

2015 年 9 月，黄震寰在北京收徒，诸位太极名家见证并合影

2016 年 5 月，大道太极研讨会在北京举行

2017 年 9 月，大道太极内部交流会，黄震寰发表主旨讲演

黄震寰在北京航空航天大学绿园示范讲解推手

2018 年 6 月，永城大道太极协会成立大会合影

2018 年 10 月，大道太极推手研训交流会

2016 年 10 月，黄震寰在演示如何虚胯

2018 年 6 月，黄震寰在永城体育馆带领学员练习太极拳

黄震寰在北京航空航天大学绿园指导弟子进行推手练习

饮水思源，传承太极，永怀师恩

田兆麟大师是我的第一位启蒙老师

吴图南大师是我追随最久的恩师

石明大师是我的第三位授业恩师

序一　太极拳由术入道臻化境

将英文中的Philosophy译为中文“哲学”，本是日本学者西周首先提出的，中国学者沿用之。其实在希腊语中，哲学（Philosophia）是由“热爱（Philo）”和“智慧（Sophia）”两个单词合成的，哲学就是“爱智慧”。说到底，哲学是古希腊民族哲人对宇宙和人生最高境界的智慧探求，这种探求最初并没有什么功利目的，只是“为学术而学术”的爱智精神。而在中国，中华民族的先哲们早就探求出宇宙和人生的最高境界，这就是“道”。道是智慧之源、知识之根、学术之本，它是信仰的终极追求、哲学的最高本体、科学的原始公设、美学的至高境界、伦理学的基本价值取向、世界文明的坚实支点、人类精神回归的家园。中华民族的所有文化要素都是以道为中心展开的，道是一切文化形态的逻辑起点，也是它们的逻辑终点。中国的诸子百家，上自治国用兵，中到修道养生，下至百工技艺、医卜星算，皆是研习自己的道。因此，中华民族的爱智之学，应该译为道学。

北京航空航天大学的黄震寰教授和我一样出身于理工科。他在做好本职工作的同时，潜心研习太极拳 60 余年，终于体悟太极拳文化的真谛，使之切入道学的至高境界，将太极拳和内丹学打通，创造出别具一格的“大道太极拳”。我于“文革”前毕业于天津南开大学化学系，20 世纪 70 年代末在广州中山大学师从物理学家黄友谋教授攻读硕士学位时，和丁宝兰教授指导的研究生王左峰同学相交甚深，而黄震寰教授是王左峰同学的太极拳入门老师。后来为调研丹道、禅宗、密宗修持法诀，我按照钱学森老师的建议，远赴康藏，出入禅密，行走江湖，走遍山林。历时 30 年，终于写出《丹道法诀十二讲》，为钱老倡导的人体科学做出了贡献。黄震寰教授作为我国航空事业的老专家，自然对钱学森院士的人体科学心领神会，我的所有内丹学著述他都读过，并能别有体悟，将其精髓融入太极拳中。先师张义尚先生为李雅轩嫡传弟子，亦为杨式太极拳名家，著有《丹道薪传》《武功薪传》等书，有诗云：“太极技艺与道通，其中奥妙窈难穷。”丹道和太极拳本来相通，黄震寰教授依此创立大道太极拳，良有以矣。

中华民族的传统文化包括儒、道、释、医、易，乃至戏曲、音乐、绘画、丹道、密宗、武术、象棋、茶道，其最高境界皆能与道相合。吾人欲使这些文化要素薪火相传、经久不息，一是需要传承，二是能够创新，要敢于超迈古人，黄教授的难能可贵之处就是做到了这两点。《庄子·天下篇》称老子、关尹为“古之博大真人”，并描述其道术为“在己无居，形物自著。其动若水，其静若镜，其应若响。芴乎若亡，寂乎若清。同焉者和，得焉者失。未尝先人而常随人”。难道这不正是大道太极拳的行功法诀吗？

世界各地习练太极拳者不下亿人，有人用于强身健体、修心养性，也有人用于擂台竞技和散手技击。有些习练者终生习练，终身受益；也有些虽然身体机能提升，但不能获得王宗岳拳论中所谓“耄耋御众”之能，终其一生只能达到武师的高度，甚至晚年时病魔缠身。

黄教授以老子《道德经》中的大道理论为准则，结合现代科学提出的大道太极拳修炼理念，将太极拳道和太极丹道修炼相结合，将太极拳由“形和术”的锻炼进而为以《道德经》为理论的“大道”的修炼，动功修拳，静功修道，练养结合，内外兼修，以太极之理练拳技，以太极之理修大道，由拳悟道，使太极拳进入了道家提倡的性命双修模式。

黄教授倡导的大道太极拳内功是通过修炼内丹得到的，也就是说太极拳的基本功是内丹功。只要我们根据太极原理修炼内丹，培养丹元能量，增强内气运行，就可以在体内炼成丹珠，产生丹元场，形成丹元场能。黄教授明确提出，在太极拳修炼中必须进行造化－还原的逆修方式，并要求肢体松柔软、体内松空通、整体虚空无。他还将无极静桩功提到了前所未有的高度，认为这是太极拳道入门的不二法门、无上妙法。

黄教授提到了大道太极拳修炼的特点：其一，大道太极拳的修炼程序一是炼形健体壮精，二是炼精化气，三是炼气化神，四是炼神还虚，五是炼虚合道；其二，大道太极拳的修炼方法“无为入，有为炼，返无为”，是一个有无相生的过程；其三，大道太极拳以“穷理尽性以至于命”为修炼基本步骤；其四，大道太极拳的修炼过程要实行造化－还原的修炼，目的就是“混合神气”，使阴阳相合得一气，注重内丹能修炼；其五，大道太极拳调息以踵息为宗。

以上特点无不符合道学文化中养生修炼的哲学和方法。黄教授还把道家的阴阳、虚实、有无相生原理引入大道太极拳的修炼当中，根据道学中的丹道理论和静修大道，将太极拳拳架的修炼方法进行了创新，一式一定（桩），每一式都包含了有无、动静、虚实、聚散、折叠，动功的修炼强调动中求静、动中求空，回到先天阴阳，归虚返空，从虚空中获得修炼的能量。

黄教授的大道太极拳在演练中也展示了丹元能、空中屈伸、空中粉碎，展示了虚空的能量，真是道学精神的活样板。

黄教授向社会推广的养生推手六准则为松静、松柔、圆融、缥空、神灵、虚空无，以推手为手段，实乃丹道修炼。黄教授整理的松功十法纲要、九珠松功、丹摆功、太极调息功、无极静桩功等功法为太极修道养生指明了入门道路。

黄震寰教授在60多年的太极拳修炼和教学中，逐渐形成了自己的风格。特别是近30年，他周游世界，传道授徒，弟子遍布海内外。他还写了不少研究论文，构建了大道太极拳的完整体系。他比我年长，耄耋之年仍精神矍铄，来寒舍小聚时和年轻武术家推手交流，虚无高妙，令对方应声而出，实在莫测高深。今其《大道太极》大著问世，敢献刍荛以附骥尾。

胡孚琛

2013年1月于中国社会科学院

（注：胡孚琛，中国社会科学院研究员，哲学所博士后合作导师；中国社会科学院研究生院教授、博士生导师；全国老子道学文化研究会会长；1993年获国务院政府特殊津贴。

本序写于2013年1月，为《大道太极》初版面世所作。）

序二 大道太极修炼养生为本

黄震寰先生从事大道太极理论研究和修炼实践几十年，用心体悟出大道太极理法体系，该体系具有极高的养生健体价值。

黄先生道德高尚，功夫出神入化，技艺阶乎神明，是众弟子、同修的楷模，也为国内外太极拳界所称道。先生在长期的大道太极修炼中，成就了深厚的“底气功”、莫测的“神功”和变幻的“虚空功”。由大松、大静、大柔、大软、大虚（空）而达无形无象、引化拿发对方于不知不觉的境界。

在太极推手中，有“定发”和“动发”，但从功夫上手来说，又分“静手”和“出手”。“静手”指安静站立，双手下垂，寂然不动，松散通空。然而摸手者只要对其有感，则感而遂通，表现为一扶即跳，一揪即起，一摸就空，一碰就出；艺高者离体即感，表现出凌空现象。其内气相感可以疏通经脉，按摩内脏，祛病强身。“出手”指举手飘手，接手空手，出手无手，表现为空中屈伸、空中粉碎，摸手对方会感到缥缈无依或惊骇悬空，手一指或劳宫一涨，对方就蹦跳出去了，也表现出凌空现象。体现了无形无象无纷弩，一片神行至道夸。黄先生的许多学生和弟子经过多年修炼，现在也可以达到这种玄妙境界了，我本人亦如此。

我早年从学吴图南大师，得丹炁。自 1995 年至今，随学于师兄黄震寰先生已近 30 余年，相继得涌泉丹、得神、得虚空态。特别是 2021 年 12 月我与尹风雷等同修推手，先生看到视频后予以充分肯定："很棒，老吴成功了！"先生说，"你的涌泉丹能已经上升化神，身体通透，无形无象，出手无手，对方被感应，所以跳起来，有凌空现象的效果，技艺阶乎神明，接近太极拳的最高境界。你已高龄还有这样的进步突破，实属不易。说明按大道太极拳理法修炼，定有所成。"

我特别想说的是，如果我早年修炼太极拳不是由"武修"转入"道修"或练其他拳，就可能像有的人那样到了 80 岁甚至不到 80 岁身体就要走下坡路，疾病缠身，甚至坐轮椅。值得庆幸的是，我不但平安度过人生 84 岁大关，而且在 87 岁还能取得进步和突破，究其原因，就是在每个进阶关口先生都及时指导我修炼，而我则能坚持不懈。

很高兴《大道太极：太极拳道修诀要》一书即将出版。本书对于大道太极的理论体系和功法体系皆有补充创新，还对一些修炼秘诀多有阐述。文章叙述平实，文字简练，结构缜密，内容全面，读来引人深思。从我一个老者的亲身实践经历，到大道弟子们的修炼有成，以及众多同道同修和太极拳爱好者的广泛参与，已经表明，大道太极理论与功法体系经受住了实践的检验，它不但能修炼养生，而且可使技艺阶乎神明，是太极拳上乘功法。相信读者在反复阅读后，定能有所感悟。

吴子玉

2022 年 2 月于北京陶然亭

（注：吴子玉，离休干部，国家电网华北电力科学研究院高级工程师；20 世纪 70 年代初师从吴图南大师学习太极拳，1995 年跟随黄震寰先生修炼大道太极；曾任吴图南武术思想研究社副社长，国家武术段位制太极拳六段。）

目录

第一章

大道太极的理论基础

第一节　太极拳之根与本

笔者从小体弱多病，少年时期（1947 年起）在上海跟随太极拳大师田兆麟先生学习杨式传统太极拳及推手，身体逐渐强壮起来，从此爱上了太极拳。50 年代及“文革”期间，我又在北京紫竹院公园跟随多位太极拳名师学习太极推手和太极剑、棍。60 年代末，有幸跟随太极泰斗吴图南大师学习吴式太极拳和推手。70 年代末，又随如意太极拳大师石明先生学习杨式老六路架子和如意太极功夫。80 年代开始传授学生太极文化和拳法。在这七十多年的学习和教授太极拳的过程中，笔者尝到了不少酸甜苦辣，遇到过很多障碍和问题，也见到了很多值得思考的现象。

一、太极拳习练中的误区

在长期学习和教授太极拳的过程中，我发现许多太极拳练习者急功近利，不注重放松的训练。由于松得不透，身上很硬，臂、手很僵，变成了“板子身、棍子手、棒子腿”。当一些人身上、手上拙力未退去时，就形成了“外板、外棍、外棒”。当有些人把内劲练上身时，变成了内贯劲，就形成了“内板、内棍、内棒”。有些人不明先师们口授的“练什么，扔什么”的方法，而照搬过去练武的老式路子，即先练明劲，再练暗劲，而后练化劲，由于练习落在“劲”字上，结果是练了明劲，明劲不退，练了暗劲，暗劲不丢，隐在身内，长此以往，形成习惯，真是“板棍已成难辞去”。

吴图南大师晚年根据以上现象总结出了新的练武路子，首要彻练松功。放松不是想出来的，要有一套彻练放松的方法。在 1984 年的武汉国际太极拳会议上，吴老创新性地提出了“太极拳四功论”，即太极拳由松功、招功、劲功和气功组成，以后又发表《松功论》和《宗气论》。吴老告诫学生，练太极拳首先要在“松”字上下功夫，要求松透，松透，再松透，故又创立了一套放松全身大小关节和肌肉的松功功法。通过松功练习使全身各部位能动转灵活而又轻灵灵敏，练透之后才能去练劲功，此时就不会产生“板、棍、棒”的现象了。吴老在 1971 年就写出《松功法则及诸练法》一文，总结出上肢松功六则、躯干松功四则、下肢松功四则、全体松功四则。因“文革”而未能发表，仅在少数内部弟子中传阅。20 世纪 80 年代，我开始教弟子们练松功，总结发表了基础松功功法，即《松功十法纲要》。

杨家和吴家太极拳的历代宗师们不提倡太极推手搂抱和摔拿倒地的方式，而要求在相互沾粘连随的过程中练习听劲，并获得不丢顶的能力，而后练习接手、接劲、引劲、化劲和发劲，实现文明推手和艺术推手，以区别于散手的打打杀杀和推手中的对抗顶牛。先师们要求贯彻“舍已从人”“引之至长，动之至微，发之至骤”的太极箴言。推手时，要明懂劲、求灵敏，受发者要如雀儿那样，“被发欲跌须雀跃”。接触中要“一接点中求”，对峙中要以柔克刚、以静待动、以虚对实。杨澄甫大师更是提出练太极拳应用意不用力。

二、太极拳修习的取向思考

在太极拳体系中，太极推手的发明是非常文明、非常科学的创举。太极推手不需要擂台，不需要裁判，不受场地的限制，而又特别能锻炼人的体质。练太极拳是一种非常好的运动方式，吴图南大师称太极拳为“休息的运动”。太极拳对许多慢性病有很好的辅助疗效，长期练习可以使体质由弱变强，因而能在国内外如此普及。

太极热国内经久不衰，国外也是风靡世界。我在纽约教授太极拳期间，发现每逢周末或节假日，纽约的中央公园和街心花园都会聚集很多太极推手爱好者，他们从邻近的城市赶来，互相交流，大家轮流推手，没有门户之别和派系之争。我在西班牙参加国际太极拳会议期间，共有来自 15 个国家和地区的几百人参加。他们每天上午听完专题讲课后，下午就两两组合，相互推手，每隔几分钟就轮换一次推手对象。这样循环推手就可以体验各种风格和技巧，真是非常有趣。

太极修习的人很多，但也产生了很多问题，由于练习不得法导致了很多负面的效应。例如很多爱好者由于长期习练太极拳，出现膝关节损伤的情况，影响走路和爬楼梯，以至于有人将因练习太极拳而导致的膝关节病称为“太极拳职业病”。尤其是太极拳还具有武术的性质，致使许多练武者过多地追求武术的效果而产生更严重的负面效应。我认识许多老拳师，他们有些老了以后坐上了轮椅，还有的练得驼背弯腰，不能挺直走路，很是遗憾。

2008 年夏天，我在北京松山的疗养胜地教授太极拳期间，遇到了一位在山上修养的太极拳名师，年纪在 50 岁左右，他教出的徒弟在全国太极推手比赛中拿过冠军，可他对我说：“我爱太极拳，也恨太极拳。”这是何意呢？他说：“我本人从小就非常喜欢太极拳，而且受过名师的培养，也教过很多学生，但是我把腿脚练坏了，现在不好走路和爬山了，也不能再练了，所以我也恨太极拳。”

在长期教学中，我发现一个值得深思的现象：有的太极拳名家功夫颇高，名气很大，但是去世很早，有的甚至不到 40 岁就离去，实在可惜；有的太极拳大家在年轻时下过功夫，但上了年纪就病魔缠身，很是痛苦；有的太极拳名家晚年腿脚不灵便而只能坐上轮椅；可有的太极拳大师就寿命很长，腰背笔挺，功夫也很好。

太极泰斗吴图南大师晚年还步履轻灵，一派仙风道骨，逝世的前几天，还头脑清醒，手脚灵活，从未坐过轮椅。更可贵的是吴老的夫人刘桂贞，也因坚持练习气功和太极拳，享寿 107 岁。誉满京城的松柔太极拳大师杨禹廷先生享寿 97 岁，而上海鑑泉太极拳社社长马岳梁大师活到 98 岁。

为什么同样是练太极拳，其结果却如此不同呢？当然，有人会说原因很多，也与家族遗传基因有关。这种现象确实与多种因素有关。人的经历不同，处境也各不相同，但问题是新中国成立后，社会各方面的条件大大改善，人们的平均寿命都已大大提高，何况太极拳习练者呢？

（一）价值取向不同

有的人在练习太极拳过程中偏向于竞技，追求技击术，求胜心偏重，练得多，养得少，平时能量消耗过大，长此以往，必落下病根。更有些人不注重劳逸结合，劳累过度，甚至英年早逝。有的人在锻炼中偏向健身，不热衷于竞技推手，注意练养结合，以养为主，养中有练，形成良性循环，所以能长寿。

（二）品格性情不同

每个人都有自己的品格性情，有些是由遗传因素决定的，有些是后天形成的。有些人不顾他人感受，随心所欲，随意发作，推手时只能赢不能输，悖理争胜，不服人。这样的人心胸狭窄，容不得人，性情暴躁，盛气凌人，练太极拳过程中又不注重修炼自己的性格，既伤害了自己又伤害了别人。但有的人则相反，他们注重自我品德修养培养，从而能宽容厚道，待人诚恳，练习太极拳时求慢求静，将练太极拳作为改变自己性格缺陷的手段，推手和练功时都是量力而行、点到为止，能不计成败、不求输赢，做事不慌不忙，平和待人，所以能健康长寿。吴老给我们树立了很好的榜样，他就特别重视个人的心性修炼，从来都和蔼可亲、心胸宽阔、虚心待人。杨禹廷先生也是待人诚恳，平易近人，脾气特别好。

（三）锻炼方法不同

太极拳练习者对锻炼要领理解不同，锻炼方法就有区别。如有人认为，练拳架时，架子越低越出功夫，也不管年龄大小，强调四平架，姿势偏低。长期屈膝而造成膝部负荷过重，膝盖就容易出问题，上年纪后必然影响行走，有的发展到只能坐轮椅，究其原因，就是缺乏科学的锻炼方法。有的人注意锻炼方法和要领，明白在练架子前先做些热身运动，如放松运动，在练拳过程中，能明白和体现阴阳相济的原理，比如说，练拳时，有降必有升，有虚必有实，有前必有后，有张必有弛。吴老就十分注重科学锻炼。他年轻时还写过一本书，叫《科学化的国术太极拳》。有了科学的练法，即使上了年纪，身体仍旧硬朗，腿脚仍旧灵活，能独立生活而不用人服侍。

三、理悟太极需要求本溯源

国内外学习太极拳的人数千千万万，但步入太极殿堂，获得上乘功夫的人凤毛麟角，代不数人。一直以来，只有那些有机遇的幸运者，可以遇到不保守、肯教的好老师、真明师，而且个人具有坚强的意志力和吃苦耐劳、百折不挠的精神，以及高尚的品德和学养，才有可能最终获得成功。

太极功夫练上身是一种能力的体现，而获得能力比获得学识难度更大。我的一位非常有成就的学生，教授、博士生导师梁先生说："用在太极拳上的这些时间早就可以拿几个博士学位了。"

更为遗憾的是，很多太极爱好者根本不知道练习方向，多年刻苦练习，一直不入其门，身心不能得养，他们只是通过形体上的太极拳架，甚至太极操以锻炼身体、提高体质。

那么太极到底是什么？为什么这么难练？怎么才能明白理解，从而能习练上身呢？我们这里先从多位太极大师传授的太极精要谈起。从太极武学各派大师教学的经验总结来看，他们都有各自传授的精要。

先师田兆麟先生注重练习杨家传授的太极抽丝功。田师曰：“抽者，内抽也，不着重外形。”其关要为“起于涌泉又回于涌泉”，要求太极八法以掤为首法，其要点是“形于外而掤于内，内气的作用也”。

先师吴图南先生注重练习“活人活肉”。人体共有 600 多块各类肌肉，其中一些大肌肉群属于随意屈伸肌，俗称工作肌，还有一些肌肉是不受我们意愿支配的，称为不随意肌（或休息肌）。要练到如马身上的小肌肉群能抖动那样，可以随意活动身上的不随意肌。

先师如意太极拳大师石明先生功夫了得，能用意击人。他老人家要求入门先练无极桩，再练太极三圈功，即肩圈功、腰圈功、胯圈功，然后要练如意太极单操功，最后要求脚下漂空，内劲游走，最难的是要能空劲。

杨健侯宗师“古钟论”中的“钟锤说”，就是要通过练习将肌肉变“活”，以指挥钟锤提落和摆动用以击人。又如有些练家通过腰肌的练习，可以腰化或腰打，俗称左右腰子打。有的可以用胯打、胯化，有的可以用小腿肚子打，还有的可以用脚跟打，其口诀是“起于脚跟，发于腿，主宰于腰，形于手”。有些以下丹田击人，称“丹田上手”或者“丹田出手”，高功夫者可以达到“一粒黍珠到指尖，指尖力如电”。北京的王力泉（培生）大师生前发放清脆，而杨禹廷大师发放轻灵柔和。

以上简单地叙述了传统太极拳的一些练法精要，均为内传的秘密，是传统太极拳的武学精华。但是，我们大家看到这些，找到了太极是什么的答案了吗？其实，这只是习练太极不同形式的“果”而已。这些“果”与太极是什么关系？方法是什么？什么道理？

上述各类要法，实际上都是在求“那个物”。老拳师们称之为“那个玩意儿”“那个东西”。显然“那个东西”就是太极劲，或称太极内劲。有了太极内劲以后，则可“拳打千遍，其理自明”，否则拳打万遍，仍无效果。

有了初步的太极内功以后，就可以练习拳架和推手，在推手中练习听劲、走劲和化劲，在招熟后就能懂劲，懂劲以后再阶及神明。

笔者认为，学习太极拳，明理是极其重要的。要搞清楚老师“法”的理和内涵，从老师的言传身授中琢磨为什么，有什么深意，为什么这样而不是那样，然后刻苦认真的习练和体悟。

对于想深入太极之门的人来说，还要“求其本、溯其源”，从太极的文化、哲学之根上下手，在更深的层面理悟，探其思想之源，知其之理，解其用。

禅宗讲“见与师齐，减师半德。见过于师，方堪传授。”通过对太极的溯本清源，在哲学思想层面有了深入的认知，就更容易在跟随老师学习的过程中在身心上逐步理悟哲学，体悟太极，从而“登堂入室”，达到太极高峰，并且在生活中充分享受太极之妙。

四、太极修炼是根本之道

太极拳之所以这么称谓，其必定是要以太极之理为指导。太极理论源于道家，是道家文化的结晶。《周易·系辞上》有“易有太极，是生两仪”，无极而太极，然后太极生两仪，两仪即阴阳。《庄子·大宗师》指出：“夫道在太极之上而不为高，在六极之下而不为深。”说明道先于太极，道主宰太极，太极必然归于道。张三丰在《太极道诀》中说：“练太极拳为入道之基。”可知要以太极之理悟道，悟道为了修道。司马迁在《史记》中记载：“老子以其修道而养寿。”可知要以太极之理修道，修道为了养寿。

有的人不清楚练太极拳为入道之基，不明白锻炼与修炼的区别，因而只停留在锻炼筋骨、活动腰腿上面，或者停留在武术层面，落在术、形、技、劲的锻炼上。有的人经过学道、悟道后，由锻炼升为修炼，由练“术”进为修“道”，其结果就大不相同。

吴图南大师在他的《太极拳之研究》一书中告诫人们：“我们研究太极拳的人，认为技击乃余事耳。就是说太极拳修炼是大道，技击乃太极拳的余事。为什么呢？道理很简单，因为你的技击术无论多么高超，当你人死了就没有用了，故还是应该以养生长寿为主，以技击为辅，这就是太极拳的先人们的本意，也是历代太极拳先人们的一贯主张。”又说：“你是想推手赢人，还是想活得长一些？讲发放，伤人，伤己；讲柔化，得养。”

张三丰就要求练拳者：“愿天下豪杰延年益寿，不徒作技艺之末也。”太极拳经《十三势行功歌诀》有云：“详推用意终何在，益寿延年不老春。”可知，练太极拳的目的不只是活动筋骨、锻炼身体，也不只是技击对抗，更重要的是为了修道，为了养寿、长生久视，技击乃是兼用，为末。吴图南大师夫妇活到百岁而去，在太极拳修炼方面给我们做了最好的示范。

怎样进行太极拳修炼呢？太极拳修炼的方向和方法是什么呢？吴老多次说过，中国道家修炼功夫有几千年的历史，太极拳是道家的功夫，太极拳应该从武学回归道学。这也符合当前道学研究专家、中国社会科学院博士生导师胡孚琛教授所提倡的“新道学”方向的。

太极拳由武学而回归道学，由锻炼走向修炼是根本之道。回归道学，必须求本于道家文化，乃至回溯到华夏文化之源头，从雄厚的文化积淀中汲取法乳，获得启示，探寻哲学层面的深邃义理，拓展视野，以便抵挡诱惑，摆脱无形的桎梏，圆满人生。

中国文化源远流长，历经上古、先秦、近古和近现代五千年沧桑。圣贤典籍，浩如烟海，哲学思想深邃辽阔，不能一一梳理，权且顺流而下，浅谈一下《易经》《道德经》和浓缩了道家数千年修炼精粹，体现丹道修为并被公认为太极拳修炼至高口诀的《授秘歌》，以便大家明了太极本质，帮助我们体悟大道之修。

第二节　太极拳与易学

一、易学概述

易学即《易经》之学。《易经》形成于5000年前的伏羲时代，完善于3000年前的周文王时代，被尊为“群经之首”。《易经》是中国上古文化思想精髓，是先秦诸子百家思想之根，其中儒道两家可以说是同根并蒂的两支璀璨之花。著名瑞士心理学家卡尔·古斯塔夫·荣格称中国的《易经》是一个取之不尽、用之不竭的智慧源泉。

易学包括太极图、阴阳八卦、五行生克、天干地支、河图洛书和术数系统。易学中的一字一句都藏有太极拳学的哲理和指南。

学习太极拳必须精研易理和道学。太极泰斗吴图南先生在《太极拳历代名家之造诣》一文中说：“（中国）六朝的程灵洗先生所传的太极拳名叫‘小九天法’，里面讲道：‘太极拳非纯功于易经之理，不能得也’。这就是说一定要本着《周易》这部书的道理来研究，否则就做不到。又说：‘《易经》一书，必须朝夕悟在心内，必须朝夕会在身中，超以象外，得其环中，有人所不知而己独知之妙’。”

（一）不知易，不足以言太极拳

纪晓岚主持编纂的《四库全书》中说：“易道广大，无所不包，旁及天文、地理、乐律、韵学、算术，以逮方外之炉火，皆可援易以为说。”太极拳之哲理源于易道，所以“非纯功于易经之理，不能得也”。

《说文解字》曰：“日月为易，象阴阳也。”《庄子·天下篇》说：“易以道阴阳。”《周易正义》曰：“夫易者，变化之总名。”《周易·系辞上》曰：“生生之谓易。”“一阴一阳之谓道。”

这些说明易学是阐述宇宙万事万物的阴阳哲理、阴阳转换原理及阴阳消长无穷尽性的理论。太极拳得易理而为用，太极拳宗师孙禄堂先生说：“天有八风，易有八卦，人有八脉，拳有八式，是以拳有八卦之变化。”所以不知易，不能知太极拳。

（二）一阴一阳之谓道

《素问》曰：“阴阳者，天地之道也，万物之纲纪，变化之父母，生杀之本始，神明之府也。”“法于阴阳，和于术数。”《周易·系辞上》曰：“一阴一阳之谓道。”《道德经》曰：“万物负阴而抱阳，冲气以为和。”“反者道之动。”这些都说明一来一往的阴阳矛盾运动是万物发展的动力和规律。

《周易·系辞下》曰：“刚柔相推，变在其中焉。”《周易·系辞上》曰：“刚柔相摩，八卦相荡。”其中“相推”者，指阴阳转换。“相摩”“相荡”指阴阳相对立、相消长和阴阳互根而统一。《周易·系辞上》曰：“乾坤成列，而易立乎其中矣。”说明乾为天、为阳，坤为地、为阴，乾坤立位天地形成，则阴阳对立统一就在其中了。这个一阴一阳变化的原理和阴阳对立统一的基本关系也是太极拳贯彻和应用的基本原则。王宗岳在《太极拳论》中指出：“太极者，无极而生，动静之机，阴阳之母也。动之则分，静之则合。”“阴不离阳，阳不离阴，阴阳相济。”根据以上原则，在修炼太极拳过程中要时时体现有无相生、动静相因、虚实相应、刚柔相摩、八卦相荡、吞吐相换、开合相致、快慢相间、方圆相生等一阴一阳之道。

（三）易则变，变则通，通则久

《周易·系辞上》曰：“一阖一辟谓之变，往来不穷谓之通。”“变化者，进退之象也。”其中“阖、辟”是闭合、开启的意思，一合一开即一阴一阳。阴极生阳，阳极生阴，静极而动，动极而静，进极必退，退极必进，这种一来一往变化无穷称为通，永久循环不已，是谓“生生之谓易”。说明宇宙万事万物都处于不停的运动变化之中。在易中用八卦之阴阳爻来表示阴阳变动。《周易·系辞下》曰：“道有变动，故曰爻。”卦之爻，即是气化之象征，爻之升降变动为阴阳气化过程。太极拳练习者以皮肤毛孔、腠理、窍穴为阖辟的门户进行内呼吸和体呼吸的修炼，除实现吐故纳新和新陈代谢外，还在体内不断积聚内气，炼气化神，炼神还虚，利用卦爻的气化原理实现真气运行，打通任督二脉而获得丹元能量。

《周易·系辞上》曰：“极数知来之谓占，通变之谓事，阴阳不测之谓神。”太极拳里表现在推手的攻防中，即用听劲的方法明察对手的招数变数，以阴阳之测术来预知对方将施展的手法，称为“占”，然后以阴阳通变的方法做出反应。进一步，如果在对峙中，在远距离处能以神感和灵感之觉来感知阴阳不测的变化，就达到了神明。吴图南先生在《太极拳之研究》一书中说：“一见到手，其离而未发，即能知其将发，彼何处欲动，即能知其将动，其心之所至，无不知之。斯时，敌欲攻而不得其逞；敌欲变而不得其变；敌欲逃而不得其脱。”这就是太极拳论所说的“一羽不能加，蝇虫不能落”“人不知我，我独知人”“英雄所向无敌”的神明阶段。

（四）易学的基本性质

易学的基本性质有不易、变易和交易三则，现简单叙述：

1. 不易

阴阳不易，即变化较小，表示阴阳两方暂时处于相对平衡和稳定状态。易的变化是绝对的，稳定是相对的、暂时的。运动是绝对的，静止是相对的。有静必有动，有动必有化。太极拳的中定是以静待动，就是不易状态，而维持稳定的中定就是功夫。太极拳的静功是求得静中得动，静极而动，动而阳，动极而静，静而阴。一动一静互为因果，静极归无极，无极生太极，太极生两仪。

2. 变易

不易不是不变，不是僵死状态，而是暂时的平衡状态。阴阳从平衡走向不平衡为非稳定状态。变易就是阴变阳化、阳变阴化而产生量变。阴阳的两个对立面总是处在彼起此落、彼落此起的交变之中，其变化规律可能是阳旺阴虚或阴盛阳衰在矛盾斗争中对立统一。太极拳中的阴阳相济、刚柔相摩、八卦相荡、虚实相应就是变易的特例。在太极炼丹法中最主要的是防止炼阳过旺而产生阳亢，以及炼阴过强而产生阴盛，这会损害真阳真阴之气，所以特别提出，阴阳两气变易中必须有“沐浴华池灌灵根”之功行。

3. 交易

交易就是阴阳交变，阴阳矛盾斗争由量变发展到极值时就产生质变，即阴阳转换走向反端称为“交易”。阴阳转向反面会形成一个全新组合的稳定系统。周敦颐在《太极图说》中说：“太极动而生阳，动极而静，静而生阴。”太极拳就是根据这一太极原理实行动静转换练太极，一有一无归无极，又以有无相生来实现造化 - 还原的修炼。

二、先天八卦

八卦为《周易》的主要内容，《周易·系辞下》曰：“古者包牺氏之王天下也，仰则观象于天，俯则观法于地……近取诸身，远取诸物，于是始作八卦，以通神明之德，以类万物之情。”《周易·说卦》曰：“……圣人……观变于阴阳而立卦。”

八卦用阳爻代表阳（—），用阴爻代表阴（--），以二元可成四象，三元则成八卦，六元则成六十四卦。八卦演示如下：

阴爻阳爻各生一阴一阳产四象——老阴（太阴）、老阳（太阳）、少阴、少阳。四象再分别生一阴一阳即成八卦。（图 1–1）

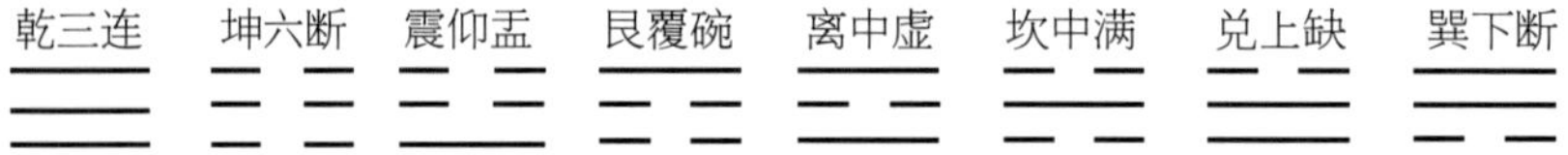

图 1–1　八卦显示图

八卦图可分为先天八卦图和后天八卦图两种，先天八卦图相传为伏羲氏所发明，故又叫“伏羲八卦”。后天八卦图相传由周文王所创，故又叫“文王八卦”。根据易经之述可以列出先天八卦图。《周易·系辞上》说：“天尊地卑，乾坤定矣。”即乾为天，坤为地。《周易·说卦》指出：“天地定位，山泽通气，雷风相薄，水火不相射。”先天八卦“应天之时”，即顺宇宙自然规律，自然而然顺天道。

乾三连，三画阳爻为纯阳，代表刚健，非天莫属。坤六断，三画阴爻为纯阴，代表柔顺，与纯阳之天相对，便是地。震仰盂，两阴爻在上，压迫在下的一阳爻，一阳振奋而生，产生震动，在地为地震动，在上为雷震动。艮覆碗，两阴在下象地，一阳在上为主宰，带领泥土上升而静止，象高出地面的山，所以静如山岳。离中虚，一阴在中，外为阳，象火之外亮内暗。坎中满，一阳在中，象水之外柔内刚。兑上缺，上爻象水，下两阳爻为阳而承，水泽之象。巽下断，上两阳爻对下一阴爻，象天阳下有阴暗之物在动，似风吹云动。

从八卦卦形图可以看出，阳气生于地，阳气上升，补充乾阳，阴气生于天，阴气下降，补充坤阴，天地永不亏损。所以修炼太极拳时要效法这个道理，练功以身比拟天地，阳气自后背上升（背为阳），阴气从身前下降（前属阴），阴阳两气如此运行就无损耗。

由八卦卦形图可以看出，震卦一阳生，离兑二阳生，乾卦三阳开泰，巽卦一阴生，坎艮二阴生，坤卦三阴全，这就是炼阴养阳修炼内丹的基本原理。

三、后天八卦

后天八卦图按自然造化的规律安排方位，以离坎定南北，震兑向东西，按顺时针方向为震东、离南、兑西、坎北的次序，代表春温、夏热、秋凉、冬寒，既表示寒暑季节的运转，又表征了万物生长收藏的规律。后天八卦“应地之方”，即顺地之自然规律，顺地之道自然演化。

从练功的角度看，人生之初为先天，先天主宰后天。但由于人的心智欲求日增，先天退位，于是乾卦的中阳爻交于坤卦的中阴爻，坤卦变成坎卦。坤卦的中阴爻交于乾卦的中阳爻，乾卦变为离卦。先天八卦中乾南坤北的位置变成离南坎北了，其他六卦也跟着变化，坎入离变为震，离入坎变为兑，震入巽变为坤，巽入震变为艮，艮入兑变为巽，兑入艮变为乾，于是组成后天八卦图。由先天落入后天后，万物就有了生、长、化、收、藏的自然造化规律，人就进入生、长、壮、老、死的自然造化之机。太极拳吸收了丹道用逆的练功方法，就可由后天返先天以延长人的生命，所以称为还原之修，于是用取坎填离的修炼方法把坎中之阳填到离中之阴而还原为乾，恢复先天的位置。在太极拳修炼中最简单的要求就是让心火下降、肾水上升，就能心肾相交、水火既济，此为颠倒术最初步的功夫。（图 1-2、图 1-3）

四、太极拳修炼中的易理

太极拳修炼的修心、养身、悟道、演拳，内练精神意气功，外练手眼身法步，无不含有五行八卦之理。五行在内表现为五行五脏之气，即金（肺）、木（肝）、水（肾）、火（心）、土（脾），称内五行，在外表现为五行五步，即金步（右盼）、木步（左顾）、水步（进步）、火步（退

图 1-2　伏羲八卦方位图（先天八卦）

图 1-3　文王八卦方位图（后天八卦）

步）、土步（中定），称外五行，均符合五行生克之理。

八卦也有外八卦和内八卦之分。外八卦即形八卦，为八法八位之卦，即乾（掤）、坤（捋）、离（挤）、坎（按）、巽（採）、震（挒）、兑（肘）、艮（靠），四正四隅之八卦方位，其意有八面支撑、八面转换、八面玲珑之效。在太极拳中称为八门五行或八法五步总十三势。

内八卦又有神八卦和身八卦之分。神八卦被称为太极八纲，为阴阳、隐显、虚实、动静，与中医八纲（阴阳、表里、虚实、寒热）有相应之意。因乾属阳、坤属阴、巽为隐、兑为显、离为虚、坎为实、震为动、艮为静，所以太极拳的原理要实现阴阳转换、隐显不测、虚实变化、动静相因。

身八卦以头属乾，乾为天、为顶，故神要领；以脚为坤，坤为地，无所不载，故要气沉底；以胸比离，离属火，火即心，心胸虚涵而火降；以腹比坎，坎属水，水即肾，水满而上升，练功时要水火相济，心肾相交，坎离既济；以背项比艮，艮属山，山耸而静，气贴背而拔；以臀胯比震，震属雷，性动，胯松而灵活；以肩比巽，巽属风，两肩活如风行；以手比兑，兑属泽，内气和缓出入，手之拳掌以神行，以气动，动从口出（胸肺心口）。所以太极拳修炼要神虚领（灵），气沉底，要心肾相交，取坎填离，肩、肘、腕、手、腰、胯、膝、踝、脚九节要节节贯串，行气如九曲珠。

第三节 《道德经》大道论

司马迁在《史记》中说老子很长寿，“以其修道而养寿也”。同时，《道德经》又被称为兵书。唐代王真说：“……五千之言……未尝有一章不属意于兵也。”王夫之说：“言兵者师之。”李泽厚在《中国古代思想史论》中说：“传言十年前毛泽东说过，《老子》是一部兵书，前也有此议论。”

可知老子五千言《道德经》既讲修道养寿的学问，又讲“兵”的学问，这不就是太极拳修炼和太极拳兵技的理论根据和实践吗？可以讲太极源于道家，其理论根据源于老子五千言《道德经》。

一、道学文化和《道德经》

《道德经》集上古伏羲、黄帝等道学之大成，继承上古三千年，影响后世三千年，是道学文化的精粹和核心，为中国文化之根，一直都被引为经典。

道家文化始于伏羲，相传于炎帝、黄帝，集大成于老子。因此，道家文化是真正的中国本土文化、东方文明。《再生的老子》一书中说：“老子是哲学的巨人，道德的高峰，政治的先知。老子文化具有普世价值。”中国老子道学文化研究会会长、中国社会科学院博士生导师胡孚琛教授说：“老子以‘道’垂统而教天下，人得其一隅则可以治国，可以用兵；可以经商，可以治学；可以建功立业，可以推往知来；可以治身炼性，可以养生益寿；可以叱咤风云，可以退藏于密；可以无往而不胜，可以随遇而能安。”

当前，全球环境污染、生态危机、气候异常、自然灾害等问题日益严重，影响到人类生存，这就促使世界文明从中国古老文化中寻找出路，世界各国掀起一股学习中国文化的热潮，从中了解老子哲学文化中回归自然的思想。

二、《道德经》的大道主旨

司马谈在《论六家要旨》中指出：“道家使人精神专一，动合无形，赡足万物，其为术也，因‘阴阳’之大顺，采儒墨之善，撮名法之要，与时迁移，应物变化，立俗施事，无所不宜，指约而易操，事少而功多。”

道家修道，首先修之于身，《道德经》第五十四章就提出：“修之于身，其德乃真。”说明人首先要修身，修身得道、得德是求真的根本。那么“道”者何说?“德”者何说呢?

《说文解字》中解：“道所行道也。从走从首，所行道者，路也。从首者，人之主张之谓也。由路引申有方向、规范、规则等义。由首引申有学说、路向、方法、引导等义。”道学家、内丹学家王沐大师说：“‘道’之古义有二,一曰行走的路，一曰人的主张。”这样就可以理解人们生活中的工作道、方法道，如有茶道、商道、棋道、柔道、空手道、剑道等。这些是常道、普通道。显然，老子《道德经》研究的道不是这个内容，而是大道、真道、非常道。故王沐说："老子'道'的本义是在大自然的规律里，指出一条使人得到遵循之路。"

这样我们就可以从《道德经》原文中来感悟灵性。《道德经》第一章是全经的总纲，即"道"论的总纲，读懂它就能悟出"道"为何物，"道"之概念。许多学者不重视这一章的修炼，以至于捡了芝麻，丢了西瓜。

《道德经》第一章的全文："道可道，非常道；名可名，非常名。无，名天地之始；有，名万物之母。故常无，欲以观其妙；常有，欲以观其徼。此两者，同出而异名，同谓之玄。玄之又玄，众妙之门。"

1. 道可道，非常道；名可名，非常名

这两句话可以有以下三种理解：

（1）"道"有"可道"之道，当然就有"不可道"之道，有"非常道"，当然亦有"常道"。"可道"的道就是常道、普通道，就是前面所说的各类工作道和方法道，这些道都是可以说的，可以"名"的。

显然老子所叙述和定义的道不是这些"可道"之道，不是常道、普通道，而是"不可道"的"非常道"，以后称之为"大道"的道，亦即真道、根本道，同样也是"不可名"。所以后来的许多道学家都说"大道无可道，无可名"。

（2）道是可以阐明的，但这不是我们平常所理解的道。"名"也是可以赋予的，但这不是我们平常所称的名。这个平常所理解的道就是前面提到的各类工作道和方法道。显然老子所定义的道是根本道、大道之道。

（3）按通常能朗朗上口的形式理解。可以用言语来表述的道，不是我们所定义的真道。可以用名相来称谓的名，不是我们所定义的真名。真道是求真道，不是平常道，求真道就是大道，大道就是根本道，根本道是统领各类工作道和方法道的。这个"真"是宇宙的"真谛"，生命的"真谛"之"真"。元代李道纯曰："真常之道无言说，有说分明是背宗，若向不言中会意，不劳余力备全功。"

由上述理解可知，老子所研究的道是无可说、无可名的道。他在《道德经》第三十二章中就明确指出："道常无名，朴。"意思是说，我所指的道是常无名的，但它常处于质朴状态中。《管子·内业》也是这么说的："道也者，口之所不能言，目之所不能视也，耳之所不能听也。"可见，口能言、眼能见、耳能听者非道也。而练太极拳时着重在练劲、听劲、摸劲上下功夫者，也非上升到道的修炼方向。

《道德经》第二十五章："有物混成，先天地生。寂兮寥兮，独立而不改，周行而不殆，可以为天地母。吾不知其名，强字之曰'道'，强为之名曰'大'。"就是说老子所指道，先天地生，可以为天地母，但不知它的名，不知如何称呼它，勉强写出来为"道"，或者勉强起个名叫"大"。这就是后来道学家称之为"大道"的缘故，是为了区别于一般的道。道书《玄关显秘论》说："虚无生自然，自然生大道，大道生一气，一气分阴阳，阴阳为天地，天地生万物，则是造化之根也……一物圆成，千古显露，不可得而名者，圣人以心契之，不得而名之曰道。"所以老子的道不是通常的工作道、方法道，而是大道。《道德经》第十八章有："大道废，有仁义。"是说一个国家昏乱而废弃大道时，就不能无为而治，那么这个社会的那些有仁有义的大臣就显得更为可贵了。

《道德经》第三十四章有："大道汜兮，其可左右。"是说实行了大道以后，就可泽及前后左右的范围。

《道德经》第三十五章有："执大象，天下往。"只要掌握和遵循这个大道的法象，就必定能行天下而无往不顺。

《韩非·解老》中说："所谓大道者，端道者。"

《钟吕传道集》总结为："大道无形，无名，无问，无应，其大无外，其小无内。"道学家金浩曰："道本无也，以言有者非道也。道本虚也，以言实者非道也。既为无体，则问应俱不能矣，既为无象，则视听俱不能矣！"《清净经》曰："大道无形，生育天地，大道无情，运行日月，大道无名，长养万物，吾不知其名，强名曰道。"《道德经》第三十五章指出："道之出口，淡乎其无味，视之不足见（无形无象），听之不足闻（无问无声），用之不足既（穷尽）。"

《道德经》第十四章指出："视之不见，名曰夷（无形无象）；听之不闻，名曰希（无问无声）；搏之不得，名曰微（无形无状）。此三者不可致诘，故混而为一。其上不皦，其下不昧，绳绳兮不可名，复归于无物。是谓无状之状，无物之象，是谓惚恍。迎之不见其首，随之不见其后。执古之道，以御今之有。能知古始，是谓道纪。”

这说明《道德经》中所说的道是有物混成的，是客观的存在，先天地生，为天下母，而且其生化万物的功能永不停息，它除了无名而强名为“大道”外，还归于一种无实体的“物”，这个“物”无形无象，这种状态只能用“恍惚”来形容。这样我们就可以理解老子的道本虚无，虚无可以通过静极的恍惚来体悟。

《道德经》第四章云：“道冲，而用之或不盈。渊兮，似万物之宗。湛兮，似或存。吾不知谁之子，象帝之先。”这一章进一步明确老子的道即大道，是至虚、至无、至空的，而其功用却是永不竭尽的。

《道德经》第二十一章：“孔德之容，惟道是从。道之为物，惟恍惟惚。惚兮恍兮，其中有象；恍兮惚兮，其中有物。窈兮冥兮，其中有精；其精甚真，其中有信。”这里提到德，何谓德？顺道所显谓之德，道在人身上的完美体现就是德。天之道为大德，《道德经》第七十七章有：“天之道，损有余而补不足；人之道则不然，损不足以奉有余。”第八十一章有：“天之道，利而不害；圣人之道，为而不争。”说明当修道使“人之道”返回到“天之道”时，人就具有大德。德的表现，在《道德经》第八章中：“上善若水。水善利万物而不争，处众人之所恶，故几于道。”所以有大德的人，修道时容易进入恍兮惚兮的虚无状态，就能感而遂通，悟到和得到道的象、物、精、信的因子。用现在的话说，这个因子好似基因。但要明白，修炼不能着重在因子上，因为其中的“象”是无物之象；“物”是不实之物；“精”是生育万物的纯真的精质，即精气，它是万物的生命力；“信”是一种生命的信息。

现在有许多太极拳修炼者认为这个所求的象、物、精、信是内劲，这种理解显然是错误的。太极内劲是有实体表现的，因为劲有劲源而发，有劲路而行，有劲头可示。杨式太极宗师汪永泉先生明确指出：“凡来劲都有两端，一端是劲头，一端是劲源，对方劲头无论有什么变化，劲源始终与劲头保持直线关系。”所以这个劲基本属于力的矢量范畴。推手的目的就是要听劲、懂劲，但对修炼者来说，不能落在“劲”字上，道不可听、不可见、不可摸，所以若着重在练劲、求劲、较劲上，则非道也。那么这个象、物、精、信是什么呢?《性命圭旨》中云:“一者，有物混成，先天地生是也，大哉，一乎！以其流行谓之‘炁’，以其凝聚谓之‘精’，以其妙用谓之‘神’。言炁，则精、神就在其中了。”

这说明“有物混成”的道，是由象、物、精、信混而为一的内在东西组成，它应该是流行之炁，而精、神就在其中了。在太极拳，求的是精化气、气化神，求的是玄同一炁。

2. 无，名天地之始；有，名万物之母

老子为了进一步阐明道的内涵，就引入了“无”和“有”这两个概念，是具有重要意义的。无，用来定义天地之初始，有，用来定义万物的起源。

无，也可以说无极，无之极，无即空，即空性，即虚空不空。从宇宙说，宇宙还没有出现；从天地说，天地还没有形成。此时一片虚空，空即无，无即空，但虚空中蕴有能量，所以空中不无，无中不空。以现在科学的说法，宇宙中存在暗物质、反物质，都有能量，也可称为暗能量。宇宙大爆炸以后，天地就从这个“无”中生出。所以将“无”定义为天地的初始。

“有”表示孕育了生机的一种境态，就是说具有了先天真一之气。有了先天之气就能生天生地，有了天地就有了人，天地人俱，就能有万物，所以将“有”定义为万物之母。

《道德经》第四十二章有:“道生一,一生二,二生三,三生万物。万物负阴而抱阳，冲气以为和。”阐明万物由无生有，由有而演化，成了万物自然顺生规律，这就是宇宙造化之机的自然之道。

关于无和有的重要意义,《道德经》第四十章指出:“天下万物生于有，有生于无。”可知不仅是宇宙天地的规则，而且天下万事万物都遵从这个规则。《道德经》第二章直接提出“有无相生”的观点，说明天下万物生于有，有生于无，而且天下万物还要由有归于无。

3. 故常无，欲以观其妙

故此，应该常常“处无”或“回无”（返无，归无），以观其始物之妙。这样才能观道的演生妙用，知静极而动、无中生有的玄变之妙。

对于太极拳修炼者来说，要常常修无、悟无、归无，即是要回到虚无状态。道家称之为还虚、返空、归无、回零。这种“修无”之修，也称为“逆修”“还原之修”或“归根复命之修”。

“无”的内涵：无需无求，无名无利，无为无欲，无意无念，无形无象，无劲无力；虚也，虚无、虚空、虚静、虚寂；空也，空无、空明、空洞、透空；静也，静虚、静松、静寂。

可见，在修炼太极拳时，要静、松、虚、空、无。太极拳中无形无象、无意无求、无劲无力的虚静无为修炼法是最符合修无的功法。

《道德经》第十六章有：“致虚极，守静笃。”说的是要至虚、至静，这样是为了能静观事物有生于无、静极生动。

4. 常有，欲以观其徼

所以，应该常常“处有”“炼有”，观察“有”发展而又归于“无”的规律。对于太极拳修炼者来说，要常常修有、悟有，通过“有为”的修炼方法得到成就，为的是能观道的归运之律，察有归于无、动极复静的变易所归。

句中“徼”字应译为“归终”。王弼曾注：“徼，归终也。”《列子·天瑞》中说：“死也者，德之徼也。”“德者，得也，徼者归也。”“无为”的概念在《道德经》中也有解释，第三十七章：“道常无为而无不为。”第四十八章：“为学日益，为道日损。损之又损，以至于无为。无为而无不为。”说明道常无为，而能顺其自然作为而无不为。

由此可以看出，老子“道”所定义的有与无是道的重要内涵。《道德经》第十一章老子用多个事例论述“有之以为利，无之以为用。”以说明“有”与“无”的重要功用：有形实物可以作为载体给人提供使用之利，但此物的中空才能使其发挥作用。对于修炼者来说，人是有形的实体，当人修炼到心中虚空和全身透空的虚无境界时，就几近道矣。《授秘歌》所说的“无形无象，全身透空”的理论根源就在这里。

5. 此两者，同出而异名，同谓之玄

“此两者”，即所定义的“有”和“无”，虽然名称不同，但都是同源于道，它们俩相辅相成而对立统一，都表现为道的不同指称和境界，体现了“道”的幽远玄妙。

6. 玄之又玄，众妙之门

在“修无”或“处无”时，修无观妙有；在“炼有”“持有”时，炼有观返无。这种修为的妙法，真是玄妙而又玄妙。所以只有掌握了道的玄妙的人，才能进入这个玄之又玄、玄妙莫测的大门。修道妙门有千万种，只有老子道的修道之门才是众妙之门。

由上可知，修无、修有、无生有、有生无，最终都落到“无”字上，无怪乎历代道学家都理解为道即无，道即虚空。万事万物要是都能归无，就可创新，人修了无，回到无，就可以创生机、夺造化，就可以返老还童而延年益寿。

胡孚琛教授对道学研究颇具心得，总结出道学以“无”为体，以“因”为用，以“化”为术，以“中”为纲要，以“和”调万机，以“忍”应世务，以“逆”修丹道。

综上所述，老子《道德经》所研究的道不是平常的道，而是关乎宇宙万事万物及人类发展和生存的大道。

至此，我们可以总结出：宇宙万物都归于这个大道。这个大道表述为：天下万物生于有，有生于无，有又归于无，有无相生。

“天下万物生于有，有生于无”，体现了自然造化之机，宇宙自然生成大道，造化大道。

《道德经》第四十二章中的“万物负阴而抱阳，冲气以为和”就是《易经》所说的“一阴一阳之谓道”的原理。这说明，在修有（即造化之修）时，要阴阳并修，阴阳即动静，所以要动静兼修。阴阳即神气、性命，所以要神气双修、性命双修。这就要求我们在修炼太极拳时，不能像现今大多数人那样只练拳架动功，而要首先进行静功的修炼。《道德经》第十六章即提出了："致虚极，守静笃。万物并作，吾以观复。夫物芸芸，各归其根。归根曰静，静曰复命。"是说天下万物都要能至虚、至静，万物都能生机蓬勃，互相萌长。老子也观察到天下万物复归的过程，复归到各自本根，这样又返回到生命的初始，具有新的生命力的起点，又开始新的萌长。这个归根复命就称为"静"。这就告诉我们太极拳修炼要复归到静极的状态，就是归根复命。《道德经》第四十章："反者，道之动；弱者，道之用。"也说明向相反方向转化是道的运动本质，向柔弱初生的状态回归是最有生命力的。《道德经》第三章："虚其心，实其腹，弱其志，强其骨。"《道德经》第七十六章："故坚强者死之徒，柔弱者生之徒。是以兵强则灭，木强则折。强大处下，柔弱处上。"说明太极拳练松、练柔、练软是有生命力的修炼，是极其重要的。《道德经》第二十五章："逝曰远，远曰反。"又说明"道的运行永不停息且无边无际，但最终还要复返到本根"的道理。

对修炼者来说，明白了上面这些道理后，就要进行造化－还原的修炼。造化之修为正修，还原之修为逆修。所以道家有名言曰："先修人道，再修仙道。"正修是筑基功夫，养身健体，强身补脑，养心炼精。逆修是内丹修炼，为炼己功夫，是炼精化气、炼气化神的功夫。炼己的要领是先止念。修炼方法是"无为入，有为炼，返无为"。三丰祖师注解《吕祖百字碑》就提醒过我们："有意头头错，无为又落空。"张伯端《金丹四百字》曰："不可执于有为，不可形于有作，不可泥于存想，不可著于持守，不可枯坐灰心，不可盲修瞎练。"逆修可以恢复新的生机，延缓衰老，这叫夺造化、扭乾坤。

三、太极拳的大道之修

通过悟道，明白了《道德经》的大道理论，将之贯彻到太极拳修炼中去，使太极拳的武学锻炼回归到道学修炼中去，并为开创 21 世纪新道学而添砖加瓦，这无疑是一个极好的向往，也是一项十分繁重的工作。

以老子《道德经》的大道理论为圭臬而修炼的太极拳称为大道太极拳。就是说，将太极拳由一般的武学锻炼进而升华为道学修炼，在修炼中要体现修无，即归无、还虚、返空、回零的还原修为，又要体现炼有、悟有这样自然造化而成就的修为。

《道德经》第十六章指出："致虚极，守静笃。"第四十五章曰："静胜躁，寒胜热。清静，为天下正。"第五十七章曰："我好静，而民自正。"第三十七章曰："不欲以静，天下将自正。"第十五章曰："孰能浊以静之徐清？孰能安以动之徐生。"可知入静、修静是修炼的第一要旨。

《道德经》第二十五章曰："寂兮寥兮，独立而不改。"袁了凡《静坐要诀》曰："养气重点在于调神内养，而炼气重点在于调息练形……站桩又称桩步、地盆、地盘，又曰站桩。名异而实同也。""地盆之法为初入门时所必要，借此炼气下行，不独增长腿力，且可免血气上浮至于上重下轻，稍一动作，即觉喘呼足颤，有不打自跌之患，故地盆宜于初时痛下站立之功。"

静功有静坐、静卧和静站三种方式，在太极拳修炼中，以静站为宗，其优点颇多。无极静桩功的方法是独立守神、独立而不改、一静而已，讲究不式不架、不屈不弯、无贪无求、中庸端正、无思无虑，而且操作方法简单，成效显著，男女老少都可以修炼，诚为太极拳修炼入门的不二法门。

开始阶段只要静即可，一不要求意守，二不要求调息，三不要求架形，四不要求周天，符合大道至简之理。这一阶段要进行松、静、净、透的修炼。松者，要求静中松，一松到底。静者，要求放松入静，排除杂念，一静到底，静时神虚领（灵），气沉底，其口诀为："浊阴不降，清阳不升。"所以先修浊阴下降，然后清阳才能上升化神。因此修炼者的静中松应先由上往下松，要松净、松透，一松到底，达到松而沉，沉而稳，稳而固，然后再进行由下往上松的修炼。净者，纯净也，要求全身松静得干干净净，心内一丝不挂，身上一丝不牵。透者，全身透里透外，彻头彻尾地松透、静透。这一阶段就是养神养气，养精壮身，炼精化气。

在第二阶段，要进行腾虚缥空的化神修炼。虚者，腾虚也；空者，缥空也。也就是说无极静桩功修炼的层次要达到腾虚缥空的状态，此时惚兮恍兮，其中有象、有物、有精、有信。修炼由炼精化气进入炼气化神的层次，这时就能体现出“肢体松柔软，体内松空通”的体证和互证。

最后阶段就进入“全体虚空无”的修炼，即炼神还虚的修炼，这是最后的要求。

我们将在后面的章节，详细论述讲解无极静桩功的理论体系。

第四节 《授秘歌》的太极大道

《授秘歌》由唐朝高人李道子所传。他宏言高论，其道独高，所传太极拳叫先天拳，也叫长拳。所授秘歌为：

无形无象，全身透空，
应物自然，西山悬磬，
虎吼猿鸣，泉清河静，
翻江播海，尽性立命。

《授秘歌》又称“八四秘诀”，是太极拳的内练秘诀，既道出了太极拳修炼的方向、原理和方法，又指出了修炼的目标和归宿。因由李道子密授其学生，故名《授秘歌》。其文言简意赅，字字珠玑，浓缩了道家数千年来修炼的精粹，体现了道家丹道修为的原理和方法，历来被真正想获得太极真谛的人视为珍宝。在已出版的许多书籍和学术杂志中，《授秘歌》常被称作“太极真义”“太极拳纲目解”“太极拳全体大用”等，已被公认为太极拳修炼的至高口诀。

一、《授秘歌》的来源与传播

那么，《授秘歌》是谁发现和推广的呢？是谁首先弄清它的真义并解释的呢？是谁身体力行并受益的呢？这就不得不提到太极泰斗吴图南大师。

现在广为传播的太极拳《授秘歌》是吴老首先发现的。这里还有一段历史故事。据说在清光绪末年（1908—1909年），吴老从朋友张熙铭处得到了一本书——《宋氏家传太极功源流支派论》。后又在京城结识了一位叫宋书铭的老先生，老先生自称是宋远桥的后人，他有一本书叫《宋远桥太极功源流支派论》。两本书只是书名有别，内容完全相同，这说明此书确是宋远桥在明代学太极拳时所记载的东西。书中记述，宋远桥和俞莲舟同游武当山，遇夫子李授以秘歌，遂得全体大用焉。

吴老得到《授秘歌》后，首先想到两位老师，就传抄给吴鉴泉先生和杨少侯先生，后又接连传抄给当时颇有名望的太极拳名家纪子修先生、许禹生先生等人，之后再传到社会上很多太极拳名家之手。

吴老在《太极拳之研究》一书“源流”一章的注解中说：“宋书铭为袁世凯手下的一个机要秘书，自称是宋远桥的十七代世孙，精研易理，擅太极拳，其拳名三世七，以共有三十七式而名之，又名长拳，与太极拳十三势名目大同小异。其时太极拳诸名家如纪子修、吴鉴泉、许禹生、刘恩绶、刘彩臣、姜殿臣及吴图南相偕拜访宋氏，与宋推手，多莫能自持。许禹生传人王新午所著《太极拳法实践》中之‘宋书铭之太极拳’一节叙述甚详，读者可参阅。”

从上文可以看出，宋氏所传的太极拳为另一体系，虽系统不同，但内容相同，其理一贯。当时那些太极名家与宋老先生推手，多莫能自持，就是说不能维持住自己的重心而失去平衡。吴老通过参悟《授秘歌》，逐渐修炼成为一代著名太极拳大师，在与吴老推手时可以领略到其中的无穷奥妙。

吴老在他的学生中传播《授秘歌》更是身体力行，付出了大量心血。

记得 1971 年春天一个星期天的上午，我和张国健、陈友仁、于宏恩、范理宝等（现在都是太极拳名家）在北京天文馆练功场，吴老对我们说：“小张手臂上的汗毛可以随意念转变方向，说明身上的不随意肌可以随意使唤，当练得身上的肉也能随意念活动时，就是活人有活肉了。”接着又说，“小于身上已有本钱，但不会用。”这指的是于先生身上的内劲能随意念转换和运行，但不能从身上放出去，即不会内功外放或发劲。过后吴老又说：“你们练拳练功不能练在身上，身上要无形无象，全身透空，才能发放自如……这样练熟，就不用顾盼拟合，信手而应，纵横前后，悉逢有綮。”这是我第一次听到练拳要“无形无象，全身透空”。当时不甚理解，后来几年里，吴老不断地给我们灌输这一理念。又一天，吴老对我说：“小黄，你摸摸我的身上看。”我当时看得真切，其胸其手实实在在，应该可摸可扶，可以平衡，便想一只手去摸吴老的左上胸，一只手去扶吴老的右手臂。但就在即将摸到之时，突然觉得脑子一晕，心就像被荡空而起，两手摸空，刹那间，我的身子已飞出丈外。看吴老的状态，右手还是那样安适地握着烟斗，身体还是那样自然安舒中正，令我不解的是，未见吴老动形和动招呀！以后的次次过招，我都是这样被发出去。吴老在教别人时也是这样的。吴老常说：“动形非太极。”这就让我想起杨澄甫宗师曾说过的“动之至微，发之至骤”。后来我才明白吴老的击人是信手而应，不思而得，全身处处能击人，但又看不出在击人，可说是“无形无象，全身透空，应物自然”的写照了。

吴老在《太极拳历代名家之造诣》一文中介绍他的老师杨少侯先生时说：“他讲究轻灵奇巧，尤长于凌空劲，就是对这个人一见手时，其离而未发，即能知其将发，彼何处欲动，即能知其将动，在动静之间，能用很巧妙的办法，把对方的力量牵起来，然后再放下去。”这是对杨少侯先生在全身透空后的感而遂通，是“无形无象”的真实写照。吴老在该文中又说：“李道子说的‘无形无象，全身透空，应物自然’这三句话，表面上看很好懂，实际上无论在锻炼过程中，还是在理论研究上，确实不太容易理解。就是说，我们在练的时候和应用的时候，没有形象，对方打我一下，他觉得打着了，其实没有，全身透空意思是全身像空的一样。第三句不好懂，也不好讲，所谓应物自然，这个物就是天下一切之物，适应物的自然，物怎么来，我就怎么办，既不勉强，也不故意跟它别扭。”“西山悬磬，虎吼猿鸣，泉清河静，翻江播海，尽性立命”，讲的是内功。其立论之高，见解之宏，为历来研究太极拳者所未言，但非精于此道者，不足以言此。就是说，给人讲解，对象必须是精于此道的人，况且性命之学，非一般浅识寡见者所能理解。

现在许多太极拳书上都附有此“八四秘诀”。即便如此，《授秘歌》还是很难理解和悟透。但大家一致认为，《授秘歌》是太极拳上乘功夫修炼的原理和方法，也是太极拳修炼者的目标和归宿。

太极拳《授秘歌》的内涵是极其丰富的，其意义也是深远的。太极拳的外形运动只是太极拳锻炼的初级阶段，但外形锻炼也要达到松、静、柔、软、圆、轻、慢。经过不懈努力，可以收到健体强身的效果，这就是太极拳能推广普及的原因。但是，太极拳高层次的修炼要修道悟理，要进行性命双修、形神互修、内外兼练，不仅要身心轻安，还要修道养寿长生以及获得内功，进而实现高层次技击的防身之效果，这就是“道驭拳”“拳合道”，最后能实现“天人合一”这一修真之大道。

二、《授秘歌》中太极拳的大道义理

太极拳《授秘歌》虽只有短短八句话，但内容非常丰富，它告诉我们修炼的方向是大道之修，而非小道末技之求。它告诉我们要懂得有无相生和动静相因的重要性，告诉我们要进行的是还原之修，即要从阴阳两仪返太极，太极返无极。文中明确指出其原理和应用是“无形无象”，身心修炼和技击实用是“全身透空”，应事接物和防身接手要“应物自然”，修炼方法要“西山悬磬，虎吼猿鸣”，其效果是“泉清河静，翻江播海”，其目标和归宿是“尽性立命”。

（一）无形无象

“无形无象”描述的是大道至无之修、太极混沌之炼。无形无象即是天地未开时至无至极的无极状态，又是太极混沌、阴阳未判的太极状态。

1. 大道之理

《道德经》第十四章讲“道”是“无形无象”“无始无终”，是“天地之始，万物之母”。其文：“视之不见名曰夷（无象）；听之不闻名曰希（无声）；搏（摸）之不得名曰微（无形）。”“迎之不见其首（无始），随之不见其后（无终）。”“绳绳兮（无穷无际），不可名（无名），复归于无物（无形无象）。是谓无状之状（无形）、无物之象（无象），是谓惚恍（非非有，非非无）。”“能知古始，是谓道纪。”（能认识、了解宇宙的初始，始终抓住万物的本质，这就叫作认识“道”的规律。）

《道德经》第十一章曰：“三十辐（辐条）共一毂（轴承），当其无（中空），有车之用（功用）。埏埴（和泥）以为器（器皿），当其无，有器之用。凿户牖（门窗）以为室（房），当其无，有空之用（有房的功用）。故有之以为利（有了物便能利民），无之以为用（有了空无才能起作用）。”

以说明“有”与“无”的重要功用：有形实物可以作为载体给人提供使用之利，但此物的中空才能使其发挥作用。这些都证明了天下万物有了无形之“道”才能起作用。

《道德经》第四十章：“天下万物生于有，有生于无。”这一章说明无是道之体，有是道之用。天下万物生于有，有生于无，最后有又归于无，这无就是道的本体。所以修道之法是“无形无象总归无”。《道德经》第二章：“有无相生。”这一章说明修无能生有，有终须归无，这就是修道的根本。《道德经》第四章：“道冲（虚），而用之或不盈。”这一章说大道是虚空的、无形无象的，但它的作用是无尽的。

练太极拳也只有“无形无象总归无，有无相生有归无”才能有成就。《金华宗旨》：“大道以虚无为体，以隐现为用，故须不住于有，也不住于无，而气机通流。”太极拳之修炼要以虚无为本。

2. 太极之理

太极与无极的关系，《道德经》亦说得非常清楚。

《道德经》第四十三章：“道生一，一生二，二生三，三生万物。万物负阴而抱阳，冲气以为和。”台湾何经伦先生说：“道指无极言。一指太极言。二指阴阳言。三指阴阳二气相交所生的第三者。只要两气能生三，则所有阴阳两性相交，都能生三。似此生生不息，于是乎就有万物。”“道生一，是无生有，也可以说是无极生太极。一生二，是由太极生阴阳。二生三是由阴阳二气相交而生第三者。三生万物，是阴阳二气相交，既可生第三者，则所有阴阳二性相交，都生第三者，似此则阴阳物类生生不息，就有万物。”

《正义》云：“太极为天地未分之前，元气混而为一，即太初太一也。”

周敦颐《太极图说》曰：“无极而太极，太极动而生阳，动极而静；静而生阴，静极复动，一动一静，互为其根。分阴分阳，两仪立焉。”

王宗岳《太极拳论》：“太极者，无极而生，动静之机，阴阳之母也。动之则分，静之则合。无过不及……”

杨万里在《诚斋易传》里讲到太极：“元气混沌，阴阳未分是谓太极。太极者，一气之太初也。”

张三丰在《归原论》中说：“道者，其无极乎？无极而太极。无极在浑然之表，太极兆将动之萌。”《乐育堂语录》中说：“由无极而忽然偶动即太极，动而生阳，静而生阴，一动一静，互为其根……大修行人将神气打成一片，于此之动，是太极之动，神与气两不相离也，于此而静，是太极之静，神与气自成一致也。”

上述诸文所共识的“道”即无极，“一”即太极，“二”即阴阳，阴阳即神气，神气就是性命。阴阳可分，“一”不可分。因而“一”是不可见、不可说的，可见可说的不是“二”就是“三”。所以“无极者”为“无”之极，因天地未开、至无至极、无形无象，是名“无极”。所以太极者，为“太之始，终之极”。因阴阳未判，动静未分，静之始，动之极，无形无象，是名太极。由知太极拳修炼者既要重视无极之修，又要重视太极之修，此乃大道之修。

3. 众妙之门

在《道德经》中，第一章为全书的总纲总则，为修炼的总要领。它既提出了道的总概念，又提出了修道的理论原理，是修道的众妙之门。

道，可道，非常道；名，可名，非常名。无，名天地之始；有，名万物之母。故常无，欲以观其妙；常有，欲以观其徼。此两者同出而异名，同谓之玄。玄之又玄，众妙之门。

《管子·内业》：“（大）道也者，口之所不能言，目之所不能视也，身之所不能听也。”这是说凡大道是无形、无名、无闻的。范应元说：“夫常久自然之道，有而无形，无而有精，其大无外，故大而无不包；其小无内，故细无不入，无不通也。”修无观有的修法才是一切众妙之门。

在《道德经》的第二章看到“有无相生”的论点，在第四十章中说得更明白：“天下万物生于有，有生于无。”在修炼太极拳时，千万不要忘了修无观有、炼有归无的有无相生和有生于无又归于无的修炼原则和方法。这是真口诀、真理论，莫要轻视。

《道德经》中“致虚极，守静笃。”意思是说让心境达到彻底的虚静空明，让身心达到高度的清静无为。“为道日损。损之又损，以至于无为”告诉我们，修道要天天去除心识心机。“夫物芸芸，各复归其根。归根曰静，静曰复命”告诉我们要归静修静。“戴营魄抱一，能无离乎？专气致柔，能如婴儿乎？”指出要精神抱一、专气致柔和清除杂念。

《性命圭旨》里说：“心中无物为虚，念头不起为静。”张其淦说：“虚能极，静能笃，然后悟道，即是无，可以观万物之变。”《修道真言》曰：“大道之妙，全在凝神处。”

《金仙证论·序》：“欲修大道者，理无别诀，无非神气而已。”《易外别传》：“内炼之道，贵乎心虚，心虚则神凝，神凝则气聚，气聚则兴云为雨与山泽相似。”张三丰《道言浅近说》：“凝神调息，调息凝神八个字，就是下手功夫。”“心止于脐下曰凝神，气归于脐下曰调息。”《庄子·天道》：“夫虚静恬淡，寂寞无为者，万物之本也。”

一般来说，练太极拳只要把套路练熟、招法练精、动作连贯、呼吸自然，进而达到拳盘得圆活、轻灵活泼，经过几年的锻炼，也能收到较好的健身效果，并有一定的功夫。这一阶段称为养身壮精的阶段。但这时还不会推手，即使练过推手，也只是力与力、劲与劲的对抗，尚未进入内气的修炼阶段。

太极拳修炼的上层功夫是无形无象，所以说要修无、归无，关键在于入静、凝神、调息，聚气于脐下，这是下手的初步功夫，高级阶段要进入炼气化神、炼神还虚的修炼。那么一般的锻炼和修炼的区别在哪里？由外形形体之动带动拳式进行的，任一动作皆锻炼，其结果会是双重的，练法是后天的；由神和内气做主导带动拳式动作进行的，任一动作皆修炼，其特点是神主明、气主动、腰主形，表现为身不妄动，手不妄动，动则至微，也就是说让人觉得行拳时静中触动动犹静，神凝气聚形不散，动则归静静归无。这种形不妄动、心无妄象、由内气发动之动，动而归静的练拳法就是无形无象的大道之修。《孙子兵法·虚实》中说："微乎微乎，至于无形，神乎神乎，至于无声。"所以这种以神主明、以气主动的修炼，必定是元神归位、识神退位、元气流动的后天返先天之修，所练出的功也是先天功。

（二）全身透空

不只是无形无象，还要进行全身透空的修炼。"透空"是说要"身空、心空、脑空、底空（涌泉空）、气空"。身空者，指体内无阻无塞、无僵无滞、管道通畅而无阻塞之处。身空乃能气通，丹能运转无滞。心空、脑空者，心内无物脑中无念。无物才能心空，无念才能心虚。《性命圭旨》曰："外观其身，身无其身，曰身空。内观其心，心无其心，曰心空。""心空无碍，则神愈炼而愈灵，身空无碍，则形愈炼而愈清，直炼到形与神而相涵，身与心而为一，方是神形俱妙，与道合真也。"气空者，气化即空也，气之能聚，也应能化。加之涌泉虚透，脚底空掉，就真透空了！身心俱忘，无思无虑，空空洞洞，虚空一片，"彻内彻外，无内无外，内外一如，与太虚同体”。

陆锦川在《气道》一书中说：“其言空者，虚无之谓也。虚无而后生有，故道立于一。”可知空者，无也，唯无乃能生有。空者，虚也，唯虚乃能容实。空者，通也，唯空乃能道通。但是炼空很难，因为我之有身是个大患。《道德经》第十三章云：“吾所以有大患者，为吾有身；及吾无身，吾有何患？”说的是我有个浊身是个大患，心里装着很多东西，身上背着很多包袱，生活紧张，压力很大。“多闻数穷，不如守中”，就是说见闻愈多，想得愈多，愈是感到困顿，不如保持清静，抱中守一。抱中守一就是修炼，当你能将身心修到虚空时，就没有后患了，因为只有虚空才能不坏。《道德经》第七章说：“……后其身而身先，外其身而身存。”你不是有浊身吗？那只有修炼，修炼时要懂得不要想在自己的身上，也不要练在自己身上，这样才能生命常在常存，与太虚同体。胡海牙在《仙学指南》中说：“现在许多做清静功夫的道友，都是在自己身上摸索用功，到头来仍然练的是一团阴气。”真如钟离权说的：“一身四大皆属阴，莫在阴精里面寻。”

那么，怎样修炼才能渐渐进入全身透空呢？《道德经》告诉我们，致虚守静、清心寡欲、清除杂念是最好的入门之路。《黄帝内经·上古天真篇》说：“恬淡虚无，真气从之，精神内守，病安从来？”《易外别传》说：“内炼之道，贵乎心虚，心虚则神凝，神凝则气聚。”《王重阳授丹二十四诀》说：“绝名弃利，忘情去欲则心虚，心虚则气住，气住则神清，神清则德合，道生矣！”

太极拳前辈大师们都要求后学者在“空”字上下功夫，如汪永泉在《杨式太极拳述真》中说：“进一步可以加深内功的锻炼，探索松、散、通、空的奥秘，这是练就太极拳功夫的必由之路……做到了通，才有可能达到‘全体透空’的至高境界。”所以无论养生还是技击，松、散、通、空都很重要。郝少如在《武式太极拳》中说：“要使身体的肌肉、骨节松开还比较容易，但要达到空的境界却很难，因此必须在‘空’字上下功夫。”

具体地说，你必须把身上原有的僵劲、拙力消掉，最难的是要把身上长期以来的浊劲拙力消去，还要把身上的刚气清除，有些人还要下决心把练在身上的“内贯劲”消除掉。不要内贯劲，要内气，由内气外放成场能。很多人练的方法不对，练外力结果成了外棍、外板，练内劲结果成了内棍、内板，成了对方可以利用的棍板工具了。要把“板子身、棍子手、棒子腿”全部改正了，才能达到初级的身空效果。进一步要使脚下的根虚净了，从而感到身子有腾起的效应。这样根能虚漂、神能虚领、身能虚空，心中不装一物，清静无为，这时就全身圆融无碍、内外如一了。这就是太极拳的全身透空。

全身透空以后，就可以实现“五无”。这“五无”指的是无形、无象、无根、无源、无点。无形指身形不动或微动。无象指心无象、心无作为和心无相，顺其自然，舍己从人。无根指身上无力根。无源指身上无劲源。无点指身上无滞点。只有全身透空了才能实现“五无”。

吴老在《太极拳之研究》一书中说：“全身透空对自己来讲，任何一个东西都不能加在我们的身上，就叫全身透空。”进一步又说：“这样全身透空之后，我们就一目了然了……我们在练的时候和应用的时候，没有形象，对方打我一下他觉得打着了，其实没有，全身透空意思是全身像空的一样。”全身透空之后，其内劲的外放不通过传导方式，而是变成感应的方式了，因为用的不是内劲而是内气，这就符合“同声相应，同气相感”的原理了。

（三）应物自然

应物是指修炼中和日常生活中应事接物，在太极推手中还包括应招接手。不论在修炼中还是在推手中，应物都要舍己从人、纯任自然。《吕祖百字碑》说：“真常须应物，应物要不迷，不迷性自住，性住气自回。”说的是悟真的人要以平常心去应事接物，要不迷凡尘，不动心，不妄欲，不贪、不执，这样就心性湛然而清静无为，就能凝神聚气而不受伤害。道家称“动处炼性”，即是说在各种纷繁的事务中能静下心来磨炼心性。我们常听说要“应物无心神化速”，是讲利济世间一切事，而心清净无碍无染，应物纯任自然，以神行教化，功效速疾。《清净经》说："空无所空，寂无所寂，真常应物。"就是说你在修炼时只要达到空而再空、寂而再寂，就能用真常心来应事接物了。

吴老在《太极拳之研究》一书中说："太极拳讲的应物自然，主要是能够舍己从人，就是在对待时自己毫无主动的意思，一切都服从客观规律，不管敌人怎么来，要紧的是引导他让他合乎咱们的规律，就是敌人任其有千变万化，都不能离开咱们的太极原理，把它吸入到咱们的原理里边来才叫应物自然。"所以太极拳论中说推手时要"万般变化如新接"。吴老又说："要这样研究太极拳，首先你本身必须练到无形无象、全身透空的地步，然后才可以去应物自然……这样全身透空之后，我们就一目了然了。斯时我们去接他，就无处不可以接了。这样，我们练太极拳时，就是把身体可能遇到的危害，在事前练到了有应付的能力，一旦有的地方忽然报警了，我们不必用脑子去思考，身体的局部或整体立刻就会应付，这就是以前我讲的应物自然。"接着又说："练到无形无象、全身透空的地步，然后才可以去应物自然。如此才是不用顾盼拟合，信手而应，纵横前后，悉逢肯綮，到达恰如其分的地步。这主要是首先对我们身体内外、表里、精粗，无微不至的所谓意气为君、骨肉为臣，延年益寿常在了，这是太极拳的真正目的。"但是这些都要通过长期的静定功夫后得到的，吴老又说："苟静定之时，谨其所存则一理常明，虚灵不昧，动时自有主宰，一切事物之来，俱可应也。故静定功夫纯熟，则有不期然而然者，自然至此无极真机之境，于是乎太极拳之妙应既明，天地万物之理悉备于我也。"所以吴老竭力倡导静定功夫之修炼，并且第一个推出定式太极拳之修炼，我们将在以后的章节叙述。同样吴老又提出了太极拳的四功修炼，即松功、招功、劲功和太极拳气功的修炼，为太极拳的发展做出了贡献。

（四）西山悬磬

磬，玉石制成的钵，其体虚空。西者，即西方也，为祖窍异名，见

《性命圭旨》，在道家称为上丹田，即泥丸也，为元神所守处。山者，即脊背也。西山悬磬，说的是要身正安舒、脊竖、头虚悬。在太极拳中称为“顶头悬”“虚领顶劲”“神贯顶”。杨澄甫的“太极拳十要说”中有：“虚领顶劲，即是顶劲虚灵耳，亦即所谓顶头悬之意也。”“顶头悬者，譬如人蓄有辫子时，将其辫子系于梁上时，体亦悬空离地，此时使之全身旋转则可，若单使头部俯仰，及左右摆动，则不可得也。虚领顶劲及顶头悬之意，亦若此而已，须于练功架时，将头颈竖起，而神与气不期然而然相遇到顶焉。”

但是许多练拳者理解为将头顶上的劲虚虚地领起来。我的许多学生初到我这里时都是这样做给我看，他们把这一切都落在“劲”字上了。结果变成了两头撑，下实地，上顶劲，对拉拔长。这样非但虚领不了，反而撑成棍板了，于是头脑不清醒了，身体也板滞了，便练成双重之形了，实不可取。所以不要过于追求虚领顶劲，而是保持泥丸虚领神就够了，这样不会出问题。如果你在修炼过程中能把后天的意识之神去除掉，则泥丸之神由炼气化神而恢复了先天之神。

这个头如虚悬之磬的状态是太极拳修炼的重要口诀。不论是修炼时，还是在平日生活和工作中，都不要忘了神虚领（灵）这个状态，它对你养生健体祛病延年有重要的意义，很多人刚刚开始领悟到这一真理。

周宗桦先生在美国出版了 *The Tao of Tai-Chi Chuan—Way to Rejuvenation*（《太极拳长生之道》）一书，其中记载了他本人曾多次专程前往中国大陆、台湾、香港等地，见了许多最孚时望的名师高手，包括当年 102 岁的吴图南老先生。吴老百岁高龄依旧身体健康、精神矍铄。周宗桦先生认为吴老能享高年，从形体上看，得益于虚领顶劲。他说：“因为他的虚领顶劲，如一柱擎天奇峰突起……从那时起，我就下决心，不仅在练功架时，无论行住坐卧，只要一发觉低头弯腰，即刻暗中提醒自己，您要延年益寿活 100 岁，就学吴图南的虚领顶劲吧！几年下来，体会到头为诸体之会，领一身之气，头不合则一身之气不入，要想做到形如搏兔之鹘，神似捕鼠之猫，灵敏不测，变化无穷，绝不可能也。”他又提到郑曼青先生谆谆告诫学生："脊为多节如串珠然，累叠而起，稍不注意，则倾斜或曲折而倒矣，不复有力支撑头部与躯干矣，要学者竖起脊梁，弗令倾侧。"关于这一点，建议学者们好好看看吴老的练功视频和照片，真是神领脊竖，一派仙风道骨，真乃太极第一人。我还收藏了吴老的许多练功照片，张张都似神仙再现。

神虚领（灵）作为入门的第一要领，是非常受重视的，我们的要求是神要领、气要沉。就是说神要在泥丸百会处虚领，气要沉到腹以下，心要收到与气相合，称为"心息相依"。如果做静坐的功夫，则要求气沉腹丹田。你如果在做静立的功夫，则要求气沉到涌泉丹田。这是不二法门，但沉气不能意重，意重就是力，要勿忘勿助，"用之不勤，绵绵若存"。

很多人对神虚领（灵）体会极深。我们这里有许多离退休的老干部，其中很多人原先都有不同程度的驼背现象，有的练太极拳已几十年，一直按以前教太极拳的老师所说的含胸拔背的要求去做，胸的吞化能力的确很强，但到老年时，却落下驼背这一毛病。我发现很多人都有这种现象存在，例如，我们的老拳友，北航离休干部韩宪耀先生等人，有较严重的驼背现象，当时他们都已 70 多岁了。由于我认识到了这一问题的重要性，所以将神虚领（灵）作为第一要领来付诸实践，要求大家练功时和平常生活中都要做到神虚领（灵）、背要开。经过几年的用功，他们的背部就正过来了。背一直，督脉的气也打通了，人也高了，不像老头儿了，人也精神了，显年轻了。韩先生今年已经 96 岁了，精神还很好，偶尔还到绿园站桩静练。师弟吴子玉先生已 87 岁了，几乎每周活动时间，还都坐公共交通，到场上交流指导，常年坚持不懈，并不断有新的突破，年轻人都非常钦佩。我们还有位青年教授，已是博导，原来常常头痛，被诊断为脑瘤，开刀后，主治医生说，身体要恢复到原来的水平比较困难，但他修炼无极静桩功后，竟然恢复了健康。大家知道，现在的重点大学里工作竞争是非常激烈的，但这位青年教授的工作一直非常出色，还身负重任，他这样修炼和工作两不误的做法是值得提倡的。只有坚持修炼太极拳，才能保持身体健康，从而更好地工作，为社会做出更多的贡献。上面仅举一些例子，在我们的拳友中修炼出好的身体、好的功夫的事例比比皆是。

特别值得一提的是那些院士、教授们，他们为国家做出过卓越的贡献，是国家的宝贵财富。但是他们中有些人积劳成疾，60 多岁就因病去世，这是国家的重大损失。应该鼓励他们修炼太极拳，强身健体，既为他们自己和家庭带来幸福，又为国家多做贡献。

还有常年在电脑前工作的年轻人，他们天天要敲键盘，工作都非常投入，但一个个都是“低头族”，到老年时必定要落下病根，如驼背、头昏、手脚麻木等。从现在起，请你赶快把脑袋“领”起来，时刻注意神虚领（灵），这样可以放松十指和身体，不易疲劳，既可以提高工作效率，又能保持头脑清醒，保护眼睛，何乐而不为呢？你若养成了神虚领（灵）的习惯，将会终身受用。

还有那些开汽车和骑自行车的人，你若时刻不忘神虚领（灵）这一要领，将会避免许多健康难题。

（五）虎吼猿鸣

在掌握神虚领（灵）或虚领顶劲的西山悬磬之后，就要进入“虎吼猿鸣”的内炼阶段了。“虎吼猿鸣”讲的是“坎离既济”“心肾相交”“龙虎交媾”的修炼，也就是“神气相合，以神炼气”。

“虎”在道家修炼学问中指的是金虎，或有水虎、白虎，多为隐语。有虎必有龙，黄元吉在《乐育堂语录》中说：“虎者，猛物也，坎中空阳之气，此气纯阳，阳则易动，有如虎之难防。此气最刚，刚则性烈，有如虎之难制，惟有龙之下降，可以伏虎也。”所以喻之以虎吼。大家知道，水在卦为坎（☵），在五行属水，在身属肾。从坎之八卦符号可以看出，水中有真阳之气，此阳气纯阳，易动且刚如虎之性，故称为水虎，又由于坎中一阳由乾金而来，故又称金气或金虎。道家认为水之色为黑，金之色为白，故又称为白虎，也称为肾金、肾阳、水中金等。黄元吉又说：

“老子所谓‘知白守黑’，又所谓‘抱一’者皆是也。白者，金之色。黑者，水之色。知坎有乾金之白，故守水之黑者，正以守黑中之白也。所守者，气也。守之者，神也。”这就是“神气合一”“以神炼气”之说。

猿者，心也，有心猿之说。《悟真篇》讲：“心猿方寸机，三千功夫与天齐，自然有鼎烹龙虎。”可见心猿也与龙虎之比喻相像。“猿鸣”指心气活跃，心气之活跃与肾阳之活跃，正是内炼的好时机。

心者，在卦为离（☲），在五行属火，在身属心。可见火中有空阴之神，在道家又称为龙。《乐育堂语录》云：“惟能于大静之后，真阴真阳方能兆象，吾然后以离宫之元神（空阴之神）下照水（坎）府，则水府之金自蓬勃氤氲，直从下丹田鼓荡……”在大静之后，真阴真阳方能兆象，此兆象不正是指此时虎吼猿鸣吗？所以此时以离宫之元神下照水府之元阳而鼓荡，此之鼓荡正是静极而动，是太极之动也。

《易外别传》中说：“肾属水，心属火，火入水中则水火交媾……”因为常人火在上，水在下，其火性是炎上，水性是润下，水火不相射，为未济之卦。修行人必须把神下降入气穴，使成水火既济之卦，也称心肾相交、水火相射。这样火蒸水沸，真阳之气产生，则其肾中真阳之气能逆而上行，此谓炼精化气也。《灵源大道歌》中说：“蒸融关脉变筋骨，处处光明无不通。”《易外别传》中说得更明白：“内炼之道，至简至易，惟欲降心火入于丹田耳。”而张三丰注解《吕祖百字碑》说：“身不动，名曰炼精，炼精则虎啸，元神凝固。心不动，名曰炼气，炼气则龙吟，元气存守。”其中“虎啸”和“虎吼”的比喻相同，“龙吟”与“猿鸣”的比喻相似。又说：“当太极静而生动时，阳产于西南之坤，此时，腹中如烈风之吼，如震雷之气，即复卦（䷗）天根现也。”《炼丹秘诀》说：“冬至一阳来复始，霹雳一声震动天，龙又叫，虎又欢……”张伯端的《悟真篇》中提示抽坎填离的概念：“取将坎位中心实，点化离宫腹内阴，从此变成乾健体……”这些说的都是一个意思，可知这种修炼是何等重要。再说得清楚些，这就是后天返先天的修炼概念，读者务必弄清其要领。

我们还可以从《乐育堂语录》中看出返本还原的修炼要领：“学者先

采坎中真阳，补离中真阴，复还乾坤本来面目，即返本还原也。”吴老在修炼时也有同感，他在《宗气论》一文中说：“当太极拳初练气功时，并无若何感觉，只觉练习后，身体略感轻快耳，练至相当之时日，则腹内肠胃略有肠鸣，渐至龙吟虎啸之势……”上面这些都说明太极静而生动时要以神火助之，达到火逼金行，逆上过尾闾，撞三关，直达泥丸，此时在泥丸要凝神片刻。真如《乐育堂语录》所写：“世之修士，多有知下田凝神之法，而泥丸一所，能知凝神片晌者少矣。”

（六）泉清河静

上文讲的是太极静而生动，动则虎吼猿鸣，阳气升腾，此时的神气相依，透尾闾，过三关而直达泥丸，然后在泥丸要凝神片刻，这个过程称太极静而生动，阴极而阳，阳气上升到顶。

这一部分我们研究太极动而生静，静至“泉清河静”，心泉净而清，身体静而虚。这样由阳而阴，于是化成神水甘露。《吕祖百字碑》中说：“白云朝顶上，甘露洒须弥。”“白云”指清阳之气上顶，顶即头上之泥丸。“甘露”为神水。“洒须弥”指神水洒至通身遍体。神水亦称泉水，为生命之母。人体的70%由水组成，缺水可能导致头晕、乏力，严重者甚至有生命危险，可见水是生命的源泉。泉水通常指津、唾、血、汗、涕、精。练功者口中所生之津液，俗称口水，口水愈多，身体愈健康。人们常说：“口水是精神。”通常口水中含有真精，并有杀菌及免疫的能力，它可以用来修复机体和疗毒。

张三丰注《吕祖百字碑》说得很清楚：“太极动而生阴，化成神水甘露，内有黍米之珠，落在黄庭之中……香甜美味，降下重楼，无休无息，名曰甘露洒须弥。诀曰：‘甘露满口，以目送之，以意迎之，送下丹釜，凝结元气以养之。’养气到此，骨节已开。神水不住，上下周流，往来不息，时时吞咽，谓之长生酒。”真是“自饮长生酒，逍遥谁得知”，“流珠灌养灵根性，修行之人知不知？”

陈撄宁在《〈黄庭经〉讲义》中说：“口中之津液，譬如山中之泉水，水性本就下，而泉水能至山顶者，何也？地下之水气循土脉透石隙而上蒸也。水气何以上蒸？则以地中含蓄之热力使然。”所以“泉清”就是指人的“泉水”清澈。入静以后，口中将产生一种甘津，如“泉水之清澈”，清凉爽淡，是因身中团聚之热力，蒸发下焦之水气，循经路而上升至口中，遂为津液，此津液由炼气而生，吞入腹中，大有补益，再吞再化气，循环不休，即为古人所说的玉液还丹。

“河静”指的是河海静默。《〈周易参同契〉发挥》说：“当其寂然不动，万虑俱泯之时，河海静默，山岳藏烟，日月停景，璇玑不行，八脉归源，呼吸俱无，既深入窈冥之中……”所以太极动而生静，静则“泉清河静”。所以《〈黄庭经〉讲义》曰：“呼吸庐间入丹田，玉池清水灌灵根。”“灵根乃人身脐下之命根也，常人此根不固，易为情欲疾病所摇动，日衰一日，而人死矣。修持之道在于运用升降吐纳之功，使口中津液源源而来，汩汩而吞，如草木得肥料之培养，则灵根自固矣。”

由此可知，太极动而生静，静则“泉清河静”，神水落口，甘露洒须弥，又如长生酒，所以要珍惜这种练功状态，爱惜神水玉液。

（七）翻江播海

“翻江播海”说的是元气流动。“翻江”指练功时，在大静之后要进行养气和沉气的修炼，这是“气宜直养而无害”。气满则沉，沉则一沉到底，在静站和行拳时，沉则沉到脚底涌泉，此时之气又将会如泉水之涌，源源不断而取之不尽，然后像翻江一样沉下去又翻上来。如《张三丰注重阳祖师十论》中说：“百日内，见应验，坎（水）中一点（阳气）往上翻。”又说：“动则裂泰山，发洪浪……”“锻炼阴精，化为阳气，熏蒸上腾，河车搬运，周流不息。”《乐育堂语录》：“当神气稳定，但觉氤氲之气自涌泉穴一路上，久久温养，便觉浑身上下气欲冲天，此正当河车时也。”所以说翻江是喻气翻上顶又降下而通小周天，也即是说气从涌泉走足三阳而过背之督脉翻上去称进阳火，到泥丸后，再从身前任脉沉下去称退阴符。李时珍在《奇经八脉考》中说：“任督二脉，人身之子午也，乃丹家阳火阴符升降之道，坎水离火交媾之乡。”又说：“鹿运尾闾能通督脉，龟纳鼻息，能通任脉，故两物皆长寿。”而人若能常通任督脉则是长寿之修。

“播海”指元气流动如簸海之鼓荡。《奇经八脉考》说：“督脉起于会阴，循背而行于身之后，为阳脉之总督，故曰阳脉之海。任脉起于会阴，循腹而行于身之前，为阴脉之承任，故曰阴脉之海。”说明任督二脉又是手足六阴六阳十二正经之汇海，所以气能通过任督二脉之海与十二正经互为鼓荡而相通。这说明“翻江播海”使人身之大小周天全部导通了。因为子为北，午为南，好比人身之前后，所以小周天又称为“子午周天”。而卯为东，酉为西，好比人体的左右，左右为四肢，正是十二正经的起止点，故十二正经统称“大周天”，又称为“卯酉周天”。此外还有奇经八脉中的其他脉道也应在大周天修炼中打通。李时珍在《奇经八脉考》中特别强调了八脉在丹功中的重要性：“阳维主一身之表，阴维主一身之里，以乾坤言也；阳跷主一身左右之阳，阴跷主一身左右之阴，以东西言也；督脉主身后之阳，任脉主身前之阴，以南北言也；带脉横束诸脉，以六合言也。”所以八脉非常重要，八脉通，全身百脉皆通了。

在太极拳的修炼中，还要使身内大小周天和身体外界的虚空环境相和谐，就可以逐步完成天人合一的修炼。这样内通又外通，（气）出则可通出身外，入则可通入身内，也可通入身左右或身后。与人推手时，（气）由大周天上翻，经督脉和手三阳而出，到身前空间，也可出到对方身上，此即拳论说的“气贴背”。如果由身前入而通过手三阴及任脉下到涌泉丹田或入地空间，也可由任脉内散到身的左右或后方，此即拳论说的“引进落空”。这样经过相当时日的修炼后，就能达到彻内彻外，无内无外，内外如一的状态。这样就可以达到很纯的无形无象和全身透空状态。正如吴老所说：“当你本人准备和别人接手之前，你自己的五脏六腑却在那里翻江倒海。”也就是说元气流动，周天通畅，应用自如了。

（八）尽性立命

“尽性立命”就是太极拳修炼的目的和归宿。正如《周易》所提示的，修炼的目的是“穷理尽性以至于命”。“穷理”是穷尽天地间事物之理，“尽性”是完善人性和天性相同。穷理是知其理，尽性是行其德，知行合一就可以安身立命。“至于命”是合于天命，也就是说穷乾天之理，以尽其性，穷坤地之理，以至于命，乃至达到天人合一。这就是人类修道的目的。这样就能“与天地合其德，与日月合其明，与鬼神合其吉凶”。“先天而天弗违，后天而奉天时”，而此时“我命由我而不由天”了。所以我们必须要后天返先天，让后天神气还原为先天的性命，合二为一。因为宇宙造化是无极而太极，太极生两仪，两仪即是性命，性命即是神与气。所以要性命双修、神气合一，才能使两仪返太极，太极返无极，性命合一，虚空真无。吕洞宾在《敲爻歌》里说：“只修性，不修命，此是修行第一病，只修祖性不修丹，万劫阴灵难入圣。”《乐育堂语录》：“修命不修性，犹如鉴容无宝镜。”就是说只修性功不练命功，则性尚未修明，而命体已坏了，此命之不存，性之焉立？但如只练命功，不修性功，则心不明，不能获大智慧、大自在，何能超凡入圣呢？对于一个太极拳手来说，武功很好，但若心不清、性不明，亦只是一介武夫而已。这就是“性无命则不立，命无性则不得明”。

准确地说，修性功是指心性的修炼，以完善人的品性，目的是明心而见性，这样可以获大智慧、大自在。明心说的是明亮自己的心地，觉悟自心，去除自心的污尘。见性就是见到自己的本性，本性就是天性。所以修性是明白方向，方向不对，则越修炼离目标越远。练命功就是修炼自己的阳气，改善人体生命质量。命功属阳，性功属阴，只有性命双修，才能阴阳合一，复归太极。

落实到太极拳里，要性修神、命修气、气修形。神是生命的本源，形是生命的依靠。神过用会耗竭，所以要养神和少费神；形过累会败坏，所以要养形。当然，养形先养气。桓谭在《新论·形神》中说：“形与神犹如薪与火之关系，神居体，犹火之燃烛矣。”神形合一则生，神与形分则死。所以要修性功以全神，练命功以全形。胡海牙在《仙学指南》中说：“性与命本来是一物，不可分为两橛。就其‘灵机’而言，便谓之

‘性’。就其‘生机’而言，则谓之‘命’。所谓一体二用也。吾人之身体，譬如一盏灯，灯中之‘油’就是‘命’，灯中之‘光’即是‘性’。假使有灯而无油，此灯必不能发光，可知离命即不足以见性，若徒知保存灯中之油而不善于发挥其光明的应用，仍旧常常处于黑暗境界，则亦何贵有此灯乎？由知‘性命’两者，乃互相为用而不可分离也。”可知“性无命则不立，命无性则不得明”。所以张三丰《道言浅近说》曰：“大道以修心炼性为首。”《金仙证论·序》说：“凡学道之士，能识神气之道，即是阴阳、性命之道也。故曰，无别诀，神气而已矣。”《易外别传》：“内炼之道，以神气为本。”性命双修即神气合一之修，能神气合一，则可返太极归无极，即是性命合一，就近道合道了。

第二章

大道太极修炼之理法

第一节 大道太极拳修炼理论

习太极拳者而修大道，修大道者而运太极，这叫拳道合一、拳道同源。大道太极拳以《道德经》为圭臬修炼太极，以太极之理行大道，以太极之术炼拳技。修道以明理、悟道、养寿，为体；练拳技以健体、防身，为用。乃文乃武，体用合一，都归于大道，故称为大道太极拳。

大道太极拳不是新创的太极拳拳种，它是太极拳修炼入道的上乘功夫，是太极拳修炼的必由之路，其修炼内涵为内炼太极丹道，外用太极拳技。

大道太极修炼以道家金丹大道为原则，符合宇宙自然大道和性命修炼之道。修证路线是：一、强身壮精；二、炼精化气；三、炼气化神；四、炼神还虚；五、炼虚合道。数千年来，道家总结了这句话："任他万般差别法，总与金丹事不同。"这句话道出了修炼的正宗大道。太极拳的内炼法门如果符合了这一点，即是正宗；离开了这一点，就是旁门。

一、太极修炼养生为本

不识道，不足以成为智者；不习拳，不足以成为强者；不修道，不足以成为寿者；不行道，不足以驰骋人生。修道悟道的人，可得大智慧，行则无私奉献，成则与世无争，得长生久视。

《史记》记载黄帝“且战且学仙”，曾问道于广成子。所谓仙者，即仙道也。仙道仙学是道家文化，传于炎黄，集成于老子。张三丰《大道论·上篇》曰：“仙道者，长生之道也。”《史记》明确指出，老子“以其修道而养寿也”。黄帝在几千年前就一边打仗，一边修道。现在社会进步，科学发展，人们忙忙碌碌，学习紧张，工作繁重，竞争激烈，人人都在“战斗”，特别是一些大学者、大科学家、大工程师，肩负重担，身心疲劳。现代人应当向黄帝、老子学习。吴图南先师是一位考古学教授、大学问家。他到耄耋之年还辛勤笔耕，写成了《太极拳之研究》一书，被誉为“太极泰斗”。吴老的夫人刘桂贞女士是国画家，一生坚持修炼太极拳，享寿 107 岁，他们都是我们的榜样。

中医理论告诉我们，人过 40 岁阳气开始衰弱，经络不通，血管阻滞，阴阳失调，外邪内侵，抵抗力下降，稍一疲劳就易得病，所以要求人们注意养生。

道家把生命看得更重，认为人过了 40 岁就要添油接命。龚廷贤在《济世全书·添油接命·金丹大道·理言》一文中告诫人们：“人年四十而阳气自半，起居衰矣。年五十而体重，耳目不聪明矣。六十阳痿，精气神三宝，已将漏尽枯槁，外容虽勉强打硬，内无润色光华，肝虚视涩，肺虚发白，肾虚耳重、腰痛，心虚减血、健忘，脾虚难以消化，精衰骨硬，步履沉重，气衰力弱，龙钟潦倒，神衰宅败，黑途日近，迁徙将临，人生不知几千万劫而有此身，此身一失安能再得？”

我们为何提出要从锻炼提升到修炼层次呢？锻炼大部分停留在肌肉骨骼的活动方面，当然这也是不错的，但是中国传统的养生原理根本在于调和阴阳、修心养性、开阔心胸、平心静气，然后疏通经络、匡扶正气、培育元气，这个过程称为修炼。为什么要首先提出修心养性和调和阴阳呢？这是因为心性不修，德行不讲，就会做坏事，害国害民。张三丰在《大道论·中篇》切中时弊地指出："天地之间，至灵至贵者人也，最忙最速者时也，可大可久者金丹也。惜人多溺于功名富贵场中，爱欲恩情之中，狼贪不已，蛾扑何休。一朝大限临身，斯时悔之何及！惟其甘分待终，就死而已。"在我身边有许多善良的人，他们工作繁忙，兢兢业业，但是不重视养生，身体状况往往不好；还有一些武术爱好者，一生都在练武，但是偏重于武功层面，不注重养生修炼，很多人英年早逝或病魔缠身。

我有个师弟，年龄不大，很多年前因癌症晚期住在北京肿瘤医院。我和一个弟子去探望，他深情地说："师兄，你走太极养生的路子是正确的，我后悔当年没有认识到太极拳养生的重要性，还讽刺过你。我一味追求太极功夫，好与人比，心中搁不下东西，总以为练功夫的方向是正确的，久而久之伤了元气，现在悔之不及。"师弟心胸磊落、为人正直，走时心灵解脱，没有什么痛苦。但这件事也给我造成了很大的影响。

现在太极拳走向世界，练习的人成千上万，其中大部分人是为了强身健体，只有很少的人从事竞技武术或以此为生。但当前太极拳界还是存在一些问题，一是很多普通练习者出现了膝盖痛的情况，这主要是缺乏明师指导，练拳前热身、松功做得不够，打拳时架子又太低导致的。二是一些练家专练武功而不重视养生，过于偏重力、劲、形、招、意等方面的训练，且好比好斗，功夫大了，脾气也大了。如此离道愈远，上了年纪后容易病魔上身。

太极泰斗吴图南大师一再告诫："我们研究太极拳的人，认为技击乃余事耳，就是说太极拳修炼是大道，技击乃太极拳的余事。"又说，"应该以养生长寿为主，以技击为辅，这就是太极拳的先人们的本意，也是历代太极拳先人们的一贯主张。"上世纪 90 年代，我参加中国武术院太极拳研讨时，有几位名教练争论，认为用意不用力的论点要商榷，不训练力与劲，如何把对手推出圈外？如何能散手技击？还有人说，你用以柔克刚，我专门训练以刚克柔等。

那么，太极拳历代的先人们是如何教导的？张三丰云：“愿天下豪杰延年益寿，不徒作技艺之末也。”延年益寿是大道，是本，技艺是末，不能本末倒置。王宗岳的《十三势行功歌诀》曰：“详推用意终何在？益寿延年不老春。”黄元秀在《武术偶谈》中提到，杨式太极拳宗师澄甫公，早在上世纪30年代就认为：“太极拳打人之事，非日常所需，而健康实为须臾不可相离也。”陈微明在《太极拳术》中说：“太极拳为养生却病之妙术，御侮其余事耳。”大成拳宗师王芗斋在《意拳综述》中说：“习拳为了健身，其次为了寻求理趣，再次是为了自卫。”内家拳家浙东倪清和在《内家拳技击篇》中说：“从前人学拳是为了保身顾名，现在人学拳是为了安顿身心，镇定精神，填补空虚。”先师田兆麟在陈炎林《太极拳刀剑杆散手合编》一书中说：“太极拳用以锻炼身心，振奋精神。”旷文南教授在《太极哲理与太极拳》一文中说得非常精彩，值得大家一读：“一个人得太极之门的人，是不应该停滞于拳打脚踢、耳目手足的争斗境界，而应该在此基础上，主要向内发挥修养一种心灵上的功夫，诸如象征精神自由、空灵起逸的艺术境界，巍然崇高的道德境界，妙道重玄之形上境界等，一步一重天，差之毫厘，谬之千里，虽咫尺之隔，辛苦一世，也未得个中三昧，功夫崇高了，不看拳架，不看推手，不看对待，只看神气，只看觉性、道性。”

如何理解修心养性？如何理解养生？西方大哲学家培根说：“养生保健是一种智慧，非医学知识所能囊括。”《古今医统大全》说：“夫善养生者养内，不善养生者养外。”可知，只练拳架、形体，只能是练外。道家说：“养内者养精气神，此道家称为‘上药三品’，中医称为‘三奇’……将全其形也，先在理神，故怡和养神，则自安于内，清虚接心神，则不诱于外。神怡心清，则形无累矣。”

《黄帝内经·素问·上古天真论》曰：“上古之人，其知道者，法于阴阳，和于术数，饮食有节，起居有常，不妄劳作，故能形与神俱，而尽终其天年，度百岁乃去。”这就是养生的理论和方法；又曰：“虚邪贼风，避之有时，恬淡虚无，真气从之，精神内守，病安从来。”这就是修炼的口诀。吕洞宾更进一步阐明：“息精息气养精神，精养丹田气养身，有人学得这般术，便是长生不死人。”《黄庭经》告诉我们：“仙人道士非有神，积精累气以成真。”《修真九要》之一就是“积德修行”，积德要靠常心，行善在平时，有德才能得，百行德为先，百德孝为先，所以要孝亲、忠国、尊师、重道、爱民。

以上说明了养生修道的道理、方向。可知不论你是官是民，不论你有无功夫，都要真心诚意修养身心。能否执行贵在悟道，能否坚持贵在恒心。但是，真的执行起来，的确很难，所以有“大道至简，上身至难”之说。《尊生八笺》提醒我们要克服养生五难：“养生有五难：名利不去为一难，喜怒不除为二难，声色不去为三难，滋味不薄为四难，神荡精散为五难。五者不去，心虽希寿，口诵至言，咀嚼英华，呼吸太阳，不能挽其夭也。五者能绝，则信顺日济，道德日全，不祈生而有神，不求寿而延年矣。”其实修道者只要明白了至理，能看破，能放下，能舍得，则是难不难。在我们这个群体里，大家互修互证，有二三十年的，有几年的，他们在修炼中无私奉献，共同提高，其乐融融，真如披云真人之《迎仙客》中曰：“柳荫边，松影下，竖起脊梁诸缘罢；锁心猿，擒意马，明月清风只说长生话。”

二、太极修炼的性命大道

《周易》中提出的“穷理尽性以至于命”，是三教统一的修炼命题，也是太极修炼的程序、性命之学的纲要。吕洞宾《指玄篇》曰：“伏羲传道至于今，穷理尽性以至于命。”《了道歌》曰：“先将世事齐放下，后把道理细研究，是言世事皆是假，惟有性命才是真。”张三丰《大道论》曰：“余也不才，窃常学览百家，理综三教，并知三教之同此一道也。”道是什么？“夫道者，无非穷理尽性以至于命而已矣。”“儒离此道不成儒，佛离此道不成佛，仙离此道不成仙，而仙家特称为道门，更是以道自任也。”可知中国传统文化的儒释道之修炼的核心，皆是“穷理尽性以至于命”之学。

张三丰又在《道言浅近说》一文中曰：“《系辞》‘穷理尽性以至于命’，即是道家层次，一步赶一步功夫，何谓穷理？读真涵，访真诀，观造化，参河洛，趁清闲以保气，守精神以筑基，一面穷理，一面尽性，乃有不坏之形躯，以图不死之妙药。性者，内也，命者，外也，以内接外，合而为一，则大道成矣。‘以至于’三字，明明有将性立命，后天返先天口诀在内，特无诚信人，再求诀中诀以了之也。”

（一）大道以明理为先

刘一明在《指南针》一书的自序中说：“今世之羽流，多不穷理，入于旁门曲径，看空执相，以讹传讹，以盲引盲，千枝万叶遍布于内，更加伪书杜撰，邪说淫词，杂于丹经子书之内，玉石不分，皂白莫辨……性命之学，正中之道也……知之者在儒可以成圣，在释可以成佛，在道可以成仙，若舍正中二字，而别有所谓道者，即是外道，便非正道。”可知不穷理，或穷理不明，小则盲修瞎练，到头来不是一场空，就是万劫阴灵难入圣；大则盲入歧途，知迷难返，难言不引来灭顶之灾。

道家修炼有穷理大约要用 6 年之说，其实随着修炼层次的不断提升而不断会有新悟，所以穷理也是终身的追求。在太极拳界也有这样的话：“太极拳三年不摸门，十年不出门。”其实何止 3 年，有些人直到离世还不明个中三昧。可知不能糊涂修行，要知阴阳，知动静，知无为有为，知内丹，知神气，知调息，知虚无……在穷理过程中，必须透彻，则性能明，命能全。

吕洞宾诗曰：“由来富贵原是梦，未有神仙不读书。”是言无论神仙、活佛都要穷理读书。读书要读真原版，访诀要访真师诀。大道太极拳由太极拳道和太极丹道组成，其基本原理及理论以传统文化为主，因此可读的书有：《周易》《道德经》《黄帝内经》《论语》《金刚经》《心经》，然后《南华经》《周易参同契》《悟真篇》《黄庭经》《黄帝阴符经》《谭子化书》《伍柳仙踪》《大丹直指》《性命圭旨》《大成捷要》《张三丰全集》，刘一明《道书十二种》，李道子《授秘歌》，周子《太极图说》，张三丰《太极拳论》《太极丹诀》，王宗岳《太极拳论》，还有《密宗大手印》《地藏经》《大悲经》等。近代著作必读的有：陈撄宁《仙学》，胡海牙《仙学指南》，胡孚琛《道学通论》《丹道法诀十二讲》，王沐《内丹养生功法指要》等。还应该读各种经典太极拳著述。此外还要具备高等数学、物理、化学以及相对论、场论、现代信息论、控制论、系统论、全息理论、天体演化论等自然科学知识。同时应该学习中西方哲学、中西医学，尤其是中医经络学说，还应了解心理学、精神分析学、生物反馈学等知识。

上乘修炼绝非等闲之辈所能及，只有为学日益、学养超群、学富五车之士，才能在“为道日损”的修炼中超凡脱俗而直登大道。

单纯的读书，往往也有局限性，很多义理高深不易懂，往往需要过来人开示，且道修的过程复杂，幽微玄妙，很多的层面更需要明师身授言传方可心悟体证。《修真九要》提出：一勘破世事，二积德修行，三尽心穷理，四访求真师，五炼已筑基，六和合阴阳，七审明火候，八外药了命，九内药了性。“访求真师”为其中的一条。《悟真篇》道：“饶君聪慧过颜闵，不遇真师莫强猜。”通关诗歌曰：“夹脊河车透顶门，修行径路此为真，华池玉液频吐咽，紫府元君直上奔，自然精满谷神存。一朝认得长生路，须感当初指教人。”可知真师何等重要。

何谓真师？胡孚琛教授在《丹道法诀十二讲》中说：“丹道这门学术，必须一要有师传，二要肯读书，不得师传，看不懂丹经，不读丹经也难理解师传。”太极拳界都倡导“入门引路须口授，功夫无息法自修”，通俗地说，就是“师父领进门，修行靠个人”。胡教授说：“其一，必须有清晰可考的承传系统，师承来源明确；其二，是师承前辈必须是真师；其三，师承前辈具有真才实学；其四，本师对其理论必须深研和融会贯通，并且有创新能力。”其实还应该再加两条：第一，本师必须具有完善的实践经验和丰富的教学经验；第二，本师能毫不保守，对弟子一视同仁，以德馨人。

“寻得名师后要以‘诚、敬、恒、真’的态度追随左右，而后拳拳服膺之不辍，终生感恩师恩。”对于有志于太极修行的学人来说，在继承师承的基础上，必须有所发展、有所创新。固守师说、不图突破的人是最没有出息的，太极拳学的生命力在于创新，只有在太极拳道和丹道的修炼和体证的过程中，不断精进、不断发展、不断创新，才能发展太极拳学，才能使后学者创出佳绩。

（二）尽性立命，性命双修

何谓性命？人的生命由神与形、灵与肉、心与身组成，表现为心识与生理的关系，合称“性命”。性乃精神之本体，命乃人之命体，也称形，由精气所概括，亦即生理的生命。

张松谷《丹经指南》云：“灵光一点，浩气长存，本来面目，性也，玄关一窍，先天至精，真一之气，命也。性即神也，命即气也。”王重阳《重阳真人授丹阳二十四诀》曰：“性者是元神，命者是元气，名曰性命也。”李道纯《中和集》曰：“夫性者，先天至神，一灵之谓也。命者，先天至精，一气之谓也。”可知性指神、元神，也指灵；命指精气，因为气由精化，气含精，故由气代之，即命指气。

何谓尽性？尽性者尽善其天性，即去其私欲，以尽其天性之体现。天地自然之性是本性，称为天性、天理，也即为道的本性。就人而言，性指人的本性、真性、天性。《三字经》说：“人之初，性本善。”由于后天物欲侵蚀，使天性失去光芒，甚至泯灭天性、天良。通过不断地革除外欲，就可逐渐返回其先天固有而尽善尽美的天性、良知、良能。《大学》曰：“大学之道在明明德，在亲民，在止于至善。”儒家提倡首先要“明明德”，即是穷理，“止于至善”则是尽性，然后“修身”就是“至于命”的命功修炼。《中庸》曰：“天命之谓性，率性之谓道，修道之谓教。”真正做到正心诚意，就能恢复良知、良能。

性功即修性的功行，即修神修心识。修性须积德，积德能使心灵纯净，安神定性，神志清明，而性光朗照。所以唯积德可以通灵，积善成德，神明自得。

修性首在养神安脑，《本草纲目》曰："脑为元神之府。"下功夫应在于"止念"。上层功夫要做到内观其心，心无其心，外观其形，形无其形。心无其心者，心空也，形无其形者，形空也。这就是"入境返空"，而真性必归矣，可知性功即炼神。

命功为炼气，炼气先养气。《摄生三要》云："养气者，须从调息起手。"调息重在吐故纳新、调畅气机、补益元气、通经活络、调理内脏。《易筋经》言："培其元气，守其中气，葆其正气，护其肾气，养其肝气，调其肺气，理其脾气，升其清气，降其浊气，避其邪气，扶其正气，勿伤害于气，勿逆之于气，勿忧思悲恐以颓其气，使气清而平，平而和，和而畅达，通行无阻，合内外上下为一体，故知修道练武皆从练气入手，练气先养气。"

《胎息铭》将炼气总结为："三十六咽，一咽为先，吐维细细，纳维绵绵，坐卧亦尔，行立坦然，戒于喧杂，忌以腥膻，假名胎息，实曰内丹，非只治病，决定延年。"性与命必须双修，性不可离命，相依相吸。修命者，命立而性自立；修性者，性存而命也延。故性无命而不立，命无性而不存，不可偏废。所以性命双修是大道之修。性功修炼是为了明心见性，命功修炼注重炼精炼气，改善人的生理机能，可使命体长寿。

吕洞宾《敲爻歌》曰："只修性，不修命，此是修行第一病，只修祖性不修丹，万劫阴灵难入圣。"黄元吉《乐育堂语录》："修命不修性，犹如鉴容无宝镜。"修性靠自悟，命功要师传。《仙学指南》中说："性功可以自悟，命功不能自悟，而且性功定要自悟，命功是有作为之事，虽得传授未必能实行，况无传授乎！"

可知重要的在于性命同时修炼，倘若专修性功而不进入命功修炼，或忽略命体坚固重要性，万一心未明、性未见而此身先坏，前功尽弃，岂非悔之晚矣？现在许多人的观点是先修命后补性，其实性不清则难能固色身。

我们这里简单讲述了性命之学的基本概念，而能够保障尽性立命大道之修的系统方法，就是道家的丹道内修理论，其指出了修炼的正宗大道是金丹大道。大道太极拳修炼功法体系的内涵就是内炼太极丹道，外用太极拳技。

三、太极丹道法诀纲要

“积德通灵，集义生气，唯道集虚。”此十二字乃胡孚琛教授在《丹道法诀十二讲》中提出的“三句教”，是太极丹道基本法诀中的纲要，实际上也是做人、成就事业、修心养性、修道悟佛、习拳悟道的基本法则、法诀。

（一）积德通灵

中国是文明古国，是道德之国、礼仪之邦。历代先贤教导我们“百行德为先”“百德孝为先”“人生有五德”“有德才能得”。所谓道德，即宇宙之大道，宇宙之大德。所谓人德，即人之良知良能。良知以效天，良能以效地。修道必性命双修，修命必养气，修性必养德，人必具五德。五德指仁、义、礼、智、信。

灵者，指灵性世界（相对物质世界而言），它是一种精神世界、道德世界和虚灵世界的概念。每个人心目中都存在一个灵性世界，留存心灵记忆的历史信息。人们可以这样理解：灵性世界即是宇宙自然本质、自然之能和生命的自然本质的总括。例如：违反自然本质或生命本质这一规律的行为称为恶行，凡恶行必有恶报；顺应自然本质或生命本质这一规律的行为称为善行，凡善行必有善报。所以必须“百行德为先”“万事德为基”，这样必然得到善报。这就是“得道多助，失道寡助”。

《道德经》第七十九章云：“天道无亲，常与善人。”《道德经》第七十七章云：“天之道，损有余而补不足。”可知积德必然通灵。

（二）集义生气

集义生气，语出《孟子·公孙丑》：“我善养吾浩然之气……其为气也，至大至刚，以直养而无害，则塞于天地之间。其为气也，配义与道，无是，馁也，是集义所生者。”义为五德之要，其气发于肺而激荡全身，充塞天地，肺金性刚，大义凛然，故能集一身大义者，必为人正直、正派。

吾能善养吾浩然之气而道必生。修炼之道，气宜直养而无害。人体由形、气、神组成，修道要完成对形、气、神的修炼。气是中间层次，所以修炼从养气、炼气入手。集义生正气，集义必能调好内气、真气。天之道多行不义必自毙，邪行歪道必遭天谴，所以，正义之念必善念，不义之念必恶念，善念恶念会让人的心理生理都产生反应。

例如，人的恶念会产生一种毒素，为恶性念波，此时人体必含戾气，心术不正必含邪气，这两种气都属阴损之气，阴损之气使人短寿、夭亡。而人的一念之善、一念之爱，就能排除毒素而产生良性念波，此时，人体必含祥气，行善积德必含正气。修道有成必含紫气，必然仙风道骨。这些气属于正阳之气，正阳之气令人长寿延年。所以修炼要遵循《周易参同契》要诀：“排却众阴邪，然后立正阳”。

（三）唯道集虚

唯道集虚，语出《庄子·人间世》：“气者也，虚而待物者也。唯道集虚，虚者，心斋也。”

心斋即听息修炼法，也是凝神调息法。张三丰祖师云：“凝神调息，调息凝神八个字，就是下手功夫。”“心止于脐下曰凝神，气归于脐下曰调息。”告诉我们修道必须集虚、炼虚。虚者，虚怀若谷、虚位以待、谦虚、虚无、虚空。

修道者务必炼虚。何谓炼虚？《唱道真言》曰：“至若炼虚，要胸怀浩荡，妙至忘身，无我无人，无天无地，觉清空一气，混混沌沌中，一点真阳……以阳神之虚，合太虚之虚，而融洽无间。”这就是说，以我之虚合太虚之虚。这就是虚心、虚身、虚神、虚气、虚无。《炼虚歌》云："为仙为佛与为儒，三教单传一个虚，亘古亘今超越者，全由虚里做功夫。"

李道纯真人曰："心归虚寂，身入无为，动静俱忘，到这里精自然化气，气自然化神，神自然还虚。"

总之一句话，要"虚其心，无其我"。心能虚空，则神能虚灵，性能明慧；身能无我，则立即能忘我、放下、无执、无欲。全身心的透空、虚无才能与太虚合一，与虚无空灵世界相通。修炼太极丹道者，就是要从虚无空灵世界中的能量资源库中取出和转化相关能量，使之能为实有的物质世界的生命体所利用，从而让生命逆反再生而长寿。

四、太极丹道的造化－还原之修

太极丹道修炼是性命双修的实践，是有无相生的内修过程。炼精化气，炼气化神，炼神还虚，其实质是"造化－还原"。何为"化"？化者，化合也。炼精化气、炼气化神都用"化"，就是说要将精气神化合，凝聚为一的功夫。这就是指"三归二,二归一,一归无"的还原之修。

《道德经》所谓的"道生一,一生二,二生三,三生万物"是宇宙自然大道造化之机，或自然演化之机。道是宇宙的本源，万物的本始，又是万物的归宿。道即无，无者无之极，无即虚空，虚空即无。虚空不坏，虚空永恒，虚空不无，无中不空，虚空蕴含能量，蕴含物质。现代科学已经证实，宇宙存在暗能量、暗物质，其能量取之不尽。

道生一，即无极生太极，太极即一气。道家歌曰："道自虚无生一气，便从一气产阴阳，阴阳相合生三体，三体重生万物张。"以现代自然科学理论论述的话，"道"即虚空，"一"即宇宙蛋、混沌、信息源，"二"是信息和能量，"三"是宇宙三大要素——信息、能量和物质。

先从信息源化生出信息和能量，再化生物质，形成万物，然后万物进入"成住坏空"的轮回，这个过程是宇宙的造化之律，是万物自然顺生的法则和规律，对人而言，则为生人、成人而生老病死、趋向死亡。

何谓“逆则成仙”？仙者，仙道也，仙学也。仙道者，长生之道也。逆者，逆返之意，还原也。人如果通过某种修炼法完成逆转自然造化之规律，由后天返先天，由实还虚，由有返无，则生命又重新返回原生的起始点上，再重新接受自然造化的洗礼，通过由三（精气神）归二（气神）、由二合一（阴阳合一为一神）的逆造化修炼程序，称之为“还原之修”。这种使生命返归后的生命再生，是生命科学的奥秘，也是太极丹道修炼的任务和目的。

为了生命的恒有，必须不断地还归于无，不断地还原。就是说为了不断地保有生命，不断地保持生命的再生，就要不断地进行还虚、返空、归无、回零的修炼，也就是太极丹道修炼的原理与方法。

（一）炼精化气

精是人体生命活动的物质基础，气是人体生命活动的活力或动力，神是人体生命活动的主宰。以其凝聚成物谓之精，以其流行谓之气，以其妙用谓之神。精气神为人体“三宝”，有先天和后天之分。先天为元精、元气、元神；后天，精为凡精、生殖精，气为呼吸气，神为识神、知识神、思维神。

明代陈眉公曰：“精在先天时，藏于五脏六腑，氤氲而未成形，后之念一动，则成为后天之精。”《南怀瑾说佛》一书中说：“精是脑下垂体，间脑中间荷尔蒙降下，再通过全身内分泌到下部，然后再变成精虫放掉的。”实际上广义的精应包括髓、血、汗、泪、涕、津、男女生殖精、内分泌腺体、前列腺液等。保护和充养称为养精、固精。养精首先要惜精、节欲，固精首先要强体祛病。人的健康取决于先天之元精、元气、元神，也称为真精、真炁、真神。元精充盈要靠后天之精充养和培育，元精充足可化为元气，元气充盈可化为元神。练体养气可以养精、固精。道家说：“无精不成丹。”所以这一阶段称为筑基阶段，而后进入炼精化气，为修炼的初阶功夫。

炼精化气，当然在“精”字上下功夫。生命力旺盛，精力充沛，身体强壮健康，往往意味着男女的性功能、性能量强，中医谓“肾气足”，这就有了炼精化气的基础，即所谓“有情来下种，无精不成丹”的道理。但是炼精时要非常小心，一般人如精力太充沛、性欲太强的话就泄精了，他们哪里知道“还精补脑”一说。所以丹道讲“顺则成人，逆则成仙”。尤其是太极拳练得好的人，容易兴阳，如果不节制的话，将来一定是外强中干了。

《南怀瑾说佛》一书中介绍的密宗修炼的方法与道家的一致。练功首先要发动“拙火”来化精为气，“拙火”就是道家讲的“元气”，称“灵热”“灵能”，为“暖”“暖信”“煖信”。

又曰：“静坐（静站）好的人，元气发动了，生殖器就会勃起，此时不要产生欲念，如果能静下来，配合这个生命的功能，回转来就可以刺激脑，就可以打开脑的气脉，不过要做到这一点很难。女性静得好时，也表现为下面会冲动，两个乳房会涨，最敏感的地方是乳房，如果静下来，不配上性欲，下面的阴部会缩小，变成处女一样，那么气脉就打通了，这是第一关……‘拙火’一般人都可以发动，可是由于习气的原因，只要一发动就产生交媾的欲念，结果那个拙火发动变成欲了，如果乐感不配上欲，就可以解脱，即是说如果拙火发动到了睾丸，没有配上欲，就会炼精化气，就不成精虫了，精到了脑化为气的时候，就会有光明出现了。”

又说：“有些人修道家气功，拼命忍精不放，把精向脑子引，这种练法很糟糕，会出毛病的，他引的不是真精，而是有形的精，这样甚至把大小便的毒素都引到脑子里去，结果，不是变神经，就会早死，记住，真精是无形的。”

修炼的人，开始特别容易兴阳，有些人天天晚上阳举，起拙火，道家称为元气发动，元气发动之时称为“活子时”，“或谓无淫欲之念，外肾欲举之时，虚极静笃时，突然一觉清醒亦称活子时。”崔希范《入药镜》：“一日内十二时，意所到皆可为。”“混然子注，一阳来复，身中子时也。”可知，凡练功时，下丹田元气发生之时，皆称活子时，也称拙火起。其实只要静心无欲念，或在生活和工作中，一件事成功之喜悦，而全身乐感之时，皆是真正的活子时，此时要静之，安静下来，将阳气以巽风之息，促使河车运行，是修炼的最好时机。其实丹道修炼的基本原理早在《道德经》里就有所述："惚兮恍兮，其中有象，恍兮惚兮，其中有物。杳兮冥兮，其中有精，其精甚真，其中有信。"这个"物"是无形之物；这个"精"是无形之精，即化为元精之精，元精再化为元气；这个"信"就是暖信、拙火、元气。

修炼中，在拙火发动生出暖信时，乃将元精用神以气化合，三合二，合炼为炁，做丹母，然后再进入高层次的修炼。

如用卦象来表示，其概念可以更直观。肾精之精以坎表示，如同水，其卦为外阴内阳（☵），中间一阳为先天真阳之气，如果肾精流失，则先天至阳元气也被带走，保护元气之法是固精、惜精，让精少流走。炼精化气，即化坎中一点真阳为真一元气。如何化呢？真神如同火，以离表示，其卦为（☲），外阳而内有一点真阴，常人水火不相射，火炎上，水润下，水火分离，其作用为否卦，水火不济。如果逆而行之，将心神之火下降居下，则水在上，火在下，成为泰卦。火下水上则真阳真阴，阴阳相交，水火相济。火炎上，水润下，使水产生氤氲蒸腾之气上升，滋润体内万物，这就称之为炼精化气。

（二）炼气化神

何谓神，神有识神和元神之分，《乐育堂语录》云："有为而为者，识神也，无为而为者，元神也。识神用事，元神退位，元神作主，识神悉化为元神。"

炼气化神，主要落在"炼气"上，这个层次的修炼重在凝神调息。张三丰《道言浅近说》曰："凝神调息，调息凝神八个字，就是下手功夫，须一片做去，分层次而不断乃可。凝神者收己清之心而入其内也，心未清时，眼勿乱闭，先要自劝自勉，劝得回来，清凉恬淡，始行收入气穴，乃曰凝神……调息不难，心神一静，随其自然，我只守其自然，加以神光下照，即调息也。调息者，调度阴跷之息，与吾心中之气，相会于炁穴中也。”《丹髓歌》曰：“昔日遇师真口诀，只是凝神入炁穴。”

炼气之要在调息，调息首先要练外呼吸，使其息深、长、细、慢、匀。《乐育堂语录》曰：“学人打坐必先调外呼吸，以引起真人之息。”《太乙金华宗旨·回光调息章》曰：“却昏沉，只在调息，息即口鼻出入之息，虽非真息，而真息之出入亦于此寄焉。”《孙不二女功内丹次第诗注》曰：“当采取先天之气时，须借后天气以为枢纽，故曰，风中擒玉虎。”

《乐育堂语录》云：“修士必须于打坐时调其呼吸，顺其自然，一出一入，不疾不徐，如此调息，虽属凡息，然亦是自在真火。”马丹阳《练丹砂》曰：“练气莫教粗，上下宽舒，绵绵如有却如无，箇理灵童调引动，得赴仙都。”《抱朴子·内篇·释滞》曰：“初学行气，鼻中引气而闭之，阴以心数至一百二十，乃以口微吐之及引之，皆不令已耳闻其气出入之声，常令入多出少，以鸿毛著鼻口之上，吐气而鸿毛不动为候也，渐习增其数，久久可以至千。”可知此法可练至呼吸深、长、细、慢、匀。其匀、细皆自然之匀、细，其深、长亦是日积月累而自然深、长，不得人为勉强。其呼吸之气均要入丹田，随着练功造诣加深，进入极度虚静气功态时，自然忘记口鼻呼吸，是谓胎息功成。

张三丰在《玄机直讲》中告诉我们要一年、十年、百年地静修：“坐下闭目存神，使心静息调，即是炼精化气之功也。回光返照，凝神丹穴，使真息往来，内中静极而动，动极而静，无限天机，即是炼气化神之功也。如此真气朝元，阴阳反复交媾一番，自然风恬浪静，我于此时，将正念止于丹田，即是封固火候，年月日时，处处行此三步功夫，不但入圆十月也。故曰运之一刻有一刻之周天，运之一时一日、一月一年，即有一时一日、一月一年之周天也。然一刻中，上半刻为温，为进火，为望，为上弦，为朝屯，为春夏。下半刻为凉，为退符，为晦，为下弦，为暮蒙，为秋冬……如之谓攒簇，阴阳五行，一刻功夺一年之气候，到此乃是真空真静，或一年，或一二年，至十年，百年，打破虚空，心与太虚同体，此为炼神还虚之功也。”这段话把修炼内容和修炼过程和盘托出，解除了很多人的疑虑，能练到这个层次的人已经是极少极少的了。

（三）炼神还虚

这是“上关”修炼，纯入性功。常定常寂，一切归元，一切归虚、归空、归无。落在炼神这个层次上的关要，在于“止念”。丘长春曰：“学者急须止念，念止则心定，心定则慧光生，慧光既生矣，还须自涵于不睹不闻，无声无臭之中，久之返于虚无真境。”

《道乡集》曰：“未炼还丹先炼心，此心不炼难成真。”可见炼心即炼神，炼神在止念。吕洞宾曰：“大道教人先止念，念头不止也徒然。”《规中指南》曰：“夫无念者，非同土石草木块然无情也，盖无念之念，谓之正念现前，回光返照，使神驭气，使气归神，神凝气结乃成汞铅。”张紫阳真人《金丹四百字》言“真土擒真铅，真铅制真汞。铅汞归真土，身心寂不动。”悟元子刘一明解，“真意也，真情也，灵性也，即吾身中真土、真铅、真汞之三宝。此三宝有先天浑沦一气，圆成无亏，不得云意，不得云情，不得云性，纯是一真。及交后天，阳极生阴，一气分而为三家，遂有意与性、情之名。真者一分，假者斯出，轮回种子当权，根尘俱起……，以往群真教人返本还元，以保性命者，无非教人返还此三者，皆归于真耳。”万念俱泯，寂静之极，真意真情灵性归于一也，然后炼一还无，进入虚空大定，此即炼神还虚阶段。这一过程已由“有为炼”而进入“返无为”阶段，修炼返本归根，明心见性，一切入于虚无，归于空寂之本源。可知还虚、返空、归无纯入无为，其圆通无碍与天地永存，得大解脱。《悟真篇》云：“法法法原无法，空空空亦非空，静喧语默本来同，梦里何劳说梦。有用用中无用，无功功里施功，还如果实自然红，莫问如何修种。”可说是对炼神还虚的精确描述了。

五、太极丹道的行证模式

太极丹道的修炼必须遵循“无为入，有为炼，返无为”的模式和步骤进行。何为无为？“无为”不是无所作为，而是不主观而为、不妄为、不人为、不强为之意。无为是法自然、顺自然、自然而然的，是先天性的，无知无欲、自然而为的。

《乐育堂语录》：“但下手之初，务将杂念杂尘一切扫除，庶有混沌之象，所谓‘无为’者也。”《道情歌》曰：“未炼还丹先炼性，未修大药且修心，心修自然丹信至，性情自然药材生。”《玄机直讲》曰：“初功在寂灭情缘，扫除杂念。除杂念是初步筑基炼己之功，人心既除，则天心来复，人欲既清，则天理命存。”曹文逸《灵原大道歌》曰：“形神虽曰两难全，了命未能先了性。”人的生命由形和神两重结构组成。形是生理结构，由精气构成，是生理为物质的层次；神是心理结构，是心息的层次。性命双修就是了性了命，了命未能先了性。静性修性而能明心见性后，在静定之中生出真炁，真炁如原始星云般旋转中心一穴，称作“气穴”。在此之前的修炼为“无为入”，是静功的层次，这个“无为入”修静功的方式，以无极静桩功为最佳的选择。当无极而太极，无中生有，静中触动，静生动时，就要转入“有为炼”的阶段。此时在高度宁静的状态下，必须凝神入炁穴，让阴阳交合，神气相交，由性功转入命功的修炼。这时所得的丹为玉液还丹。为何要立即转入“有为炼”的阶段呢？因为“无为入”在了性的过程中专修静功性功，很可能忽视命体之固。为了防止命体有坏而前功尽弃，由性功转入“有为炼”的命功修炼层次是非常必要的。张三丰在《大道论》中提醒我们：“伯端翁云，闭息一法，若能忘机绝念，亦可入定出神，奈何精气神属阴，宅舍难固，不免有迁徙之苦。”说的是修炼静心闭息，调息进入无我无人、无天无地的状态，而忘机绝虑、绝念的大静大定的基础功法。修炼也能出“神功”，无奈这种功法对精气神还没进行修炼，仍属于阴神，也就是说这种功法没有经过凝神入气穴、阴阳交合、神气相交，结丹运行周天的修炼，未能炼阴化阳，肉身未得到修炼，即没有坚固起来而有坏，难逃迁徙死亡之苦。张三丰《大道论》曰：“男女媾精，万物化生。”（这是天地之道）但“顺则成人，逆则成仙”，顺逆之间，天地悬隔，只要用逆，阴阳自然成就，并非邪经旁门。兹余所说，大泄真机，皆列圣口传心授之旨，人能照此下手行持，自能夺天地玄妙之功，穷鬼神不测之奥，成金丹之口诀也，除此之外，再无别诀。

为什么“无为入，有为炼，返无为”的顺序不能错呢？先哲们在修炼中已有体悟，并留下文字告诫后人。张伯端《悟真篇》云：“夫修命，主要在乎金丹，始于有作，终于无为。”“但见无为为妙药，岂知有作是根基。”刘一明《悟真直指》云：“古真云，‘性命必须双修，功夫还要两段’，盖金丹之道，为修性修命之道，修命有作，修性无为，有作之道者以术延命也，无为之道，以道全形也；固金丹之道，必先有为，于后天之中返先天，还我本来命宝，命宝到手后，不为造化所移，于是抱元守一，行无为之道，以了真空本性，直超最上层之妙道矣。”张三丰《道言浅近说》曰：“夫道者，其层次须知，三候三关，大抵不外四言，无为之后，继以有为，有为之后，复还无为而已。”又在《玄机直讲》中云：“夫功夫下手，不可执于有为，有为都是后天的，今之道门多流此弊，故世罕真传。亦不可著于无为，无为便落空，今之释门，多中此弊，故天下少佛子。此道之不行，由于道之不明也。”《金刚经》曰：“一切有为法，如梦幻泡影，如露亦如电，应作如是观。”可知返无为是最后的炼神还虚、炼虚合道的层次。

修炼“只落有为是落空，只落无为是顽空”，“有为头头错，无为头头空”，“有为无为是真为”，所以先从无为始，再从有为入，最后有为归无为，后天返先天。无为就是无中含有，顺应自然，修炼再进入“无无”境界，即无极态，就是道。无为才能处中，无为才能无不为。

六、大道终归“虚空无”

我的先师们均强调，太极拳的最上层功夫是“空”，尤其要在太极推手时体现“空”的功夫。我们在太极松功中提出了总诀：“肢体松柔软，体内松空通，全体虚空无。”所有的功法最后都要进入上层修炼——虚、空、无。太极修炼最重要的层次是还虚、返空、归无。

何谓虚？虚者，虚无也，虚空也。虚者，虚寂、虚静、虚灵。《庄子》云：“唯道集虚。虚者，心斋也。”《道德经》中的“致虚极，守静笃”就是“唯道集虚”的功夫。李道纯《炼虚歌》曰：“为仙为佛与为儒，三教单传一个虚，亘古亘今超越者，悉由虚里做功夫。”

何谓空？空者，虚无之谓也。唯空乃虚，空者，空洞、空明、空灵，佛家认为“四大皆空”，即指空性，也就是说世界的本质是空的，一切事物的本质是空的，本性是空。万物在空中，空在万物中，所以空又是空理。空之理，至高无上，是统宰一切的。《心经》曰：“色不异空，空不异色，色即是空，空即是色。”“色”相当于道家的“有”。学佛修炼要进入“空境”，入门首要“空观”，与儒家的“中观”和道家的“守中”相似。道家“守中”即“守一”，守玄关一窍，守与宇宙相通的“虚无一炁”之中。

何谓无？无即空，空即虚。无者，虚无也。无者，无形无象、无来无去、无欲无求、无垢无染。由知，修炼回归虚空无是修炼的最高层次。世界上的一切实体物质都在虚空无之中，小至粒子、原子、电子，它们之间及其周围，均处于虚空无之中，其体积的 99% 以上是虚空无；大至宇宙星球，银河系里有大约 2000 亿颗恒星，它们均处在广袤的虚空无之中。虚空无具有普遍性、无限性和连续性，并具有能量性和创生性。如果人的心灵修炼能回到虚空无，则和宇宙的虚空无融为一体，就可以和宇宙的虚空无一样，永恒不坏，同时可以实现“内真外应”。《周易》曰：“寂然不动，感而遂通。”是说人体处于寂然的虚空无之中时，可以与太虚合一，并从宇宙太虚中摄取能量，这就是修炼还虚、返空、归无的理论依据。

张三丰在《大道论》中说，将性功修炼作为玉液还丹，命功继之完成，才叫金液还丹，而完成“穷理尽性以至于命”的丹道程序。何谓玉液还丹和金液还丹呢？要弄明白这个问题，就要先明白何谓丹。“阴阳交合之谓丹”“精气神凝合之谓丹”“神气交合之谓丹”。人体把精气神称为上品三药，在身内将其凝聚“生能”，称为内丹。聚为丹，为能；散为精、气、神。精为粒，气为波，神为场。粒静，波动，场圆。因精为粒，为粗渣，不能在周天运行，只有将粗粒化为气，将精气合一炼成小丹。此丹在性功基础上凝成，故称为玉液还丹。而后将此小丹与虚空外药相凝合而成金液还丹，称为大丹。道家认为这个过程为“回风和合”，但必须“内真”才能“外应”。

道家历代宗师都认为宇宙由两重天地、四个阴阳所组成。吕纯阳《指玄篇》诗云：“两重天地谁能配，四个阴阳我会排，会得此玄玄内事，不愁当道有狼豺。”“两重天地”是说宇宙由虚无天地和实有天地组成，“四个阴阳”指先天阴阳和后天阴阳。宇宙是大天地，人身是小天地，它是天人相应的，当然两重天地也可以理解为形而上的道世界和形而下的器世界，还可以说是“色界”和“空界”。所以说宇宙是个复数世界，借用数学公式来表示：

$$C=A+jB$$

（C 为复数，表示宇宙，A 为实部，表示实有世界，B 表示虚部，为虚无世界。）

这个公式表示宇宙本身既是实界，又是虚界，是一体而同时存在的。这个虚无的世界是永存的，而实有世界是变动不居的。现代科学已经告诉我们宇宙中具有无限的暗物质、暗能量和暗信息，我们可以称之为虚物质、虚能量、虚信息。这个虚世界蕴有取之不尽的宝藏。在数学上，复数由实数和虚数组成，实部和实部可以叠加，虚部和虚部也可以叠加，但实部和虚部是不可以叠加的，为了从虚部（即虚无世界中）取得能量，人必须回归虚部。因此用人体虚部与宇宙虚部相呼应，才能取回能量。所以修炼者须向内求，达到虚空无境态，以便取得宇宙能量，这就是“内真外应”的原理。

无怪石泰先哲在《还原篇》里直截了当地指出：“炼气徒使力，存神妄用功，岂知丹诀妙，镇日玩真空。”《玄机直讲》曰：“此乃真空，真静，或一二年至十年、百年，打破虚空，与太虚同体，此为炼神还虚之道。”《炼虚歌》云：“为仙为佛与为儒，三教单传一个虚，亘古亘今超越者，全由虚里做功夫。”《修真全指》曰：“不合虚无不得仙，能到虚无可炼丹。”《唱道真言》曰：“至若炼虚，全要胸怀浩荡，妙至忘身，无我无人，何天何地，觉清空一气，混混沌沌……，以阳神之虚，含太虚之虚，而融洽无间，所谓‘形神俱妙，与道合真’者也。”李道纯曰：“心归虚寂，身入无为，动静两忘，到这里精自然化气，气自然化神，神自然还虚。”

道家历代修仙者都感悟到两重世界之间有一个通道，就是玄关一窍，是“出有入无”的隧道，只要修得玄关一窍，便可通过隧道由色界进入空界取得能量来修补破损的色身。李道纯的丹诀云：“归根自有归根窍，复命宁无复命关？踏破两重消息子，超凡入圣譬如闲。”胡孚琛教授说，“两重消息子”便是两重天地玄之又玄的两层玄关。

七、大道太极论

《道德经》曰“天下万物生于有，有生于无”和“有无相生”，指出了万物演化的规律。宇宙的造化过程是无极而太极、太极而两仪。两仪即阴阳，阴阳即性命，性命即神气。大道以“后天返先天”之炼为首要，是还原之修。凝神聚气，神气合一，性命合一，是两仪返太极，而后归无极，这样就能与道合真了。

“修无观有”是《道德经》第一章的内容，为修道修身的总纲总则、众妙之门。先修静功，太极静极而动，动而生阳，阳气发动而上升；太极动极而静，静而生阴，阴气重浊而下降。这样循环而周行，层层递进，最后达到虚灵之体，感摄虚无之气，而达纯阳。继而炼阳化虚，最后虚空粉碎，彻底归无，与道合真，此为修炼者终生的大目标。大道太极的任务，就是在各种功法中体现这个大道之修。

大道太极拳修炼内涵为内炼太极丹道，外用太极拳技。大道太极丹道以“积德通灵，集义生气，唯道集虚”为纲，入手通过放松入静、修心炼性，遵循“无为入，有为炼，返无为”的模式实现“炼精化气，炼气化神，炼神还虚，炼虚合道”，完成两仪—太极—无极的还原之修，以达到性命双修、与道合真。

大道太极修炼功法有大道太极无极静桩功、松功、抽丝功、调息功、丹摆功、单操功、拳架功和推手功等等。

“大道全凭静中得，岂在贪谋意外寻。”《庄子·人间世》曰：“若一志，无听之以耳，而听之以心；无听之以心，而听之以气。听止于耳，心止于符。气也者，虚而待物者也。唯道集虚。虚者，心斋也。”《庄子·大宗师》云：“堕肢体，黜聪明，离形去知，同于大通，此谓坐忘。”无极静桩功，站忘也，同此一理。

“致虚极，守静笃”，“立身中正安舒”，进入放松入静还虚的状态。正如《证道仙经》所说：“但自放下一切，吾心自静，心静气自静，气静则自下沉，下沉自与神接，自得通流一体。”“心空而能慧，心寂而能感，心静而能知，心空而能灵，心虚而能觉。”

无极静桩功修炼纲要是：“正直其体，虚灵（领）其神，空虚其心，真一其意，静沉其气。”两会一点一垂线是立身中正安舒的要领。“一身舒适万法宗”，立身中正只有合在两会一点一垂线，气才能直沉到底，神才能虚领到泥丸百会。两会指头顶百会（阳窍）和会阴（阴窍）二穴。一点指两脚底涌泉连线的中点，一垂线指通过两会连至两涌泉中点的身中垂线。两会一点一垂线是静站桩的不二法门。

无极静桩功的修炼暗含金丹大道妙义，不仅包含了无为修静的功夫，而且还蕴含了“静极生动”的“妙有”生成的功夫，通过“炼精化气，炼气化神，炼神还虚”实现还原之修。无极静桩功是性命双修、形神兼练、内外共修的功法，也是太极拳修炼的入门功夫、无上妙法、不二法门。正如《听心斋客问》中云：“客问虚静无为。曰：心归虚静，身入无为，动静两忘，到这地步，三宫自然升降，百脉自然流通，精自化气，气自化神，神自还虚，不必去安炉立鼎，采药物，看火候，而所谓三元八卦、四象五行，悉在其中。”

身心不动，归于无极，无极而太极，动而生阳，养气积气而得气，是“有”的景象，进入“有为炼”阶段，收视返听，凝神入炁穴，调息绵绵似有却如无，心息相依蓄养烹炼，丹田中产生如原始星云般旋转之象。这就是“无生有”的过程，出现“有象、有物、有精、有信”的效验，玄关窍开，得先天真一之炁，然后产丹运周天。往高层去就进入“返无为”即“有返于无”的修炼层次。进入虚空静定后，由“内真外应”移鼎在泥丸结大丹。如此炼得阳神，再进入虚空大定、大静，用阳神之真火对肉体不断进行锻炼。如是反复递进锤炼，再高一层次上炼精化气，炼气化神，炼神还虚，逐步达到与太虚合真。

《黄庭外景经·第十四章》有“头戴白素足丹田，沐浴华池灌灵根”，头戴白素指头上有白色之光气，足丹田指足底涌泉穴，这里对应大道太极最强调的两个概念“虚灵神”和“涌泉丹”。

神虚领（灵）是修道养寿练拳的要领，是《授秘歌》中提出的“西山悬磬”的法诀，在拳称为“顶头悬”，是脊竖的原则。神虚领（灵）是修炼大松、大静、大柔、大软、大虚、大空的前提，遵循它，在修炼中时刻不离。“万念俱泯，一灵独现”，返先天无为之境则称“虚灵神”。

脚底涌泉穴，称为足丹田，是足少阴肾经的起始穴位，为生命的根本。大道太极修炼以涌泉为核心，当身体放松、妄念断除，逐渐达到心静神明后，先以神光照射腹丹气穴，待暖生后，就若有心若无意地气沉涌泉。

崔希范《入药镜》曰：“先天气，后天气，得之者，常似醉。”胎儿在母腹中以脐呼吸称为先天气，及至出生后，以口鼻呼吸，称为后天气。内呼吸为先天，外呼吸为后天，内呼吸与外呼吸所行路线相反。如能循内呼吸外呼吸而练功者，则常似醉仙。庄子曰：“真人之息以踵，众人之息以喉”，大道太极内呼吸以涌泉为宗。

静站修炼过程中凝神聚气，先在腹丹田聚能成丹，然后转移到涌泉，得丹元能，当涌泉丹能运转，透尾闾、夹脊、玉枕三关（修炼层次高者可中黄直透），入泥丸而化神，就可以一灵独现，表现为腾虚缥空，“桩无桩，根无根，有根无根是真根。”

然而，太极拳是必须要体现拳法拳式的，怎么完成动形而不违道，是一个非常重要的课题。这就要进入动功修炼模式，通过内调息、外吞吐进行心、息、形相依的修炼。

太极拳锻炼和修炼的区别在于，由单纯形体之动带动拳式皆为锻炼，其为意形双重的，练法是后天的；由神和内气为主导带动拳式为修炼，特点是“神主明，气主动，腰主形”。这种形不妄动，心无妄象，由神主导，由内气静极而动（生有），动极而静，静而归无（还虚、返空、回零）的造化－还原过程称为修炼。

这种由神主导的动形，实质是神形一体的变化，是无极、太极而阴阳，复归太极而无极的过程，可以通过内调息、外吞吐来实现。涌泉吸，一吞升乾，涌泉丹能上化入泥丸化于神，丹元场表现为吞收；涌泉呼，一吐降坤，腹丹能下涌泉，涌泉丹能满，返虚、入清，上返入泥丸化于神，丹元场表现为吐放；涌泉“息”就是气归零而神归无，丹元场表现为空无、寂然，无极。这样通过涌泉呼吸进行“气”“神”化合，带动形体动作，以丹元场的能量变化，形成吞吐效应。这就是大道太极内调息外吞吐的实质，也是“心息形相依”的修炼过程。

“松、透”是道修很重要的条件和要求，而松功是放松的功夫，可以帮助实现“肢体松柔软、体内松空通、全体虚空无”。大道太极松功包括“基础松功十法”“九珠松功”“抽丝功”等。当然，松功修炼过程的所有动形，也都要以“心息形相依”为原则。

大道太极松功下手处也是从修静开始，先要集中练养神形的“放松，入静”，而后炼养“沉气，通空，圆融，虚灵”。这样用功，就可心定气和。心定是谓炼神、炼性，气和是谓炼气、炼命，性命双修就能养神养寿。心定气和，内则五气合一，神气鼓荡，外则周体四肢百骸、关节、肌肉、韧带无不柔和，无不松沉，无不轻灵，即所谓“无一处不轻灵，无一处不坚韧，无一处不沉着，无一处不顺遂”。

松功要求一松到底，就是说松要松到涌泉穴，而入静要把心收回，而后“静中触动动犹静”。练功时毫不含糊地进行“大松、大静、大柔、大软、大虚（空）”的修炼。只有神虚领（灵）不丢，才能修炼“五大”。大松就是一松到底，才能转化为张；一柔到底，才能转化为刚；一软到底，才能转化为坚；一静一虚到底，才能转化为灵，这是“反者道之动”理论之体证。“五大”修炼之后，才能悟“五无”，即“无形、无象、无根、无源、无点”。

大道太极抽丝功修炼，以无极静桩修炼为基础，在充实的内气，充足的底气的条件下，以无为法为纲进行有为练，以实现真气如蚕吐丝，绵绵不断，运于正中，故抽丝功亦可谓练内松、内通、内空的松功，目标是“体内松空通”。放松入静，气沉涌泉，万念俱无，一灵独现。以心引气循经运身，由脚而腿而腰，气贴背运抽丝再至手，气丝微微，如滔滔之流水绵绵不断，取之不竭。抽丝功修炼以涌泉穴为秘要，所谓起于涌泉，源于涌泉而又归于涌泉。

大道太极丹摆功属于“有为炼”，主要用来增强、增长丹能的运转和应用能力，并通过丹能的运转实现纵向的开关展窍。丹摆功分为双丹摆和单丹摆，双丹摆着重腹丹能到涌泉的运转，而单丹摆注重涌泉丹能的上化。肢体的摆动是在丹能而非筋骨气力作用下运动起来的，使用筋骨气力皆为后天操作，非丹摆功修炼。丹摆功修炼也要以“心息形相依”为原则。

调息功是专门修炼“心息形相依”的功法，通过涌泉呼吸来进行动作的训练，动作为内呼吸和外呼吸的结合：开合，开为呼、合为吸；吞吐，吐为呼、吞为吸；收发，发为呼、收为吸；聚散，散为呼、聚为吸；折叠伸缩，伸为呼、缩为吸；旋转，（丹摆）外旋为呼，内转为吸等等。

大道太极单操功是功法体系中个人单独练习的“着功”。拳论曰“由着熟而渐悟懂劲，由懂劲而阶及神明”，单操功正是个人单独进行的把“着”练熟的一个重要环节，然“非用功之久，不能豁然贯通焉”，故需下功夫不断操练，日练不辍。单操功包括搂膝穿掌手、白蛇吐信手、活步搬拦捶、活步弯弓射虎手、活步摆莲手、探海桩、摇辘轳、倒撵猴、四方步、梅花桩、肩圈、腰圈、胯圈等，所有功法都要以“心息形相依”

为原则。

大道太极拳拳架功是基于丹道理论的形气神的修炼，是性命之修的实践。行拳要求“心息形相依”，达到形气神合一，拳势变化完全基于形气神的转换。根据这个原则，拳架安排都是为了利于实现内调息外吞吐，行拳起承转合都基于涌泉呼吸，每个动作都是一吞一吐一归零。

拳架修炼过程中要注意的是每一动之吐必降坤，每一动之吞必升乾，乾指头顶，坤指足底。功夫纯熟、层次更高时，静得快，静得深，还虚、入空、归无来得快，由无生有触发快，由有归无归得快。由此可以看出，整个修炼过程是贯彻了“静”修性、“动”炼命、“无”修道、“有”悟功、“动”练拳、“定”练功、“阳”升督、“阴”降任。所以这种后升又前降，左转又右旋，可使大小周天百脉全部打通。由于后天返先天，所以太极内功来自先天，先天之功其能无限。

在拳架中要处处体现“有无相生，动静相因，阴阳相济，吞吐相变”的道修性质。有动必静，有静必动，互为因果，如动之极而不归静，则有亢阳之虞，静之极而不触动，则有盛阴之弊。故修炼要求一静一动互为其根。太极动而生阳，阳极生阴，阴归静。太极静而生阴，阴极生阳，阳触动。

阴阳为对立的两方，存在于万物之中。在太极拳修炼中，阴阳包括几个主要方面：炼养、虚实、刚柔、吞吐、开合、进退、收放、隐显等。阴阳的性质为“孤阴不生，独阳不长”，“阴不离阳，阳不离阴，阴阳相济”，“阴极生阳，阳极生阴，一阴一阳一太极，太极归无极，无极生太极，太极生两仪”，“一阴一阳之谓道”，“生生之谓易”。可知练养结合，虚实分清，刚柔相济，开合有致，进退有序，收放自如，隐显相变。大道太极拳修阴炼阳，修性炼命，静养动炼。根据反者道之动的原则，先从养阴开始，再由太极转化为炼阳，才能得乾阳。所以要“一阴一阳修太极”，“太极归无极”。

“拿住丹田炼内气，哼哈两气妙无穷。”“能吞方能吐，能卷才能放。”内呼吸与拳势相系时为吞吐，吞如蛇吞食，有吸引之作用，其势如气吞山河，所以有“盖吸能自然提得起，亦拿得人起”；吐如球弹出（不是推出），有排斥的作用，其势如石激波，所以有“呼则自然沉得下，亦放得人出”，“如球碰壁，又如钱投鼓”。行拳中，要做到每一动之吐必降坤（底），每一动之吞必升乾（顶），吞吐一周天。

传统武修太极拳，讲究以心行意，以意导气，气运全身，用意不用力。讲究“意到，气到，劲到”，这样可以消除习惯力、笨力、本力、僵力和拙力，用气不用劲则可消除内贯力、内贯劲。而道修的本质是放弃后天意识，清净无为，元神归位。道修太极的实质是要求“真气流布”“气化神”“神气转换”，而不是“意气用事”。用神则可消除“在力（劲）则僵”“在意气则浊”“在气则滞”。然后纯以神行，“在神则活，有活则灵”。

其实“神气转换”和“涌泉”的概念在整个大道太极修炼体系都极其重要。大道太极任何动作都以“心息形相依”为原则，体不妄动，完全基于涌泉吞吐气化神形成的丹元场，通过神气的转换变化，带动形体动作，并发动“场势”，对持则可使对手浮气拔根而跌出。涌泉作为行动的总开关、发动机，运行路线是：起于涌泉，化于神，发于丹，出于手，至于玄同。丹能起于涌泉、源于涌泉又归于涌泉。丹能化于神，而神通天地，与天地玄同合一。

大道太极推手是体验和观察内气的运行，验证修为层次和境界，以确保修炼方向正确的最好方法，当然也可以增加理趣性，验证上乘武术推手功夫的效果。大道太极推手以真气舒布对方，相互疏通经络，始终松柔软通空，有助于养生，所以亦称大道养生推手。汪永泉先生在《杨式太极拳述真》一书中说：“如果只练拳架不练推手，内气得不到疏散，如果只练推手不练拳架，内气得不到补养。”所以太极推手在双方沾粘连随、互相推挽的过程中可以达到外练身手腰腿步、内炼精气神意功的效果。将内气渗透到对方体内，既可以起到内按摩的作用，又可以疏通其经脉血液，其体内将会感到温暖舒适和惬意，这就是养生推手的效果。如果推手时会用内气，就不会有顶和抗的感觉。

汪永泉先生在《杨式太极拳述真》中还讲道："无形无象，全身透空指的就是功夫高超者在推手胜人的外形看不出有多大动作，招式越化越小，以至给人外形动作消失之感，而其自身则感到轻灵通畅，即进入化境境界。"

无形无象是大道至无之修、太极混沌之炼。表现为身不妄动，手不妄动。"动则至微"，好似"静中触动动犹静""动则归静静归无"。这种形不妄动、心无妄象由内气发动，动归于静的修炼为无形无象之大道之修和太极之炼。

在太极拳修炼中，要逐步实现"形无、身空、神虚、心零"，达到"漂、飘、缥"的境界。"漂"是初步的要求，这时对手是摸不着找不到根的。脚底下漂，归"形漂"。炼气松沉，可使形端直而得"气中定"，这比"形中定"更上一个层次。浊阴下降之气得稳，清阳上升之气为轻，为虚，这个至轻至虚之气的升阳谓"飘"，故称为"气飘"，这时到了气虚身空的阶段了。"缥"是最高层次的，形容云的虚无缥缈，变幻莫测，似有实无。神返空还虚，即谓"神缥"。由炼气化神而转为炼神还虚的这个阶段，可称为"神缥"。"形、气、神"玄同一炁形成玄同场，即"太极玄同"。玄同者，玄而又玄，玄而不实，同而一如，其中有物，其中有精，其精甚真，其中有信，信而有场，信而有能。修炼中需要不断提升层次，永无止境。

做到神还虚、形回无、身返空、心归零、气入清，就表现为"全身透空，无形无象""全体虚空无"。身空（腰胯手空）、心空、脑空、底空（涌泉空）、气空，体无阻无塞，无僵无滞，畅通无阻，能入能出；心无挂碍，返清净自性；气空神虚，虚无缥缈，空间时间俱虚，无内无外，与宇宙虚无合一。"彻内彻外，无内无外，内外一如，与太虚同体"，修炼达到这个层次，太极实践中就可以表现为举手飘手、接手空手、出手无手，可以空中屈伸和空中粉碎，而又心如明镜，性似太空，有感即应，应物（招）自然，推手也就表现为"挪捋挤按皆非是"，进入到无形无象、一片神行的层次了。

这时推手就可以身不妄动、心无妄相，纯以神气带动形体。遇到对手施压，可以不靠力或劲，甚至可以在没有形体变动，不式不招的情况下，以丹元场能源源不断地作用对方，反映到他的脚底，使其浮气拔根而整身被弹击出去。对方并未感到有力推他，只是感到被莫名其妙地浮起并飘移到他处。还可以在无形无象的状态下将对方捋虚落空，或者让对方有一揪就起、一摸就空、一碰就出的感觉。

最后引入张三丰两段精论作为本论的结尾。张三丰《学太极拳须敛神聚气论》说："太极之先，本为无极。鸿蒙一气，浑然不分，故无极为太极之母，即万物先天之机也……故万物莫不有无极，亦莫不有太极也。人之作用，有动必静，静极必动……气清上浮，无异上天。神凝内敛，无异下地。神气相交，亦宛然一太极也。故传我太极拳法，即须先明太极妙道。若不明此，非吾徒也。"

张三丰《太极行功论》说："必须功拳并练，盖功属柔拳属刚，拳属动而功属静，刚柔互济，动静相因，始成太极之象。""太极本从无极中生，无极是个'无'，万物皆由无中生，生生而有，此生生即是太极。修太极之道，必从'无'处立根。能'无'方能致于广大，入精微，御万物而不拘役于物，此乃吾道之妙要，凡修太极而不知此'无'字诀者，未得吾传。"

由上讨论，作《大道太极修炼歌》一首，如下：

无形无象修大道，有无相生动静因；
全身透空悟太极，不落身上炼阴精；
应物自然神化速，万般变化如新接；
西山悬磬神虚领，延年益寿常青春；
虎吼猿鸣心肾交，抽坎填离乾健体；
泉清河静甘露生，玉池清水灌灵根；
翻江播海周天调，元气流动天人合；
尽性立命在穷理，性命双修返无极。

第二节 太极丹元场理论

一、总论

太极拳运动不主张练力和练劲，要用意不用力、用气不用劲，进而用神不用气。如果着眼于练力和练劲的功夫，是本末倒置、弃道练技，最后必然导致肢体僵化而双重，甚至会难以做到松柔和空通。更加严重的会使四肢变“棍”，身躯变“板”，成为“板子身，棍子手，棒子腿”。若用的是外力，将变为外棍、外板；若用的是内劲，则将变为内棍、内板。这样在接手时很容易被对手“牵一发而动全身”。正如《太极拳论》所说：“每见数年纯功不能运化者，率皆自为人制，双重之病未悟耳！”杨澄甫先生在《太极拳术十要》一文中明确提出“用意不用力”这一重要原则，现在被各派太极拳所认同。

那不用力，用劲可以吗？太极拳前辈告诫说：“力方而劲圆，力涩而劲活，力由外出，劲由内出，所以说劲可练而力不可练。”其实劲和力的性质基本相同。一般由外形动或肌肉收缩而产生的力称为外力、本力、膂力，其力粗而生，接近拙力。凡力有力的大小、方向和作用点，称为力学三要素。这种矢量力有形有象，很容易被控制。内劲是人体内部由意气导引而通出的，是极活的和可控的，它有劲源、劲头和劲路三要素。太极拳大师汪永泉说：“凡来劲都有两端，一端是劲头，一端是劲源，对方劲头无论有什么变化，劲源始终与劲头保持直线关系。”所以对外表现为可变的矢量力性质，也是有形有象的。凡劲都可以由“四觉”感觉得到，尤以触觉能听出，称听劲。拳论说“由听劲而懂劲”，所以只要能听懂，就可以控制。在太极拳中如果全身能空劲、空力，进而达到全身透空，就能如拳论所说：“人不知我，我独知人。”《周易参同契》中说：“有形易忖量，无兆难虑谋。”可知“思虑未起，鬼神莫知”。

台湾太极先贤宋志坚先生在《太极拳学》一书中论述力与劲时说：“力即机械力，反映为矢量，即有大小、方向、作用点。力之大小、方向、速度不变者称为常力（常矢），在武术中体现为笨力、拙力、呆力、死力，亦可称为矢量不变之顽劲，呈现强直之冲撞力和机械的等加速运动。接触他人时呈现刚猛之震动摩擦力，并有强迫震动感，此种力源大都发自手臂。劲是一种力变，也是力的性质，其力可增减、可转向、可变速且灵活而难捉摸，即力变的作用，在数学上可称为变矢。从物理性质上说，劲是有弹性的活力，接触他人时，呈现绵软无震之推动力。劲源发自腰腿。”

汪永泉先生说：“太极内劲是神意气的化合。”太极拳大师李雅轩先生说：“将人散乱于外之神气，用拳中之规矩，手足身体动作，顺中用逆结回于丹田之内，与丹田元气相交，自无而有，自微而著，自虚而实，皆是渐渐积蓄而成，其理无非是动中缩劲，使气合一归于丹田。劲由尺而寸而分劲，周身一气是不加力而力，自彰的自然力，体内阴阳二气的和合产生内劲。有时如置身空山灵雨，每脚踩出去有如踏在水中，发劲的全部动力，只在脚底涌泉，重心完全放在一脚上，左右旋转，起落钻翻，如龙卷风，如水之漩涡，气沉入脚涌泉，下有接地之力，上有吞天之气，全身松透至极，故打人发人如水如风，无形无象，无有招式……全身胀如气球……”

太极拳大师孙剑云曰：“何为内劲？神气合一而已。”

太极拳内功是通过修炼内丹得到的，何为丹？精气神凝合谓之丹，阴阳交合谓之丹。也就是说太极拳的基本功是内丹功。我们只要根据太极原理增强内气运行，就可以在体内产生丹元能，形成丹元场力。

修炼过程中要让精气升、神火降而逆运到丹田使神气相交，初阶称为心肾相交、水火既济、坎离交宫之颠倒术。拳论简述为“气沉丹田神贯顶”，是说以心神引气下沉到下丹田，但又不能专注地气沉下丹田，要“勿忘勿助”，“绵绵若存，用之不勤”地自然结丹，结丹后化神升至上丹田的泥丸宫。

道家炼丹中有称为黍米丹者，不是说其形似一粒黍米之小，乃是指其至微至细之意，此为人体精气神化合的一种无形的高能物质，其“放之则弥六合，卷之则退藏于密”。这正同电学中的点（元）电荷相类似，能在空间产生点电荷场。根据场论原理，点电荷在空间形成整体场，产生电场力。经过太极功修炼后，人体内形成丹元，在与对方接触时，这个丹元可产生整体丹元场力。这种丹元场力不同于普通的矢量力。我们知道，场有标量场和矢量场，是弥漫的、整体的，表现为在人体内神行气运和辐射，所以说是无形无象。丹元场可使对方听不清、看不见、摸不到，就是说摸不到情况、找不到实地，真如《道德经》第十四章所说：“视之不见，名曰夷（无迹）；听之不闻，名曰希（寂）；搏之不得，名曰微（无形）。”所以当双方接触时，对方感到不知所措而又不可抗拒，总是先浮气拔根而不能自持，这就是王宗岳《太极拳论》所说的：“人不知我，我独知人，英雄所向无敌，盖皆由此而及也。”这种现象按古典拳论的说法是太极内劲的作用，从现代科学的角度来讲是太极丹元场的作用。

力和劲都是矢量，所谓整劲、整力，指的是出劲和出力时全身整合得好。但这不能产生整体能，只有场才能产生整体能，例如点电荷周围空间的等球面上都形成电场力，是整体能的概念。同理，人体丹元场在对手接触处的等场面上也都形成等丹元场力。

胡孚琛教授在《道学文化的新科学观》中说："人既是一个传感器又是一个信息发生器，既有自己独特的'生命场'，又有自己独特的'心灵场'……一些最小最轻的基本粒子必然同时具有波动性、粒子性、选择性等三种基本特征。……这些基本粒子具有波粒二象性，……它们存在物质（粒子性）、能量（波动性）、信息（选择性）三象性。"以上说明人体经过修炼内丹可产生丹元能，丹元能量具有波动性，即场的效应。

二、太极丹道原理

（一）太极原理

"太极"两字，《周易·系辞上》明确提出："易有太极，是生两仪。两仪生四象。四象生八卦。"老子《道德经》第二十八章明确提出"无极"两字："……常德不忒，复归于无极。"第四十二章中提到："道生一，一生二，二生三，三生万物。万物负阴而抱阳，冲气以为和。"其中"道"即无（无极），"一"为太极，"二"为阴阳，"三"为宇宙物质、能量、信息三大体系。"万物负阴而抱阳"是说阴不离阳、阳不离阴、阴阳相济、对立统一的太极原理概念。"冲气以为和"乃指极中之道，醇和未分之意，即太极也。胡孚琛教授在《丹道法诀十二讲》中说："'道生一'，'一'是宇宙蛋，是混沌，是'基因'，是信息源，信息的基本场是'灵子场'。'一生二'，'二'是信息和能量，其基本场是'粒子场'，是'扭力场（挠场）'。'二生三'，有了信息、能量、物质三大要素，其基本场是'量子场'。"老子《道德经》第四十章说："天下万物生于有，有生于无。"说明阴阳、太极都是无极而生。第二章中有"有无相生"，指出有生于无，有归于无，说明阴阳、太极与无极是互相转化的。

若修炼只落在“无为说”，必顽空，若只落在“有为说”，必落空，这就是造化－还原之修的原理，所以要“得造化，再还原”。太极和无极的关系在《道德经》里已说得很清楚了。我们再看一些学者的观点。张岱年说：“太极是天地未分的原始统一体。”冯友兰说：“道是‘无名’，是‘无’，是万物之所以生者，所以在是‘有’之前必须是‘无’，由‘无’生‘有’。”“‘一’是指‘有’，说‘道生一’等于说‘有’生于‘无’。”

王宗岳的《太极拳论》讲清了太极的概念：“太极者，无极而生，动静之机，阴阳之母也。动之则分，静之则合。无过不及。”说明无极生太极，无极者，太极之母也。太极生阴阳，太极者，阴阳之母也。太极动则生阳，动极生静，静生阴。北宋理学家邵雍在《皇极经世书·观物外篇》中说：“动之始则阳生焉，动之极则阴生焉，一阴一阳交而天之用尽之矣。静之始则柔生焉，静之极则刚生焉。”北宋哲学家周敦颐研究和发挥了《易传》中的观念，参考道教内丹图画出了太极图，写出了《太极图说》：“无极而太极。太极动而生阳，动极而静，静而生阴。静极复动。一动一静，互为其根；分阴分阳，两仪立焉。阳变阴合而生水火木金土，五气布顺，四时行焉。”他又说：“推道体之本源曰无极，无极而太极，如吾心之寂然无思，万善未发毫无生动的迹象，是无极也，然此心未发，自有昭然不昧之本体是太极也。”张三丰在《归原论》中说：“道者，其无极乎？无极而太极。无极在浑然之表，太极兆将动之荫。”

上面的讨论已把太极拳的太极之理说得很清楚了，现在总结如下：

（1）“道”即无（无极），“一”为太极，“二”为阴阳，“三”可指物质、能量、信息三大体系，或指天、地、人。

（2）无极者，无之极，天地未开，至无至极，无形无象，是名“无极”。无者无可说、无可形、无可指、无限量，即大道也。大道无形，大道虚空，大道归无。但是无中不无，虚中不空，虚空中含有能量。宇宙在大爆炸时留有取之不尽的能量，现代科学已证明在宇宙中有暗物质以能量形式存在。人在高度入静时则寂然不动，感而遂通，才能够感知这些能量。虚空中含有一个昭然不昧的本体，冥冥中孕有一种物质称为一气者，即为太极也。

（3）太极为一气而未判阴阳，但含有昭然不昧的本体孕有阴阳两仪，故为“有”。分阴分阳后，称两仪太极，分四象后称四象太极，分五行后称五行太极，分八卦后称八卦太极。所以太极图包含了两仪、四象、五行、八卦的内涵。

（4）太者，太一也，极大曰太，未分曰一。极者，至也。太极者，大到无限则其大无外，极之无尽则其小无内。说明大到宏观世界的宇宙，小到微观世界的粒子都存在太极态。

（5）太极者，大到极致也。说明修炼时，静要静到极点，松要松到极点，柔要柔到极点，软要软到极点，慢要慢到极点，然后才能如《道德经》所说，“反者道之动”（向相反方向发展是宇宙的必然规律），就是说要立足于反面才能向正面转化，即静极生动，柔极生刚，软极生坚，慢极生快，这就是修炼的要领。此时的动是真动，刚为纯刚，快为真快。此即“五大”原理。

（6）太极者，太之始，终之极。为阴阳未判、动静未分之态，即为“动之始，静之极”或“静之始，动之极”之意。说得清楚些，太极指“静极而将动，阴极而将阳”或者“动极而将静，阳极而将阴”的这一瞬，动静阴阳相合，不动不静，不阴不阳，才是太极。所以太极是个不稳态，是造化－还原之机，所以这一态非常重要。修炼时要掌握“无过不及”这一原则，如阳极再阳而不转化和沐浴，则会“亢阳”，如阴极再阴必导致“盛阴”而误入歧途。

（7）静极不是太极，动极也不是太极，不动不静、不阴不阳才是太极。太极是动静、阴阳混合的统一体，是超乎动静的。

根据上述结论，我们用太极图可以更直观地把太极原理表述清楚。

图中用虚线表示孕育着昭然不昧之真体的意思。

无之极	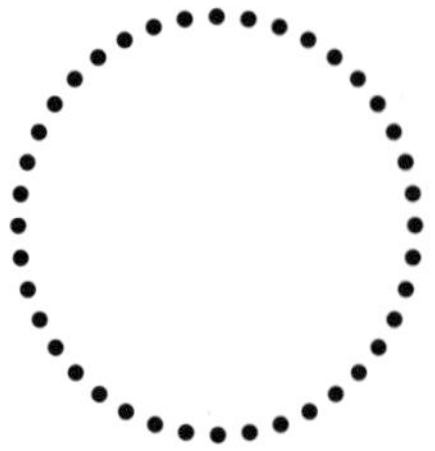 无极	（1）无极虚空，天地未开，无形无象，全身透空，内虚空与外虚空息息相通，浑然一体。 （2）无极中孕有太极（昭然不昧之体）。 （3）无中不无，蕴有宇宙能量。 （4）寂然不动，感而遂通。
天地不分 混沌一气	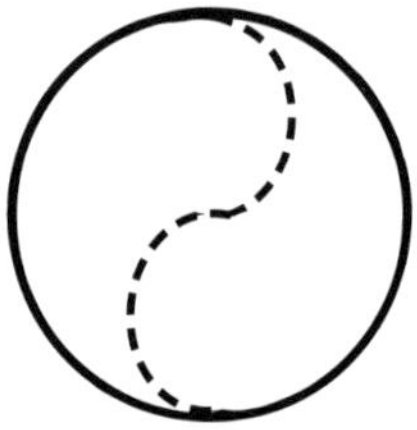 太极	（1）阴阳未判，动静未分，无形无象，全身透空，内外如一。 （2）太极中空为一气。太极即一气。有生于无。 （3）太极孕有两仪。 （4）寂然不动，感而遂通。
静极而动 动分阴阳	 两仪太极	（1）静极而动，太极动而生阳。 （2）动极而静，静而生阴。 （3）分阴分阳，象天地，法阴阳，两仪孕有四象。 （4）阴阳返太极，寂然不动，感而遂通。 （5）阴中有阳，阳中有阴，阴不离阳，阳不离阴，阴阳平衡和谐为中和。 （6）万物负阴而抱阳，中气以为和。 （7）孤阴不生，独阳不长。
阴阳变化	 四象太极	（1）阴不离阳，阳不离阴，阴阳转换。 （2）阴中有阳，阳中有阴，虚实转换。 （3）阴阳孕五行，四象孕八卦。 （4）阴阳平衡和谐为根本。 （5）阴阳偏颇失中和，阳胜于阴为亢阳，阴胜于阳为盛阴。

五行各一性	 后天八卦五行太极	（1）阳变阴合，五行布气。 （2）东木、西金、北水、南火、中土，五气顺布。 （3）五行一阴阳，阴阳一太极。金水同宫，木火为侣，土为黄婆。 （4）五气朝元。 （5）后天八卦抽坎填离返先天。
四正四隅八方线	 先天八卦太极	（1）乾天坤地，天地定位。 （2）震东一阳生，气机左上旋、右下降。 （3）乾首坤足周天行。 （4）乾坤交媾阴阳和合合太虚。

在《皇极经世心易发微·卷一》中对太极图有如下说法："其外一圈者，太极也。中分黑白者，阴阳也。黑中含一点白者，阴中有阳也；白中含一点黑者，阳中有阴也。阴阳交互，动静相倚，周详活泼，妙趣自然。"

在修炼太极拳时，由太极原理可知，顺则演化。演化为天体、万物、自然之造化（造于大一，化于阴阳）规律。逆则归化，归化为天体万物自然之还原（返根复命）规律。

该组图顺看就是自然演化规律：无极—太极—两仪—四象—八卦。用数字表示为"0—1—2—4—8"，是加法过程。该组图逆看就是自然归化规律：八卦—四象—两仪—太极—无极。用数字表示为"8—4—2—1—0"，是减法过程。由此可以解悟以下几点：

（1）太极一圆圆而空，阴阳未判，动静未分，混沌中含有一气，称虚无一气，也称虚灵之气。因气成场，其场是弥漫的、整体的，场中蕴有能量，通过炼精化气，积精累气一成真。真炁具有场能量。同理，混沌中含有一神，因神成场，其场也是弥漫的、整体的，场中蕴有能量，通过炼气化神可以积累场能。太极浑圆为虚空一体含有中和之气，与太虚中虚无一气相近相通，与道合真。

（2）太极一圆圆而空，圆无对待，太极无对待。太和圆满，圆而空，空而圆，圆中空，空中圆，空乃空劲、空力、空意、空点、空身、空心。空即无，一无所有，全身透空。

（3）程以宁说：“一是何物？即混混沌沌，其中有精，环之而为太极，直之而为一。”葛洪在《抱朴子·地真》中说：“能知一，万事毕。”《道德经》第三十九章：“天得一以清，地得一以宁，神得一以灵，谷得一以盈，万物得一以生……”

《西升经》曰：“丹书万卷，不如守一。”太极即一，由此知太极拳为“得一拳”，“能得一，万事毕”。

（4）太极乃圆道，圆道者，气机圆运动之道也。由五行太极图可以看出，气机之行，为左温升、右凉降的圆运动。北方之肾为坎水，由命门之火温升，水生木，木为肝，肾气肝气左温升，肾水上济于心（火）。而心为离（火），火生土，土为脾，脾在中为轴。土生金，金气主凉降，故右凉降。离火下降，肾水上升，水升火降，为水火相交，称坎离既济或心肾交泰，此为气机升降出入、左旋右转之修炼，又为“颠倒之术”。

（5）太极一阳生，由先天八卦太极图可以看出：左为阳，震卦一阳生，离、兑二阳生，乾为三阳，乃为阳气增加的过程；右为阴，巽卦一阴生，坎、艮二阴生，坤为三阴，乃为阴气增加的过程。此即太极拳进阳火退阴符修炼之原理。

（6）太极静中触动动返静，动中求静静触动，一动无有不动，一静无有不静。动极生静，静极生动，阳极生阴，阴极生阳，此动静相因之理为太极原理，也是太极拳修炼之原理。

（7）太极造化－还原之修，是有无相生之理，是太极拳修炼之原理。

（8）该组图顺看可悟周敦颐的太极图原理，即太极演化图原理，逆看可悟陈抟的无极图原理，即太极归化炼丹图原理。

（二）太极丹道简理

道家以太极原理修炼内丹。太极丹道学是道文化中最核心的学问，它是探索宇宙自然科学和人体生命科学的基石。丹道的基本原理是通过后天的努力修炼，逐渐还原到先天去。道家将老子的道学哲理和太极易理作为理论指导，用实践来修炼人的心性和命体，将“丹道”由“术”而进为“道”，实现大道之修，故称为金丹大道。胡孚琛《道学通论》中说金丹大道是“参天地，同日月，契造化，返自然，还本我，修性命的天人合一之道”。

丹，原指中药的一种剂型，是将所采集的药物经过提炼加工之后制作而成，用于治疗疾病或滋补，如十全丸、补心丹。金丹的“金”，取其有“金刚”不坏之性，“丹”有圆而无亏之义。所以道称“金丹”，佛称“玄珠”（舍利子），儒称“太极”。在人体，丹是人按太极之理通过刻苦修炼功成后所得。金丹在体外烧炼时称为外丹，在体内修炼时就称内丹。内丹的药料是人的精气神，故称内药。内丹要在人体的“炉鼎”内修炼，此“炉鼎”即指丹田。内丹通过丹田修炼后，得到的丹元可以产生一种真元之气在人体内进行真气运行，道家称之为炼丹。同时丹元中可聚集极高的能量。

田即产丹、炼丹、贮丹的场所，所以丹田是培育丹元、产生真气的基地，也是凝聚丹能的场所。

修炼内丹可以改善人品心性，尊道重德；可以提高人的精神素质，改变人的气质；可以改善人的身体素质，调节内分泌；可以养生长寿，祛病延年；可以增强内气内功。

人的丹田一般认为有三个，即上丹田、中丹田、下丹田。上丹田在脑部泥丸处，中丹田在心胸处，下丹田在脐腹处。丹田是一个区域，因人感受而异，不能死板。道家在静坐时还有一个不传之秘，即底丹田，位置在会阴处，道家称虚危穴，也称阴跷穴。胡海牙先生在《阴跷一穴秘不宣》一文中说：“先师陈撄宁曾点评古代丹书：‘阴跷一穴秘不宣’。

图 2–1　静坐丹田示意图

阴跷穴即是针灸时的会阴穴。”这个区域很重要，静养内气充足后，要导通到该区域，然后再打通小周天。这是关键中的关键。

图 2–1 为静坐丹田示意图。

对于修炼太极拳者来说，既要修道，还要练拳技，因此除修静坐功外，还要修静站功。大道太极提倡无极静桩功，具体修法将在后面章节中详述。无极静桩功有一个不宣之秘——底丹田，即涌泉穴。无极静桩功要修通大周天。

图 2–2 为静站丹田示意图。

涌泉穴位于全身诸穴的最下部，乃肾经的起穴。《黄帝内经》曰：“肾出于涌泉，涌泉者足心也。”《易经》曰：“天一生水，如泉之涌。”即肾经之气犹如涌泉之水，涌之而取之不尽，用来灌溉周身四肢各处。故涌泉穴在养生、防病、治病、练功等诸方面有重要作用。《脉望》曰：“太乙者，北方壬癸水，两肾堂间，上透泥丸，下至涌泉。”《乐育堂语录》曰：“当神气初交，但觉氤氲之气自涌泉穴一路直上，久久温养，便觉浑身上下气欲冲天，此当运河车时也。”所以太极拳修炼首先要站静桩，做到心息相依，气沉涌泉，疏

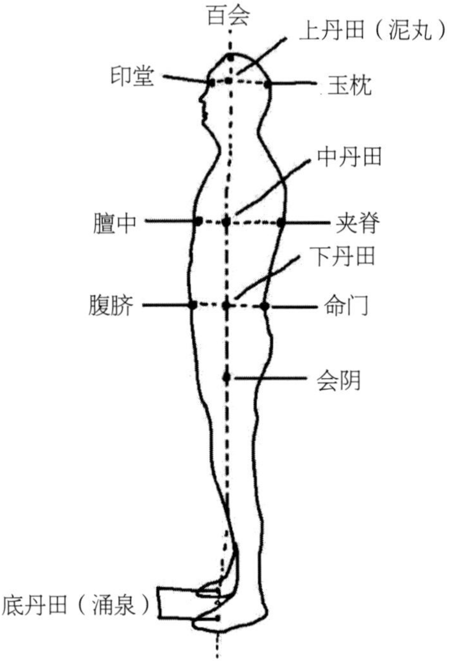

图 2–2　静站丹田示意图

通经络，调和气血，排废增氧以吐故纳新。再就是贮能蓄能，养气壮精。当精足气旺后，再炼精化气，炼气化神，炼神还虚。

其实人身无处不丹田，能够萌发真气、贮存丹能并能气机发动而运行真气的关窍，都可认为是丹田。道学将体内的真气运行法视为炼丹。所以只要根据太极阴阳原理就可实现丹道修炼。

静站时，头为乾、为阳，足为坤、为阴，背为阳，胸为阴。涌泉为肾经起穴，修炼涌泉如天一生水，如泉之涌，效率最高。根据太极原理“无极而太极，太极动而生阳，动极而静，静而生阴，静极变动，一动一静，互为其根”。根据《道德经》“反者道之动”原理，先心息相依，以神驭气入涌泉，“致虚极、守静笃”，高度放松入静后，则无极而太极，太极静而生阴，此为在练功前所生之阴，层次较低，当静之极、动之始时进入太极态。太极动而生阳，如能利用督脉炼阳可上升到乾顶。丹道重视炼阴摄阳，要修成纯阳体，道家认为人在有生命时，身体是温暖的，有阳气充身，生命结束后，身体是寒冷的，所以阳气是生命之源，阳气代表生命。将人体练成纯阳之体，才能与道合真。

根据阴阳互感原理，通过炼阴精（气），人体可以将宇宙中同等级的阳气（先天虚无之气）招摄到体内。当真阳上升到乾顶后，使真阳发展到极限，则进入“动之极，静之始”，进入太极态。这个太极态的层次比练功前要高。如果此时能进入虚静状态，就由太极逆返无极，从有返无。此时无极虚空之体可以招摄宇宙同等层次的虚无之气，称“回风和合”。

根据有无相生原理，无极而太极，太极静，静生阴，真阴循任脉下降。根据阴阳互感原理，真阴凝结群阳通过脐腹下丹田而降入涌泉底丹田。然后阴长阳减，阴发展到极限，又进入“静之极，动之始”的太极态。太极动所生的阳比上一层次高，产生了较高的真阳。

如此不断循环，多次回合，真阴真阳的品质不断提高，真阴真阳的混合就会产生真种子，结内丹。炼阳层次的提高是永无止境的，也是一辈子的修炼。不断提炼阳气、阴阳凝结成丹而培育内丹，不断增加内丹能量，运行真气（阳气），提高人体的生化功能，可使生命力更加旺盛，内功更纯净，丹元能更强，使丹元场能不断增强，从而克服由劲和力带来的弊端。这种太极内丹修炼是后天返先天的修法，既完成了养生的修炼，又增强了内功威力。

三、场的理论

（一）场的概念

场在数学上是指一个向量到另一个向量或数的映射。在物理学中，为了表达温度、密度、电位、力、速度等物理量在空间的分布和变化规律，人们引入了场的概念。其物理学术语，指某种空间区域，其中具有一定性质的物体能对与之不相接触的类似物体施加一种力。

自然界中，场的种类繁多，大到宇宙，小到基本粒子，都产生场，并且具有波动特性。例如在宇宙大气中有粒子场、离子场，包括 α、β、γ、X、中子、介子等辐射场，这些物质具有波粒二象性。其他如电磁场、光场，包括可见光谱，如红外线、紫外线组成的光波系列。光也具有波粒二象性，其在真空中的传播速度为 $C=3\times10^8m/s$。在地球上有地磁场、地黑体辐射场，其辐射通量为 $Ee=\delta\sigma t$。大地存在着矿物场、地热场、森林场。人体有脑电波、心电波、肌肉波等。人体细胞的电子、原子振动和旋动能产生生物电。人体经过修炼能增强内功，并逐步在身体内产生丹元能，形成丹元场，丹元场具备对外的辐射能力。道家有“一粒丹珠到指尖，指尖力如电”之说。

（二）场的组成

1. 场源

又称核、基核、场心，是形成场的发源地。有了场源才能在一定的区域内产生场，并形成场能、场势、场力。所以场源具有最强的聚能效应。场源还具有极大的鼓荡能、振荡能和最大的涨落能量，场源还可以产生斥、引能量，形成正场和负场。

2. 标量场

标量场是一种数量值在空间分布为单值的场，例如有一个较高的温度源，其散发的温度分布由近到远逐渐减弱，形成整体等值温度曲面，离温度源愈远，温度值愈低，直到场的作用消失。但在离温度源同距离的各自不同的位置上，其数值或等级量是相同的，这表明形成的数值场是一个真正的整体场。整体场的曲面法线方向是温度源的发射点。这一点很重要，因为在推手和摸手过程中，经常会遇到有功力的人，其整劲很强，不好办，只有在听劲时找出法线方向，方能获得他的劲源。

3. 矢量场

场具有矢量值，例如力场、速度场和电磁场。可以说，在矢量场中的每一点均有矢量线通过，如电场中的电力线、磁场中的磁力线。这说明矢量场中的每一点都存在矢量的作用。在推手和摸手过程中，常遇到摸哪处，哪处就有整的矢量场能（或称矢量场力）的情况。

四、点电荷静电场

电学中，点电荷产生的静电场与大道太极拳中在接触界面上所产生的丹元场是相似的。点电荷或球电荷是点元性质的，内丹也是点元性质的，其机理是相近的。

现在我们可以从点电荷所产生的场的理论和实践中来获得真知。

（一）电场的基本概念

点电荷的周围存在着一种弥漫于空间的特殊物质，叫电场。两电荷间相互不接触却能相互作用，它们是通过电场起作用的。库仑定律就揭示了这种相互作用的规律。

在静电场中，可以通过带电体的相互作用来确证电场的存在，并通过其相互作用来度量电场的强弱。

用来度量电场强弱的物理量叫作电场强度（E），其定义为放入电场中某一点的电荷所受到的静电力 F 跟它的电荷量 Q 的比值，简称场强。公式为 E=F/Q，单位为 V/m。

（二）点电荷及带电圆球体的场强

设电量为 Q 的点电荷，周围空间填充以介电常数为 ε 的介质。点电荷所产生的电场是以点电荷为中心呈球对称的径向场。现可做一半径为 R 的球面 S，球面 S 上各处的电场强度 E 必然与面元的外法线 N 的方向相一致，用高斯定理可求得下式：

$$E=\frac{Q}{4\pi\varepsilon R^2}$$

（电场的方向沿球半径方向。式中：R 为距电荷的距离，Q 为点电荷量，ε 为介电常数，如在真空中则为 ε0。）

上式告诉我们：

· 电场强度与点电荷量成正比；

· 球面上某点电场强度与点电荷的距离的平方成反比；

· 电场强度与点电荷周围介质的介电常数成反比。

式中 ε 值反映了电场强度与导电性、导通性、通透性、损耗性等有极大的关系。同理，采用一个圆球体所具有电荷 Q 的空间电场强度公式同上。

可以看出一个均匀带电（Q）的圆球体在外部空间所产生的电场与点电荷在周围所产生的点元场是完全等效的，其结论也是相同的。

通过解方程式可得：

$$Y=C_1X$$

$$Z=C_2X\ (C_1C_2\text{为任意常数})$$

这就是电场强度 E 的矢量线方程，其图形是一组从坐标原点出发的

射线，称为电力线。（图 2-3）

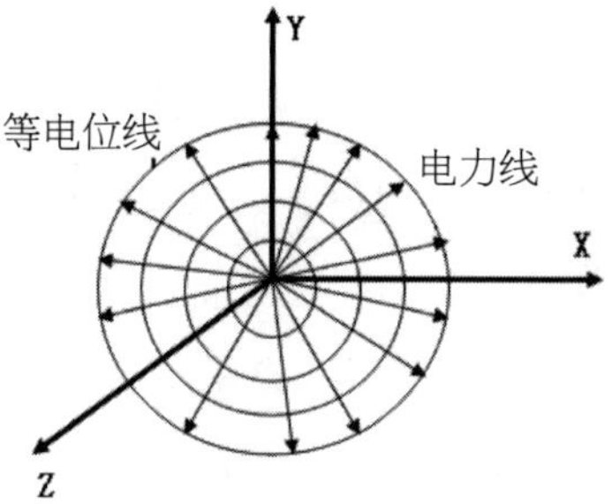

图 2-3　电力线与等电位线图

图中所示的圆为等电位线图，表示为等矢量面，即在等球面上其矢量场力是相同的，是整体的，在空间上是弥漫的。它是以原点为中心的一组同心圆，显然，这两组曲线是互相正交的。

同理，当采用负点电荷时，其电力线是收敛的、向内的。

五、太极拳中的丹元场

（一）太极拳中的场效应

太极拳先辈陈炎林先生在《太极拳刀剑杆散手合编》中指出，“太极拳至大成时，仅尚意不尚劲”，“可见用劲实为学习太极拳之初步纲领”。李雅轩先生在给学生的书信中指出：“硬劲不如僵柔劲，僵柔劲不如松软劲，松软劲不如轻灵劲，轻灵劲不如虚无劲。”“找上下相随是初步的练法。找轻灵绵软，是中乘功夫。找虚无所有，才是最后之研究。盖轻灵仍有物也，如到虚无则无物也，则一切无不从心所欲，以达到通玄通妙之境界。”太极泰斗吴图南先生在《关于太极拳的四种功》一文中指出：第一练“招功”，行“招打”；第二练“松功”，达松通；第三练“劲功”，行“劲打”；第四练“气功”，行“气打”和“神打”。招功用来熟悉出招、解招，基本上用的是外力过招，在力学上属于“常矢”。劲功练的是内劲，内劲是极活的东西，既没有一定的大小又没有一定的方向，能随机应变，在力学上属于“变矢”。变矢高于常矢，所以劲功胜于招功。但是内劲仍属于矢量范畴。既是劲就可听，听劲者是以视觉、听觉、感觉、触觉配合起来，判断对方劲的劲源、劲头、劲路及其刚柔、虚实、大小和长短等，以弄懂对方的企图而接之、化之、引之、拿之、发之。所以只要有形有象就能见、能听、能感，是术不是道。吴老说：“太极拳气功是太极拳本身的功夫。”要练到能运（运周天、储能量、通交感）、能使（用），练到如吴老所说“太极拳之气能全体发之于毛者，即指此也。然后再能延长出来，通过体表之等离子层和生物电离子层，（推手时）能使这种气达到对方身体而且使这种气能跟对方之气结合在一起，来指挥对方之呼吸，这就是我们所说的太极拳的气功”。所以练太极拳气功可以实现气打和神打，气打即如所说的以自身的气和对方的气相接触，并在相隔不远的距离测清对方的动静与虚实，并掌握对方的呼吸与脉搏，就在这一瞬间，对方会感到虚空一惊、全身失控，从而被浮气拔根、被掷出，这就是气打的效果。

神打也是以气接、以神接，同样要在相隔不远的距离测清对方的动静与虚实，并掌握对方的呼吸与脉搏，就在这一瞬间，对方会感到虚空一惊、神灵不清、六神失主、头脑失控，从而被浮气拔根、被掷出。正如吴老所说：“一见到手，其离而未发，即能知其将发，彼何处欲动，即能知其将动。其心之所至，无不知之……敌欲攻而不得其逞；敌欲变而不得其变；敌欲逃而不得其脱。”

这种气打、神打现象用场论原理可以解释清楚。人体经过刻苦修炼后，在丹田产丹，经过真气的不断运行，内丹将凝聚高能能量，在体内产生丹元能，在与对手接触处产生标量场或矢量场，场的能量是整体的，所以对方或似“如球碰壁回”，或似被浮气拔根而不知所措，真是“要听听不着，要摸摸不到，要看看不清”。从哲学的角度说，这是道的功能，从科学的角度说，这是场的作用，可以运用辐射气场的道理解释。

如果修炼到一定境界，则丹气可以离体形成气势场而作用到对方身前。对方也有一定的气场保护自己，因为生物场人皆有之，功夫愈高，气场能量愈大。当在太极推手中双方对峙时，虽然一方气势（场）较强，一方较弱，但还能处于平衡状态。在达到一定火候时，高超者一方突然使心里一空，气场消失，平衡就被破坏。因为气主命体，所以在气场突然消失时，较弱者一方会感到虚空一惊、全身失控，从而被浮气拔根，恰当此时，只要高超者一挥手，突然恢复的气场力量如弹射而来，较弱者一方好似感觉到拳已击来而惊慌弹出，被击而不知所以然。这里难就难在心里一空，破坏平衡。

道家说，神在脑部泥丸宫，一部分由眼光来显示，称眼神。所谓神打也指在不远的距离以气接、以神接，双方用眼神来接收对方的气势和神态，暂时保持平衡。当双方对峙达到一定的火候时，高超者一方突然使脑里一空，神场消失，平衡被破坏。因为神主性体，所以在神场突然消失时，较弱者一方会心虚神慌，立即感到虚空一惊、神灵不清、六神失主、头脑失控，从而被浮气拔根，恰当此时，高超者只要一挥手，突然恢复的神场力量如弹射而来，较弱者一方好似感觉到拳已击来而惊慌弹出，或被震退几步尚在莫名之中。这里难就难在脑里一空。

吴老曾作《凌空劲歌》：

露禅班侯梦祥间，三世心传凌空难。
我今道破其中秘，洞彻全豹反掌间。
只因传工皆口授，未尝公开告世人。
且幸恩师多倚重，教我其中步骤全。
我今说明其中义，节省时间又便传。
先需啄劲练到手，再练荡劲不费难。
离空诸劲都学会，哼哈运气亦练全。
彼此呼吸成一体，牵动往来得自然。

此时再学凌空劲，坚持功夫一二年。

手舞足蹈随心意，至此方叫功夫完。

（二）“丹元场”理论

前文已经阐明，经过坚持修炼，太极内丹能够储存内能，它圆坨坨、光灼灼，似黍米细微之状，所以称为丹元。丹元聚核的能称为丹元能，所产生的场称为丹元场，和点电荷所产生的点电荷场具有相同的性质。

所以上面详细解释了点电荷场的理论，以便借助解释和描述大道太极体系中的“丹元场”。

丹元聚核能量，简称丹元量、丹元能。单元场强的大小与丹元能、丹元场源距离、身内及丹元周围的通透性有紧密关系：

丹元场强度与修炼者所获的丹元聚核能的大小以及修炼者的通透性成正比，与到场源的距离成“一定关系”的反比，即作用的距离愈远，能量衰减愈多。

太极拳修炼者体内松静得愈好，空通状态愈佳，入静状态愈深，则通透常数愈小，损耗愈少，效率愈高。这个通透性的概念很重要，它与丹元能传导介质的损耗有关，通透性愈好，则阻耗愈小、效率愈高。太极拳修炼者身心愈松静、外形愈柔软、体内愈空通，当达到无形、无象、无根、无源、无点的五无状态时，丹元场能效用极大。

修炼的方向愈准确、修炼的方法愈对头，修炼的功夫愈纯真，所产生的丹能愈大，通透度就越高，丹元场效应的效率就越高。所以太极拳修炼要注重修静、炼气和炼神，练习中要做到外形松、柔、软、圆、静，体内要松、散、通、空、无。

人体丹元场所产生的场可以是丹元矢量场，也可以是丹元标量场，这可由神意来调控。丹元场的丹源可以在脐腹下丹田，也可以在涌泉底丹田，大道太极拳以涌泉丹为宗。

实际上当修炼到一定层次后，全身无处不丹田。也就是说凡丹田都是太极，所以有“道称金丹，佛称圆珠（舍利子），儒称太极”之说。可见在练功时，无论在人体的哪个部位，只要能出现由动而静或由静而动之间的动静未分的状态，都可以称为太极。也就是说凡有太极的窍位处均可为丹田。所以只要不是死窍，都能回归太极、回归无极。只要能静极会演化太极，太极动而生阳而练阳，静而生阴而练阴，如此逐个层次进行修炼，相当时日后就能返还乾阳。

在点电荷场中，正点电荷产生正电场，即排斥场；负电荷则产生负电场，即引力场。在太极推手中将对方移出原地的做功属于排斥场作用，在拳称为“吐”；将对方吸引过来是引力场作用，称“吞”。例如对方来力进入我的场内，如被弹出，则似拳论所说的“如球碰壁回，又如钱投鼓”。排斥场力的外发可以表现为放长劲性质（如电平均值），也可表现为爆发劲性质（如电脉冲值）。同样又可像拳论“敷盖对吞”中的“吞”的含义，将对方来力吸引空或引进落空。“对”的含义与“吐”的含义相同。吞吐都可以达到冷脆迅疾。拳论说：“盖吸则自然提得起，亦拿得人起；呼自然沉得下，亦放得人出。此是以意运气，非以力使气也。”所以当丹元能量收缩时，所产生的丹元场为吸引场，所产生的场力为吸引力，表现为当对方出力时，好似立即被吸引场吸入空洞，这又好像是化即打的效果。也可表现为引进落空的效果或“顺手牵羊”的效果。当丹元能量膨胀时，所产生的丹元场为排斥场，所产生的场力为排斥力，表现为当对方出力时，以等球面场力将对方腾起而浮气拔根，这好似掤的效果，也可以似按挤功效果那样，将对方浮气拔根而击出。当以涌泉作为丹元源时，可以以涌泉为主轴旋转产生漩涡，似挒的效果。利用丹元源产生脉动方式时，可以产生类似爆发劲的效果。当丹元气化神、神还虚时，能达到空中粉碎的效果，表现为像核子能在空中爆炸那样而一切归无，这就表示了好似“无内无外，内外一如，与道合真”。

第三章

大道太极修炼功法

第一节　无极静桩功修炼

几千年来，儒释道无论何宗、何派、何支，修炼均从修静入手。静功的修炼方式有静坐、静卧和静站三种。太极拳体系以静站式为最佳，因为坐式和卧式偏阴，而三十岁以上的人采用坐式容易引起筋骨血脉的瘀滞，站式处于坐卧之静与行者之动的动静之间，得阴阳之中。道学学者胡孚琛教授说："丹道入手以站式为优。人类从动物进化到能直接行走是一场身体革命，可知站立式为人类入道之门。"又因为太极拳为立地成拳之势，所以静站功是最佳的选择。实践证明，站式的修炼效果比坐式、卧式优越得多。

无极静桩功是修炼太极拳的入门功夫、无上妙法、不二法门。为什么太极拳修炼必须由无极静桩功开始？修炼的首要任务是修无和修有，无极静桩功的修炼不仅包含了"修无"的逆修功夫，而且还蕴含了"静极生动"的生成"妙有"的功夫，可藉以实现"精气神"不同层面的"有无相生，阴阳转换"，证悟"空有一体、空有不二”的无极玄同大道。

一、“静”字解

为什么要求静?《道德经》第十六章指出，要“致虚极，守静笃”“夫物芸芸，各复归其根。归根曰静，静曰复命”。可见世间芸芸万物、众生都需要归根复命，就是要归静，静是根本。《道德经》第四十五章指出“清净为天下正”，第二十六章说：“重为轻根，静为躁君”，《黄帝内经》中进一步指出：“静则神藏，躁则消亡”。人不得安宁，长期躁动是要衰亡的，加之现代社会工作压力大，容易产生精神紧张、性情浮躁，以修静的方式可以制约狂躁和浮动。陈撄宁先生在《静功总说》中说：“静功着重在一个‘静’字。”胡海牙先生在《仙学指南》中说：“静极而动，真气发生，脉络通畅，立证大道之妙。”《韩湘宝卷》中说：“大道全凭静中得，岂在贪谋意外寻”。

如何静?《道德经》第十五章曰：“孰能浊以静之徐清？孰能安以动之徐生？”。王重阳在《五篇灵文》中说：“欲先天至阳之气发现，别无他术，只是一静之工夫耳，静功之道，只在去妄念上做功夫。”

如何入静？陈撄宁在《静功修炼法问答》中说：“第一步身体不动，第二步念头不动，第三步把自己的身体忘记，不知道有我。”

第一步，身体不动。首先要把自己的肉身安顿妥当，解除紧张，全身放松。只有全身放松，肉体安静了，才能安宁真正入静。放松是很难的，有人一辈子也放松不了。松不是想想就可以做到的。放松要配以松功，尤以太极松功为佳，先“以形助松”，继而“以气助松”。松要松到全身无有僵硬处，所有的劲均要卸掉，无有牵制处，做到关节灵动，肌肉舒松，全身上下一丝不牵，身体感到舒适、轻安。松功要配合静站功，由静功中养气、得气和沉气，然后用气来助松和练太极行功。所以这些功法是相辅相成的，是阴阳相济、阴阳互补而符合大道的。

第二步，念头不动。要把自己的思想、精神安顿好，首先要解放思想，消除紧张情绪，放下包袱，轻松上阵。然后渐渐排除杂念，万缘俱泯，一灵独照。在这个时候要下决心把握自己，坚决做到“过去的事不忆，现在的事不管，将来的事不谋”。

第三步，做到忘我，入无我相。坐时为坐忘，站时为站忘。唐代司马承祯言所谓“坐忘”就是“内不觉其一身，外不知乎宇宙，与道冥一，万虑皆遗”。庄子曰：“堕肢体，黜聪明，离形去知，同于大通。”谭景升《五忘仙诀》云：“忘形以养气，忘气以养神，忘神以养虚，忘虚以合道，忘忘则功圆。”可知，忘形则可炼精化气，忘气则可炼气化神，万般皆忘，人则能圆满合于太虚。

《易》艮卦云：“艮其背，不获其身，行其庭，不见其人。”《养真集》解释曰：“不获其身者，忘我也，忘我则生欲之根绝矣，是静而止也；不见其人者，是忘人也，忘人则可欲之事泯矣，是动而止也”。艮其背为静，行其庭为动，不获其身不见其人，则动静两忘，人我两忘，为修炼最高境界也。

陶渊明的《饮酒》诗中修炼的境态何等感人啊！“结庐在人境，而无车马喧，问君何能尔？心远地自偏。采菊东篱下，悠然见南山，山气日夕佳，飞鸟相与还，此中有真意，欲辩已忘言。”

二、无极静桩功概念解

何为无极？无极可以说是一种态，一种“非有非无，即有即无”之态，是“圆成无碍，能生万物”的“非阴非阳，即阴即阳”之态，故可谓无极态。无极态阴平阳秘，阴阳俱隐，可化生太极，继而阴阳萌动，阴阳俱显。何为桩？桩者，站桩也。桩为基，为何？基者，基础也，基地也。何为无为？无为是一种修法，是无思无想、无牵无挂、无分无别、无欲无求、寂然澄澈、安住当下之为。以无为的方式站桩从而进入无极态的站式静功称无极静桩功。

怎样进入无极？当修炼达到如《道德经》所说的“至虚极，守静笃”

时，就可进入无极态。无极态要求达到“形无极、心无极、法无极”。

形无极：无形无象，不式不势。

心无极：无求无欲，不思不念。

法无极：无法无则，不言不诀。

可知，由无为入，修炼无极静桩功时，要纯任自然，一静而已。所以无极静桩功的入门要求是：一不意守，二不形动，三不调息，四不求物，五不周天。正如《听心斋客问》中云：“客问虚静无为。曰：心归虚静，身入无为，动静两忘，到这地步，三宫自然升降，百脉自然流通，精自化气，气自化神，神自还虚，不必去安炉立鼎，采药物，看火候，而所谓三元八卦、四象五行，悉在其中。”可知，心虚静，身无为，就有奇迹发生。

无极静桩功，为什么要以桩的形式站呢？这是为了“桩立基”。张三丰在《论无极桩》一文中说：“桩功以柱为基也，练拳先站基，站基得练气，练气要得（真）意，阴阳合一乃太极。”又云：“太极不站基，一生枉费力。”袁了凡《静坐要诀》中云：“养气重点在于调神内养，而练气重点在于调息练形。所谓运使，是指站桩和手法。站桩又称桩步、地盆、地盘，又曰站桩，名异而实同也。”“地盆之法为初入门时所必要，借此练气下行，不独增长足力，且可免血气上浮至于上重下轻，稍一动作，即觉喘呼足颤，有不打自跌之患，故地盆宜于初时痛下站立之功”。这就直截了当地道出了站桩的重要性。

据先师田兆麟先生回忆，当年健侯先生授拳极其严格，仅仅无极式站桩和太极起势，先师就足足练了半年之久。本人在上世纪 70 年代末，在石明师那里习拳时，他要求先练无极桩八个月再言其他。我们首批五个师兄弟每天早晨天没亮就在北京紫竹院公园竹林深处站桩，站一个多小时后才去上班，老师每天都检查。这种站桩法是非常枯燥的，没有意志力、恒心和决心是难以坚持下来的。但是坚持就是胜利，这个桩功为以后太极拳的上乘修炼打下了坚实的基础。

三、无极静桩功站法指南

（一）无极静桩功站姿

无极静桩功的站姿要求如下。

（1）两脚自然平行，其宽以走路之宽为准，相当于肩宽的一半，是最自然和最舒服的状态，并有一柱擎天之感，有利于体内气脉上下直通。如两脚相距与肩外宽相同，则有膨散全身能量之弊，如两脚相距过小，则有气脉阻夹之弊。严格的平行步或川字步，有利于内气由涌泉发动，利于打通大周天，也利中脉上下直通泥丸，有利于炼气化神。

（2）两手自然松垂，两小手指贴近两腿风市穴，以接近裤线处为佳。抱球式、浑圆式、三体式等均不符合无形无象之要求。

（3）两腿自然站立，不屈不弯。任何腿部弯曲的姿势，如马步式、川字式、踏步式，均不符合大道之理。

（4）两肩松沉胸虚涵。两肩松沉而不能含胸，含胸必成驼背。

（5）颈项竖直神虚领（灵）。项颈竖直才能气拔背，神贯顶。

（6）尾闾中正脊背直。尾闾中正才能不挺肚，不突臀。

（7）两会一点一垂线。“两会”指会阴和百会，“一点”指两涌泉穴连线的中点，“一垂线”指两会与一点的连线，即中垂线，该线也是重心线和气机发动线。

现在社会上无极桩的站法千奇百怪，有要求外八字、内八字、两腿弯曲的，还有要求两手捧球式、两手摸脐式的、两手合拜式，这些式子均不符合无极大道之理。

（二）无极静桩功修炼纲要

人体由形与神所组成，形为生命的生理结构，神为生命的灵性主宰。形由精气合成，精为生命的物质基础，气为生命的活力。

无极静桩功是性命双修、形神兼练、内外共修的功法。其修炼纲要是：正直其体，虚灵（领）其神，空虚其心，真一其意，静沉其气。

（1）正直其体。正为端正，直为竖直。端正其体，邪不可干，形正则气顺。竖直其身，身直则气通。

（2）虚灵其神。该要点要求“虚领神，神虚灵”。不提“虚灵顶劲”，是为了忘掉“劲”。“虚领神”之“神”为后天神，虚领于顶。“神虚灵”之神为先天神，虚灵于顶，即万念俱泯，一灵独现。可以看出，不管是“虚领神”还是“神虚灵”，其总原则都是“神不丢”，神不丢则不会昏沉和散乱，不会懈和塌，也不会兴奋和亢进。

（3）空虚其心。即虚其心，空洞其心。心虚、心空则心中一意不存，一念不生。寂然不动，气机自调。

（4）真一其意。即“杂念不可有，真意不可丢”，万念俱泯，一灵独照，则可以凝神入炁穴。

（5）静沉其气。心静气静气自沉，气沉丹田可得气，得气再聚气，然后“凝神调息，调息凝神”，最后气沉到涌泉方为究竟。

可知，无极静桩功可以在“无为入”阶段完成养精养气养神的修炼，然后再静极生动，无极生有，无为而为进入“有为炼”，筑基练己。

（三）无极静桩功六字诀

无极静桩功六字诀：一领，二沉，三直，四松，五静，六敛。

六字诀和上面的修炼纲要类似，表面互为涵盖，实为有所因果。

就法理而言，“正直其体，虚灵（领）其神，空虚其心，真一其意，静沉其气”是站桩修行的原则。

六字诀则偏于需要达到的状态，按前面的原则逐步深入修习，可渐渐达到这个要求。开始修习时，不可强而求之，否则可能越“求”越僵，问题百出，不容易放下。修习时一定要重视六字诀，否则无极静桩功修炼难有上乘突破。所以修习过程要明确目标，及时解决问题，尽快达到六字诀的要求。

“领”字诀为第一要领。领指虚领神，虚领神才能神不丢，神不丢才能凝神入气穴，凝神入气穴才能进入神虚领（灵）之态；

“沉”字诀为第二要领。沉指气松沉，气松沉才能形体放松，五脏归位，五体安适。沉要沉得自然，还要沉到丹田，然后才能得气聚气。

“直”字诀为第三要领。直要求一正、三平、四直、三鼓。一正是头正，三平是肩平、胯平、脚平，四直是指颈直、脊椎直、尾闾直、腿直，三鼓指颈项鼓、命门鼓、腿弯鼓。鼓即鼓圆，圆满之意。

“松”字诀为第四要领。当身心安排妥当后，就要进行静中松的锻炼，此时可用内求整体放松法或五线放松法，或默念松字诀：“松松松，松松松，体也松，肉也松，气也松。”等等。松时要注意先由上往下松，一松到底，一沉到底，再一松到顶。

“静”字诀为第五要领。静的第一步是身不动，第二步是把心收回来，做到心静而安、心安而定，第三步是要做到排除杂念，做到外想不入、内想不出。

“敛”字诀为第六要领，放在最后。敛什么？敛脐鼓命门。敛脐指收敛带脉，带脉一敛，则十二经脉气道正直而不懈散，有利于上下通气。敛脐也是防止气沉腹丹田时腹部膨大臃肿，历史上的许多太极名家晚年时都存在这一病态。

敛脐之“敛”是排在最后的一个要领，开始修炼时不能注重敛字诀，很多人把敛脐变成了收肚子，结果是内气向上下两分，最后差之毫厘，谬之千里。

（四）站桩注意事项

（1）练功时间以早上最佳，因为昨天的事已结束，今天的事未开始，杂念较少，心情愉悦，易于入静。

（2）每天坚持，时间长短因人因体力而宜，但不得少于半小时，也可循序渐加，贵在坚持。站 4 ～5 个小时，祛病效果立显。

（3）避免干扰，防止受惊和失控。

（4）重病患者和精神有创伤者不适合站桩。

（5）防止摔跤。

（6）大风不练，大寒保暖，大暑带水。

（7）做好收功。

四、无极静桩功理论依据

（一）易学理论：《周易·系辞上》中说："易有太极，是生两仪"。指出了太极阴阳的概念，太极由无极而生。

（二）老子《道德经》第四十二章曰："道生一，一生二，二生三，三生万物。万物负阴而抱阳，冲气以为和"，其中"道"指无，"一"指太极，"二"指阴阳。

（三）宋代周敦颐的《太极图说》直接提出了太极原理："无极而太极。"

（四）王宗岳的《太极拳论》直接指出了太极拳原理："太极者，无极而生"。

以上说明了无极是根本，修炼（修有）必然从无极开始。

（五）《黄帝内经》说："提挈天地，把握阴阳，呼吸精气，独立守神，肌肉若一。"

提挈天地：以天地自然之象为纲挈，顶天立地。天者，"天行健，君子自强不息"，一柱擎天而上提顶，神虚灵与天合一，下沉气与地相挈，不即不离，其容乃大，厚德载物。

把握阴阳：掌控和把握住阴阳之道。浊阴下降，清阳上升。下则凝神聚气，阴阳交合，神气相合；升则炼气化神，神虚灵。

呼吸精气：练习外呼吸之道。细练外呼吸，"心息相依和心息形相依"，再由巽风微调引起真人息；调节外呼吸，吸收清阳，吐故纳新，贯通气血，和柔筋骨，疏通经络，温泽肌肤。

独立守神：修炼无极静桩功。独立即站桩，所站之桩即通过无极静桩功体现。王芗斋要求"站桩站桩再站桩，体认体认再体认"，无极静桩功修炼要求"神不外驰即守神，守神养气而练气"。桩功练气可以刚化柔、硬化软，可以得柔至柔，至柔可以至刚。

肌肉若一：若一者，圆合不分也，即周身一气，完整合一。一即整，有整能成势，有势能成场，全身的肌肉、脊柱与上下左右的肉体结构得整合一，为肌肉若一。

（六）《道德经》第二十五章中说："寂兮寥兮，独立不改。"

即要寂然独立，而进入无形无象的修炼状态。

（七）《管子·心术》中说："毋代马走""毋代鸟飞""毋先物动"。说明以静待动。

（八）《道德经》第五章中说："天地之间，其犹橐籥乎，虚而不屈，动而愈出。"宇宙是大天地，人身为小天地，为天人相应。天地之间犹如风箱，天气下降，地气上升。空间虚而无屈，没有曲折阻塞，因而一有动静，愈出千里。人体头为天，为乾；脚为地，为坤。头脚之间，体内松空通，虚而不能屈，即要求人体竖直站立，腿直、腰直、背直，才能浊阴下降，清阳上升无阻。可见，无极静桩功不采用马步桩、三体桩或混元桩等是有道理与根据的。

（九）《庄子·大宗师》中说："堕肢体，黜聪明，离形去知，同于大通。"此谓坐忘，即站忘，是无极静桩功肢体下堕、两手下垂的理论依据，也是无极之不式不势、不招不架的体现。

（十）中医理论有"人身上有两口井，下有两口泉，井口对泉眼，真水取不尽"之说。依据此理，无极静桩功要求两脚平行与肩之中心同宽，即两肩之肩井穴与下面两脚底的涌泉穴相对。涌泉如泉水之涌，真气升腾至肩井而蒸发为真水，灌溉全身。经实践证实，以行走时的两脚间距作为静定时之站桩宽度为最佳，此时的直立站桩姿态也为最舒适之姿态，同时与两会一点一垂线的理相吻合。

五、无极静桩功修证次第征候

（一）肢体松柔软

人体由肢和体组成，肢由上肢和下肢组成，体由身和头组成。身由三腔组成，三腔即胸腔、腹腔和盆腔。古人认为，人由身和体组成，称身体。身主体称一身主五体，五体由四肢和头组成，所以有五体投地拜服之说。肢体松柔软的实质，就是要做到筋骨皮松柔软，这是对外形形体的严格要求。

“松”指“放松”“使松”，放松指消除紧张状态，使肢体不僵、不硬、不板、不滞，否则会直接影响到全身的经络和气机，导致难以得气、沉气和聚气，可知松是何等重要。对于武术练习者来说，放松不好，会直接影响到灵敏和灵觉。放松之后，还要进行“练松”层次的锻炼，才能在有载荷或者有干扰的情况下，仍能放松自如而不变形。

松有以下要求。

松弛，指肢体筋肌放松舒缓，不僵不硬。

松软，指肢体筋肌松快柔软，不滞不呆。

松活，指肢体关节轻松灵活。

松开，指肢体的各个骨节舒开。

松长，指肢体的各个部位松开放长。

最后要松到身上一丝不牵。

柔指“放柔”“使柔”，使肢体柔和、柔软等。放松之后要进行使柔的锻炼，以使肢体达到以下要求。

柔和，指肢体温和而柔软。

柔顺，指肢体和顺轻柔，不抗不戾。

柔韧，指肢体柔软而又有韧性。

柔软，指肢体柔和而软熟。

柔长，指肢体柔和放长。

柔骨，指筋骨柔韧。

最后使得筋骨皮成为柔筋、柔骨、柔皮。

软指“放软”“使软”。软与硬相对，软与柔相辅相成，要柔中有软，软中有柔。软是具有生命力和生机勃勃的表现，松柔没有软的话，仍是无生机的，所以松柔必须与软结合才体现出生机勃勃。在武术领域中，松柔软是有软弹力的体现。例如，孩子的身、手、腿，摸之软弹柔和、生机勃勃，而让人由衷喜爱。

软有以下要求：

软和，指肢体柔软和顺，犹如软和的山羊毛。

软熟，指肢体柔和而不生份，犹如软熟的绵羊毛。

软弹，指肢体柔软而有软弹力，具有生命力。

肢体松柔软，象征着生命的再生，也是抗衰老的体现。

（二）体内松空通

体内指心、脑、五脏、经络、血脉、神经等。

体内松空通指内松、内空、内通。

内松：松可由外到内，也可由内到外。内松首先要把心收回来，做到心松、心静而心安，心安就能定，能心定就能解除思想紧张、心理紧张、精神紧张等状况，而得到轻松愉快。然后就是脑松，慢慢消除杂念而得脑安，做到内想不出、外想不入。杂念很难除，最好的办法是“不续是药”。心松、脑松以后就能气松，此时，五脏平和而归位，好好调理脏腑、疏通经络，就可以达到真正的养生养气，就可以求得五脏放松、经络放松、血脉和顺、神经安定。

内空：包括心空、脑空、身空，合称为全体透空。心空指心里没有挂念，什么也不装。此时，心区内由心波自然散开成虚而空的状态。练功时，心空的一瞬间，心波可以直接影响到对方的心波。脑空指脑部没有思考，不存思维，脑中什么也不装。此时，脑部由于脑波散开而成虚而空的状态。如果能做到脑空一瞬间，则此时的脑波能直接影响到对方的脑波。身空，包括底空和体空。底空指脚底空，当脚底松空到能有分毫之别，则能使身体自然腾虚，体空表示身体内部各大关节和小关节及脊椎骨松开虚合成透空状态。

内通：做到内松和内空，就可达到“中空而道通”的效果。内通时，全身内部上下和顺通透，同时经络通、血脉通、五脏顺、内气通、能量通，可为“炼精化气、炼气化神、炼神还虚”打下坚实的基础。

以上就是筑基功的重要内容。

（三）全体虚空无

在太极拳修炼中，各种功法的上乘修炼都是“全体虚空无”。就是说，无论是形或神，身的内或外，底或顶，上或下，心或脑，精神或心理，最终都要经过上乘的“虚空无”的修炼。“全体虚空无”是通过“修无”“修有”得到的，“修无”是通过“还虚”“返空”“归无”实现的。何谓虚？虚者，虚无、虚空、虚寂、虚静、虚灵。何谓空？空者，空洞、空明、空灵。何谓无？无者，虚无也，无形无象、无来无去、无欲无求、无垢无染。

《练虚歌》云：“为仙为佛与为儒，三教单传一个虚，亘古亘今超越者，悉由虚里做功夫。”《修真全指》曰：“不合虚无不得仙，能到虚无可炼丹。”无极静桩功的最高境界就是修炼全体虚空无。

六、无极静桩功丹道之秘

（一）养气之要

无极静桩功从无为入修炼开始，以养气为要。养气为了积气、得气，王重阳《四得颂》中曰：“得汞阴消尽，得铅阳自团，得命颠倒至，得性见金丹。”其中汞即元神，铅即元气，说明太极丹道的根本任务是得气得神，炼阴化阳，正如《参同契》所言：“排却众阴邪，然后立正阳。”炼阴化阳，才能有气炼气。这一层次非常重要。张三丰注《吕祖百字碑》解“养气忘言守”时指出：“凡修行者，先需养气。养气之法，在乎忘言守一。忘言则气不散，守一则神不出。曰：缄舌静，抱神定。”

太乙真人言养气：“一者，少言语养内气；二者，戒色欲养精气；三者，薄滋味养血气；四者，咽津液养脏气；五者，莫嗔怒养肝气；六者，美饮食养胃气；七者，少思虑养心气。"《素问》曰："百病生于气也，怒则气上，喜则气缓，悲则气消，恐则气下，寒则气收，炅则气泄，惊则气乱，劳则气耗，思则气结。"

《拳经》云："盖养气而后气不动，气不动而后神清，神清而后操纵进退得其宜……故养气之学乃圣学之紧要关键……故于养气之学尤为不可缓也。"养气可使身强体健，强身健体之后，才能言拳术。

孙思邈在《存神炼气铭》曰："若欲存身，先安神气，若欲安神，须炼元气，气在身内，神安气海，气海充盈，心安神空……"然后可以练拳行功。

孟子在《公孙丑上》中说："我善养吾浩然之气""其为气也，至大至刚，以直养而无害"。养气则气充而得气，得气之后可积气、聚气。诀曰："先充实丹田为积气，丹田乃存气之地，应先充实之。充实之法，在乎迟闭其眼，凝耳韵，匀鼻息，缄口气，逸身劳，锁意马，拴心猿，肢体不动，一心冥念，先无我无他，后绝诸念之纷扰，默数气息之出入，渐至寂静之境，而凝神入气穴丹田，而感到气塞乎天地之间，至大至刚，浩然之气稳沉于底，再练周天，再练吞吐、聚散，日常习之。""养气之学，以道为归，以集义为宗法。炼气之道，以运使为效，以吞吐为功，以柔而刚为功，以刚而柔为极致"。现今很多练功者，不从养气、得气、聚气的路线着手，而用意运周天，久而久之，会伤害身体。李玉阶先生说："以意运气导引很危险，十个有九个会出毛病，用意识导引流弊也很大。"《悟真篇》曰："咽津纳气是人行，有药方能造化生，鼎内若无真种子，犹将水火煮空铛。"许旌阳曰："关未开，休打坐，如无麦子空挨磨。"

（二）足丹田

明清以前的道家、内丹家，修炼丹道追求成仙永生，而肉体飞升。明清以后，不提飞升，而追求阳神出壳。永生之说当然是不符合科学的。胡孚琛在《丹道法诀十二讲》中说："时至今日，国内外修习丹道的大师，还没有见到一个能出'阳神'的先真。因之，陈撄宁先生晚年颇怀疑，有否出‘阳神’之事实。”中国历代的道家、内丹学者是世界上为数不多的敢于向科学提出挑战者，他们认为人能够通过修炼达到长生的目的，并向往不死，其追求实际上即是人通过自身修炼来改变心性与体质，以养生延寿。现代科学也正在朝着研究修改基因和研制不老药等方向努力。

何为丹？中医称某种形圆而小的药物为丹，用于疗疾或滋补，如“救心丹”等。丹道修炼中有金丹、内丹的说法。所谓金丹，其“金”，乃取其金之金刚不坏之性；其“丹”，有圆融无亏之义。在体外烧炼者为“外丹”，在人体内以精气神为内药修炼者称“内丹”。实际上，只要阴阳交合就谓之丹，也即阴阳和合、阴阳中和、阴阳合一都称丹。《遵生八笺·延年却病笺》云：“混合神气，仙家谓之炼金丹。”所以，精气神之凝聚为内丹，内丹散则为精、气、神。精为粒，气为波，神为场。粒为静，波为动，场为圆。

清代名医汪昂在《勿药元诠》里说得很精辟：“道家谓修炼金丹者，即调养精气神之功夫也”。故曰：“金丹之道，不外吾身。若修养之功夫纯熟，则精神充足而内守，心性圆明以自照。恬淡虚无，若存若亡，即是金丹成熟，非真以药物火候修炼金丹也。”

何谓丹田？即是炼丹的田地、炼丹的场所，亦称炉鼎。炉在下，鼎在上。丹家讲：“昔日遇师真口诀，只是凝神入炁穴。”就是神注炁穴，阴阳相交，元神元炁相抱在丹田，如入穴中。炼丹当由“无为入”。性功修炼于静定之中生出真炁，真炁如原始星云般旋转，中心一穴，称作为炁穴。神炁相合得到丹元，产生真元，先天元气，可在体内河车搬运，也称真气运行。但这必须经过积精累气方可成。即如《黄庭经》曰：“仙人道士非有神，积精累气以成真。”

道家认为“人身无处不丹田”，只要能萌发真元之气，贮存积蓄能量，并能发动气机，则此关窍之处即可被认为是丹田。人身主要丹田有脑宫上丹田、胸室中丹田、脐腹下丹田。静坐时下部还有一个为不宣之秘的底丹田，即虚危穴（中医称为会阴穴），为生阳之处。最下部还有一个秘穴底丹田为涌泉穴，又称足丹田。

《黄庭外景经·第十四章》有“头戴白素足丹田，沐浴华池灌灵根”，头戴白素指头上有白色之光气，足丹田指足底涌泉穴。“沐浴华池灌灵根”指在做升降吐纳沐浴之功时，口中津液（灵浆玉液）源源而来，汩汩而吞入直到灵根。灵根为肾处精根，使口中津液到灵根可补精固精以壮体。

据陈全林先生从北派龙门宗的一位修炼家所获之要诀和验证来看，练大周天的不宣之秘，即为涌泉丹。《慧命经》云：“上通泥丸，下通涌泉，真气聚散，皆从此关窍。”《乐育堂语录·卷四》云：“但觉氤氲之气自涌泉穴一路直上，久久温养，便觉浑身上下气欲冲天，此正当运河车也。”

可知，足丹田之涌泉穴是何等重要！在《南怀瑾说佛》一书中，道人告诉南怀瑾：“如果把心火引到脚跟和脚底，你的胸部就会感到清凉，你就不会算计妄想，不受情爱的影响，这是真正的清净观。”此说亦可佐证修炼脚底的重要性。佛说：“把心放于脚底可治百病。”佛在几千年前就指出了脚对修行的重要性，譬如在不净观及白骨观中，都叫大家从左脚大拇指开始观起。长生不老的仙人修法也强调要做到引气通脚底。道家亦说：“真人之息以踵。”所以说，脚，尤其是脚拇指很重要，因为脚拇指与脑有关，左脚大拇指对应的是右脑。现在流行的足反射疗法，也间接证明了脚拇指与脑的关系，尤其是与脑下垂体和松果腺的关系。

（三）踵息与周天

道家炼气调息宗二息，即胎息和踵息。调息的要点是“炼气莫教粗，绵绵似有却如无”，直调到深、长、细、慢、匀而觉无息之候为究竟。

佛家曰：“意注呼吸即是修行。”

胎息者，好似胎儿在母体腹内不以口鼻呼吸似的，又称真息。

《乐育堂语录·卷一》曰：“修炼第一，调到外呼吸均匀，无过不及，一任出玄入牝。”《乐育堂语录·卷二》曰：“学人打坐，必先调外呼吸以引起真人之息。”

何谓踵息？踵息乃呼吸深到脚底涌泉穴之谓也，道家又称其为“圣息”，指由脚踵而头顶一气呵成。《庄子·大宗师》提出了踵息概念：“古之真人，其寝不梦，其觉无忧，其食不甘，其息深深。真人之息以踵，众人之息以喉。”此语是说众人是以喉呼吸，这种呼吸非常短浅，人濒死时最为明显。真人的呼吸与众人不同，其息深到脚底。

踵即脚底之意。《庄子集解》注曰：“踵，足跟也，谓呼吸通于涌泉也。”郭庆藩注：“踵息，深深之息也。”《性命圭旨》讲得更明白：“一切常人呼吸皆随咽喉而下，至中脘而回，不能与祖气相连，如鱼饮水而口进腮出，即庄子所谓众人之息以喉是也，如是真人，呼吸直贯明堂而上，至夹脊而流入命门与祖气相连，如磁吸铁而同类相亲，即庄子所谓真人之息以踵是也。踵者，其息深深之意。”说明众人之息乃后天呼吸。若以先天气为主，起涌泉，上夹脊，冲泥丸，降丹田，与后天之气相配合，二气合一，吐纳深深，即崔公《入药镜》所说：“先天气，后天气，得之者，常似醉。”《南怀瑾说佛》说：“修行的人一定会经历这么一个过程，气脉要从上面下来，下面上去，接不通就会打嗝。道家讲天气下降，地气上升，在中间不能变成甘露，变成雨，就会打雷了……修行是科学，大家都不懂，佛菩萨给你灌顶下来，可是你的海底的气要接上去，一升一降，这样才会有用，这是秘密的秘密。”说明修炼中一定要重视“浊阴下降，清阳上升”的法诀。

《丹道法诀十二讲》中说：“《道德经》曰：‘实其腹，虚其心，强其骨，弱其志’。就是说先调息绵绵至腹部呼吸，由于热光效应使腹部铅沉或有炁漩涡感觉（如炁穴）后，则‘凝神入炁穴’，而练阳发热，则再以‘众人之息以喉，真人之息以踵’的法诀，将之引到足底，即‘芦芽穿膝’，然后真气升腾后，‘肘后飞金精’之验，而通大周天。‘虚其心’为‘炼已’修心功夫，‘实其腹’为胎息，‘弱其志’，为去欲，‘强其骨’为补髓壮骨。”

大诗人陆游亦宗踵息法的修炼，其《静坐》诗中唱曰：“煜煜心光还自照，绵绵踵息浩无声。”《独学》一诗曰：“踵息无声酣午枕，舌根忘味美晨烹。”柳宗元在《种仙灵毗》诗中曰：“我闻畸人术，一气中夜存，能令深深息，呼吸还归根。”此为使用踵息法的体验。

清末大儒俞曲园的《枕上三字诀》中的“塑、锁、梳”很有参悟价值。

“一曰塑，塑者何？使吾身耳口鼻四体百骸凝然不动，若泥塑然，斯谓之塑。其法无论或坐或卧，先使通体安适，气血和调，然后严自约束，虽一毫发不许稍动，制外养中，无先于此。”此“塑”字诀，为无极静桩功的安形、练形的基本理论。

“二曰锁：锁者何？锁其口也。凡人之气多从口出，气从口出斯败矣。故必严杜其口，若以锁锁之者然，勿使有杪忽之气从口而出，则其从鼻出者，不待禁绝，而自微乎其微矣。”这是“缄舌气”的严格执行法。无极静桩功要闭口，以鼻呼吸，并求其息深深以踵，深长细慢匀。

“三曰梳，梳者何？所以通发之具也。一塑二锁皆是制外之法，此则由外而内矣。凡人之气，未得所养，猖狂外行，或至阻滞而不通。既塑既锁，乃理吾气，务使顺而弗逆，徐徐焉而下至于丹田，又徐徐焉而下至涌泉穴，自上而下，若以梳梳发者然，故曰梳也。”由此可以得知，无极静桩功为什么在腹丹田聚气凝神后，将元炁引入底丹田涌泉穴，而后行大周天之功之理。

《卫生真诀·下卷》提出了涌泉功修法：“舌往上腭，目视鼻尖，运心火降入涌泉，想肾水上升入脑。”这也是一个值得参考的修炼法。

在踵息法修炼中，《十六锭金》功法是一个非常适宜于无极静桩功修炼的法诀。十六锭金又称李真人长生十六字诀，是道家养生的秘密功法，明代冷谦的《修龄要旨》初录此法，言其为至简至易的妙法，字字值锭金，故称“十六锭金”法。其练法为“一吸便提，气气归脐；一提便咽，水火相见”。一吸便提，即涌泉内气上升便提肛缩阴，会聚鼻吸清气在会阴一起入脐，称气气归脐。一提之后，立即由涌泉呼气推动丹田气，使气由会阴循督脉经尾闾、命门、夹脊、玉枕，入泥丸。此时停息，以目力将泥丸之内气与口内玉液同时咽至丹田，而意为水火相见。神入炁中谓水火相见。

《丹道法诀十二讲》介绍张三丰踵息术：由左右脚涌泉分别运气入炁穴，再积气开关运周天。此即庄子的“真人之息以踵”，可以疏通经络，调理阴阳，牢固阴精而自通周天。

这样的修炼能延长人的青春期，起到抗衰老、祛病延年的作用，达到长生长寿、返老还童的目的。

七、无极静桩功修炼中的关要环节

现在有很多人站无极桩，都认为自己会站，但是实际上稍有不慎，就会差之毫厘、谬之千里。我周围修炼无极静桩功的人数以千计，有修炼几年、十几年、几十年的，但有些人由于理不明、方法存在偏差，或者炼得不深不透、基础不扎实而经常返工。归纳起来，在无极静桩功的修炼中，问题容易出现在以下环节。

（一）动中松、静中松

大部分人都知道做动中松的功法，但不习惯于静中求松，因此一站桩就成了硬板桩、木头桩。所以修炼无极静桩功首先要懂得在静站中放松。如何在静站中放松呢？其方法是使用内求法。内求法是用意内求放松，有两种方法，一是整体放松法，默想并暗示头松、颈松、两肩松、两臂松、胸背松、腹松、尾闾松、会阴松、胯松、腿松、脚松等，二是五线放松法，暗示身中线、身前线、身后线、身左线、身右线等节节下松，直松到不随意处变随意。

（二）以形助松、以气助松

很多人只会以形助松，不知道以气助松。以形助松的目的是通过一段时间的锻炼使身上感觉舒适、松沉、柔软。这种以形助松的方法极其重要。若旁人一学习就会感觉到并跟着松下去，就说明以形助松做得非常成功。很多人喜欢停留在这一阶段上，但若想提高自己，只满足于以形助松显然是不够的，松到无形无象，方为究竟，所以应立即进入以气助松的阶段。如何以气助松呢？俞曲园《枕上三字诀》讲的很清楚：“一者塑，塑者何？使吾身耳目口鼻，四肢百骸，凝然不动，若泥塑然……二者锁，锁者何？锁其口也……三者梳，梳者何？所以通发之具也……乃理吾气，务使顺而弗违，徐徐焉而下至于丹田，又徐徐焉而下至于涌泉。自上而下，若以梳梳发者然，故曰梳也。”

（三）颈直

很多站桩者，由于长期伏案或操作电脑，养成了颈项向前倾斜的习惯而不知，致使气机上冲时，冲不过玉枕，而头部的散气也不能顺而下注，对练功进步影响很大。还有些站桩者，为了竖头，颈项上顶用力，使颈项生硬。纠正的方法是让后颈靠向衣服的后领，然后再微收下巴，使百会朝天，而眼珠虚散平视远处，切忌凝视。

（四）平松落地和两会一点一垂线

开始时平松落地是不错的，此时人体的脚底和腿部尚未有功，为了更好地支撑全身重量和保持平衡，必须也必然要平松落地，因此平松落地是筑基锻炼的常用方法。站桩时间可循序渐进，从三五分钟到十分钟，再慢慢增到十五、二十分钟，当增至半小时到四十分钟后，开始巩固功效，不再增加时间，持之以恒。当感到走路有力，爬楼梯轻松而不气喘时，即可进入气感阶段。但是，这种平松落地的方法并不是一成不变的，当有气感并得气后，就要进入积气聚气阶段。此时就不能强调平松落地，而使脚后跟固定不动。为了准备打通三田三关（即开关展窍），此时应逐渐将站桩要点调整为两会一点一垂线，以便内气由腹丹田转移到足丹田而进行凝神聚气的修炼，继而产生涌泉丹元能。

（五）气感

当放松入静到一定程度时，身上会出现气感效应，称得气效应。此时，一定要学会感受气感，并且及时逮住并强化这种感觉。这种气感会因人因时而异，例如，有麻胀感、爬虫感、酸痛感、暖热感、震颤感、自发动感、旋转感、左右不对称感等，这都是好的现象，说明大脑皮层的抑制作用开始增强、新陈代谢作用开始强化，身体排废过程加速，血液循环改善，这是良性反应。当然，有些人没有此类现象出现也属于正常。

（六）火候

在古文中，“火”是神，“候”是气，现将火候引申为练功程度。大部分人开始站无极桩时火候不足，道家告诫说要先武火再文火，武火不足，火候不到，结果就好像夹生饭，即便不断返工，总也不成。究其原因，不外如下：

（1）站桩时间不够。有些人每天都站桩，但站的时间总是不够，不到火候就“下岗”了，问其原因，或是忙，或是没有耐性，或是心不能宁静，或是烦躁，或是头痛，或是身上不舒服，或是心烦意乱，种种不适，最终只能如此。的确，站桩是非常枯燥的，但站桩修炼就是要修去浮躁品性。

（2）站姿不对。站姿不对主要表现为人不能竖直，肩不能平、胯不能平、颈不能直等。站姿不对时很难久站。

（3）身体有病。身体有病元气不足，则气短心慌、脸色苍白，连三五分钟都站不下来，这时应暂时停止站桩。健康的人在直立时每分钟的脉搏为 60 到 80 次，站桩时间较短时，脉搏变化不大，当站到一定时间后，由于两脚长时间同时负荷，不能像散步时那样可以轮流休息调节，同时，由于站无极桩功时腿部不能弯曲，其作用直接上升到骨骼肌，使骨骼肌开始收缩、运动，同时，为了维持身体的平衡和稳定，血液循环增强，心脏负担加重，脉搏开始增高，这都属于正常。但有些病人稍一站桩，脉搏就会猛升，带来危险，此时应该暂时放弃站桩而采取静坐方式静养。

（七）装腰

腰为主宰，是全身九珠中的第五颗珠子，向上主宰四颗珠子到手梢，向下主宰四颗珠子到脚梢，全身由腰总体合一，腰不装好，上下不通，则九个珠子不能贯穿如一。在众多学员中，大部分人都存在这一严重问题。如何装好腰呢？首先要收臀，其二是鼓命门，鼓命门的动力在于微微敛脐，敛脐不是收肚子，是以内意冥冥中使神阙与命门相系相吸。经过一段时间的锻炼后，内气充盈，可以上下通透，这时就要进行开腰、开胯的锻炼，当练到能开腰后，就可以进行腰虚的锻炼。装腰的问题实际上要等到内气强烈上冲有力时才能真正解决。

（八）开胯

胯不开，腿不直，下部肢体的四个珠子不能通畅灵转，则气机不顺，即所谓下三路不通、底气不足。有些人喜欢练横向开胯，即所谓落胯。横向开胯可以增加下部功力，增强胯打的能力。但实际上更应该锻炼向上开胯的能力，只有这样，最后才能进入胯虚的状态。向上开胯的锻炼要与臀部和裆部的调整相结合，也就是说，臀不能外凸而要有前送之意，裆要有上翻提携之势，会阴要有提肛缩阴之感，两胯骨要直竖提虚，两腿要虚直而不僵。此时，内气由上往下直到脚底，而后由下往上直到泥丸百会，这才能体现《道德经》所曰："天地之间，其如橐龠乎？虚而不屈，动而愈出。"

（九）悟性在自己脚下

无极静桩功最难修炼的是足下脚底板功。因为脚底位于人体的最低端，对于直立行走的人来说，两脚要支撑全身重量并保持其平衡。在武术领域，两脚还要接受外界的攻击或干扰所产生的大于本身的分量，并且还要维持身体的平衡和稳定，所以特别强调对双腿双脚的锻炼，大家现在所看到的马步桩、川步桩、浑圆桩、三体桩、峨眉十二桩等，锻炼的都是双腿双脚。能练到大腿和小腿充满内劲内气的功夫已经很少了，如能练到脚踝，就算是上乘功夫了。在无极静桩功中，有"七松八松、大松特松"和"一松到底"的要求。这个底，指的就是脚底，所以说悟性在自己脚下。脚底放松，能达到具有“分毫之别”，进而达到“分毫之变”，这才是真正的上乘功夫。显然，这是一个由量变到质变的过程。

（十）生机桩

修炼无极静桩功最重要的是获得具有生命力的生机桩，而不是枯死桩。何谓生机桩？生机桩如青翠树木，一片绿色，生机盎然，因为其根部的营养源源不断上输，与时俱长，任何力量都不能阻止，它表现出的生命力是无穷的，也是无可阻挡的。何谓枯死桩？枯死桩犹如枯树一株，竖在那里，叶枯干裂，乃死亡象征。人站桩要像有生命力的树木一样，生命力无穷，不可抗拒，这种桩称为生机桩。站生机桩时，指导者在自己保持虚无的状态下，用两手虚抚站桩者两肩，可以清楚地感到，站桩者体内内气不断升腾、活跃，生机勃勃，此时即便施加外力，也不可阻挡。若站桩者气感强大，可使扶者不断拔根，真是奇妙无穷。将百余斤体重的人提起来是不可能的，何以不用力而能使其拔根？盖因生机桩乃生命力之体现，而枯树桩就无此现象。

（十一）静心究竟

很多人在入静问题上很犯难，老是说要高度入静，但是一安静下来就杂念丛生。所以入静的办法是：先把身形安排妥当，再开始静心。一要身不动，二要心不动，三要忘了自己。在入静的过程中解除烦恼杂念的心法是不急不躁，慢慢来，慢慢入。第一步是求初静，所谓初静，就是要求自己先集中注意力，提醒自己开始练功了，练功时将其他事情都放下，暗示自己“过去事不回忆，现在事不管，将来事不谋虑”，此阶段能达到心平气和就非常了不起了。经过一段时间后，再进行第二步，中等入静，初级入静稳定后，思绪开始净化，心神开始安宁，对外界干扰已不灵敏，呼吸开始平和细慢。然后是第三步，进入高级入静，表现为入静快，思绪恬淡虚静，静若止水，杂念不生，内想不出，外想不入，情绪安稳舒适，会感觉轻飘飘的如若升腾，这时进入神明阶段，即神虚灵，一灵独现。

（十二）腾虚缥空

“无为入”达到一定程度时，就要进入“无极而太极”的修炼。静极必生动，此时气机开始活跃，要迅速进入“有为炼”的修炼阶段。这一阶段的任务是进行命功的修炼，也就是内丹的修炼。要从气行周天升为神行周天，而且还要强化丹摆功的修炼。前面是炼精化气、炼气化神的阶段，一旦时机成熟，就要进入“返无为”的修炼层次，这一层次是炼神还虚的阶段。在无极静桩功中要体悟出腾虚缥空的感觉。

何谓腾虚？腾者，升腾也；虚者，涵虚也。何谓缥空？缥者，虚无缥缈也；空者，空明也，透空也。缥缈者，为隐隐约约、似有似无的恍惚状态。当无极静桩功修炼层次达到“腾虚缥空”状态时，会感到“恍兮惚兮，其中有象……其中有物……其中有精……其中有信”，此象是无象之象，此物是无状之物，此精是无形之精，其信乃真，呈现信息波之态。表现为足下有腾虚之感、神灵有缥空之感、人体与大地有不离不即之感。人好像有虚腾飞升之感，如传说中修炼达到仙人程度时就可“白日飞升”而登仙界一般。当然，现代科学告诉我们，由于地球引力，在没有反推力的情况下，只要有质量，任何物体都是不能离开地面的。

八、无极静桩功修炼中需要澄清的几个问题

（一）为什么强调不练内劲？

我们只强调练内气，不注重练内劲。长期的实践经验告诉我们，注重练劲，功力会长，但愈练愈影响放松，而松不透影响养气练气。当练了明劲，明劲上身，就会变成外棍外板。当练了暗劲，暗劲上身就会变成内棍内板。所以，如果有劲，就要先脱劲、卸劲、空劲，然后再重新

站无极静桩功，由零起步。

《拳经》说："气功之说有二：一养气，一练气。盖养气而后气不动，气不动而后神清，神清而后操纵进退得其宜……故养气乃圣学之紧要关键，非仅邈尔柔术所能范围……故于养气之学尤为不可缓也。"这段话说得很明白，要先在静功中养气，神清后方能操纵进退得宜。练柔术之法都将影响养气功夫，更何况练明劲、暗劲呢！《拳经》又说："练气与养气，虽同出一气之源，贵有虚实动静及有形无形之别。养气之学以道为归，以集义为宗法。练气之学，以运使为效，以呼吸为功，以柔而刚为主旨，以刚而柔为极致。及其妙用，则时刚时柔……"可见，练气之学以运使为根本，练气之中可以刚而柔、柔而刚、时刚时柔以达运使之目的，以刚而柔为极致。所以修炼内气可以外用为武艺，内练为丹道，这是养气练气之后自然而成的，不需要刻意求劲。

（二）为什么强调死站桩、站死桩是桩功的大忌?

同样站桩，有人站活桩，最后能站虚，体现为腾虚缥空；有人站死桩，站桩一头沉，如枯木桩子，两条腿站得肌肉绷紧，坚如铁石。何谓站死桩？即该桩没有生机，气机不活，如死树没有生长感、没有水气输送，反映在人体上，就是桩枯静而无生机，没有上长的能量，没有气机，气机没有流动。在检查时，两手往对方肩上一搭，明显感到其桩没有上长的生机，就说明其站了个死桩。经验告诉我们，大部分人站死桩的时候，其表现为"硬板一块"。发现自己在站死桩的时候，必须要悟透师传要领。

（三）为什么强调腹丹田不积气?

我们把修炼中阴阳交合之气积存丹田不运行称为死丹。有人练得丹田积气，这不是太极丹道功夫，不合大道。丹田要聚气不积气，得一复忘一。

孙氏太极拳创始者孙禄堂先生在《论拳术内外家之别》一文中谈了

自己的切身感悟，以启示后人。文曰："余练拳亦数十年矣。初蒙世俗之见，每日积气于丹田，小腹坚硬如实，鼓腹内之气，能仆人于丈外，行止坐卧，无时不然。一日山西宋世荣前辈以函来约，余因袱被往晋。余问内外之别，宋曰：'呼吸有内外之分，拳术无内外之别，善养气者即内家，不善养气者即外家。故善养浩然之气一语实道破内家之奥义。''然鄙人可为得拳中的内劲乎。盖气已下沉，小腹亦坚如硬石矣。'宋说：'否！汝虽气通小腹，若不化坚，终必为累，非上乘也。''何以化？'先生曰：'有若无，实则虚，腹之坚，非真道也。拳术中亦重中和，亦重仁义，若不明此理，即便练至捷如鸟飞，力举千斤，不过匹夫之勇。若炼至中和，善讲仁义，动则以礼，见义必为，其人虽无百斤之力，即可谓内家……吾人本其天地中和之气，非一太极乎……'余敬聆听之下，始知拳道即天道，天道即人道，不知拳之形式名称虽异，而理则一。由而推之，言语和平，动作要自然，吾人立身之地，处处皆是诚中形外，拳术何独不然，试观古来名将，如关壮穆、岳忠武等，皆以识春秋大义，说礼乐而熟诗书，故千秋后使人敬仰崇敬之心。若田开强、左冶子辈，不过得勇士之名而已。"这段话以十分豪迈的气概来叙述习武的正确路径，值得后人深思。

（四）为什么在练无极静桩功时，脚后跟会自动腾虚？

在一般的太极拳功法练习中，脚后跟是不允许离地的，这是原则。因为脚跟是根，根要稳，才能中定，而太极内劲是"起于脚跟，发于腿，主宰于腰，形于手而出于手"，所以脚后跟离地是大忌。

大道太极拳尚炼气炼神不尚练劲，求内气不求发劲，走的是从养气得气而聚气之路线，需要一步接一步地修炼，先腹丹田得能，再下降至足涌泉，当涌泉气盈有暖信后，再神光下照涌泉而得丹（此丹称涌泉丹），然后以炁运行大周天，称气行周天，在大虚大空中使炁与神交合为一神，而神运大周天，然后再进入"镇日玩真空"。在气行周天时，可借助十六锭金法来锻炼肉身。为放松入静，可先借松功使身体松透，然后借心息相依或听息法入静。神运周天为“炼气化神”阶段，此时元神虚灵上升，脚后跟会自动腾虚离地，两脚掌对大地却表现为不即不离的状态，我们称此现象为“腾虚缥空”。腾虚缥空时，练习者会感到全身舒适，一身轻快安逸。此时，不要干预，要顺其自然，保持其态。我曾看到有的修习者腾虚可达一两个小时而仍轻松愉快，真是不可思议。达到腾虚缥空后，继续修炼到全体透空，就可能会出现“空中屈伸”和“空中粉碎”。

第二节 太极松功修炼

一、太极松功概念

太极泰斗吴图南大师说："根据我的体会，太极拳的功可概括为四种：一、松功；二、着功；三、劲功；四、气功。"吴大师一再告诫我们："要练好太极拳，首先要练好太极拳松功。"因此，松功是太极拳的基础。太极拳功夫的高深与否，关键在于放松。

修炼松功先要集中练养神形的"放松，入静"，而后炼养"沉气，通空，圆融，虚灵"。这样用功，就可心定气和。心定是谓炼性，气和是谓炼命，性命双修就能养生长寿。心定是炼神，气和是炼气，神气相交就是炼精贮能，神气相分就是还气还神，能扩能而长功力。心定气和，内则五气合一，神气鼓荡，外则周体四肢百骸、关节、肌肉、韧带无不柔和，无不松沉，无不轻灵，即所谓"无一处不轻灵，无一处不坚韧，无一处不沉着，无一处不顺遂"。吴大师又说，太极拳之松功，使人身各处关节既轻松愉快又灵活异常，既坚韧柔和又宽而不紧，既无松懈乏力又无坚凝不舒，通过锻炼达到骨节灵敏、韧带柔韧、肌肉灵活、曲伸自由。如持之以恒，能推迟衰老。松功久之，推、拉、挽、转不能稍移……在技击方面，人不能到而己能到。

松要先心松、神松、意松、气松，而后形松。形松要达到内松五脏六腑，外松筋骨皮肉。九大关节要节节松开，又要节节贯串，通体无间，能如九曲珠无微不至而周身一家。松的意义是松展、松开、松柔、松软、松沉、松圆、松通、松远、松散、松空、松灵，只要内气充足，神虚灵不丢，练法就不会松懈、松塌和松瘪。松的目的是要排除身上病气、刚气、躁气、浮气、僵气，而存积真气、元气、中气，从而能卸僵、弃木、化柔、转活、松沉、轻灵而富弹性。通过养气补精、通经活络，再养炼神气、积储内气而增长内功。松要真松，不能只求外表放松或脑子里去空想放松，这些都是假象。

松功是一种功夫，只有通过刻苦修炼才能得到真松功。松要求松得深、松得透、松得快，还要松得干净。松得深，就是要松到心的深处，即意识精神、心理都要放松入静，没有丝毫紧张之处，即所谓“心内一丝不挂”，才能神定而气和。松得透，指内到五脏、器官、组织和细胞之间，外至骨节、肌肉、皮毛之间，上至头顶百会，下至脚底涌泉，广至四梢百骸、经脉之间，周身都要解除紧张点，即所谓“身上一丝不牵”。松得快，意味着松要能快速实现，即“一瞬即松”，包括局部能一瞬即松及整体能一瞬即松，为将来实现忽柔忽刚、忽虚忽实、忽隐忽现、忽有忽无打下基础。松得干净，就是要松得周身内外任何地方、任何点都不能滞留一点杂质。

为什么要练松功呢？人在童年时，先天之气充足，全身柔软，生命旺盛，直如老子《道德经》中所说：“抟气致柔，能婴儿乎？”但人到青壮年后，由于后天的生活紧张和工作劳累，而平时又缺少运动，人的精气已开始衰退，尤其到中老年时精气已衰弱，表现为大脑记忆力衰退，气脉不顺，细胞老化，筋肌萎缩，骨质疏松，四肢躯干僵化木滞，动作呆板，此时真气运行已失正常，稍不注意就经常生病，这直接影响到健康长寿。紧张僵滞状态愈甚，则真气愈不能通畅运行。唯一的办法就是赶快参加运动，而参加太极拳松功修炼是最好的“休息的运动”。如《素问·上古天真论》所言：“恬淡虚无，真气从之，精神内守，病安从来。”

放松须入静，入静有助放松。入静就是要使心念归一，排除杂念，做到外缘不入、内念不起，心静而能神定，神定而能六神有主，精神不紧张，心理良好，大脑松弛，这就做到了心静而心松。心松是全身放松的基础，全身放松，然后能进入“静中触动动犹静”“动中求静静还虚”。这就是说静悟性，动炼气。身中松空能通气，体内松虚能容气。

《庄子·人间世》曰：“唯道集虚，虚者，心斋也。”“惟虚乃可容实，惟空乃可聚气。”《庄子·天道》指出：“夫虚静恬淡寂漠无为者，万物之本也。”这些都说明“放松入静”才是养生的根本出路，是修炼的大道。

二、松功功法要诀

（一）立身原则

形不正则体不松，气不顺则内不通，所以必须严格要求“立身中正安舒”，这样才可以达到“一身舒适万法宗”。立身中正安舒要求两脚平行，距离为肩宽的一半，脚尖平直向前，脊柱松竖，项直容正，百会朝天，沉肩垂肘，双手下垂，小指微贴风市穴。含胸拔背，松腰松胯，挺膝舒踝，舒指，开窍。立身中正安舒以后，调整身体上下姿势，达到两会一点一垂线。两会即为头顶百会和会阴二穴，一点指脚底两涌泉连线中点，一垂线即是通过两会一点的身中的垂线，或称中垂线。两会一点一垂线俗称为三点一线，是佛家和道家都看重的中线（佛家有中脉而道家有中黄之说），也是吴式太极拳和杨式太极拳中的秘传要诀，是练好太极松功的重要要领。随着功夫的提高，此中垂线愈练愈细直到虚无缥缈，

似有似无，与内气蒸融方为妙。以两会一点一垂线的方式修炼得气快，反射快。(图 3-1)

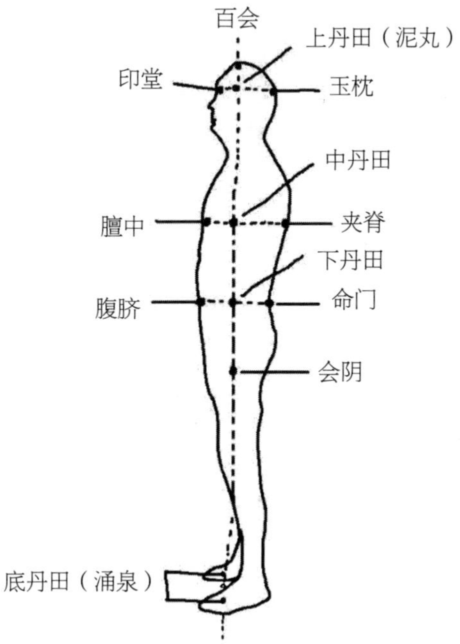

图 3-1　两会一点一垂线示意图

立身要逐步做到“一领（灵），二沉，三直，四松，五静，六敛。”这也是无极静桩功的原则。

（二）气沉涌泉神虚灵

把心收回来，做到心静而安，心安而定，心定而松。思想松静，勿忘勿助，无过不及，不可用意强，不可无意求。思想轻轻松松不紧张，不执著，不顽空，纯任自然，一片神行。

当入静放松后，要气沉涌泉，这也是我们的不传之秘。动中求静气沉底，全套松功都要贯彻动中求静，静中触动，静则可以神导气，以气导动，由内气带动形动，就可以身不妄动和手不妄动。身不妄动和手不妄动就不会产生外力。动则如小河淌水静悄悄，如浮云流水绵绵不断。

不论什么动作，都要贯彻形松气松一松到底，又要做到一沉到底。也就是说，在形松的基础上，要使身中内气松沉到脚底，归于涌泉。久之，脚底会感到发麻、发胀和发热。全身感到重心下沉和稳定，这就是中定功的基础。但是，气沉涌泉不是意守，意守就会执著，就会过火，容易引起头痛，因此要遵循“勿忘勿助”原则。

太极松功以涌泉为核心，气机“起于涌泉而归于涌泉”“源于涌泉而回于涌泉”，我们把涌泉视为发动机，而把丹田（腹）视为动力源或称气库，一切动作运行转换的开始和结束都要受到涌泉的制约。

久练气沉涌泉，内气增强快，内功强。气沉涌泉和神虚灵是相反相成的，是阴阳的两个方面。万念俱泯，气沉涌泉的同时，必然一灵独现，这个灵就是主神，这就是所谓“心死神活”。神虚灵不同于神贯顶，神贯顶念力强，耗神，故炼养时神宜虚领（灵）。

动之则分，分为神气相分；静之则合，合为神气相合，神入气穴，气包神外。合为静为养，分为动为练。养为积能贮能，练为扩能增容，这样才能阴阳相济。

（三）心息形相依

心是心神，息是外呼吸和内呼吸，形是形动，此三者要相依相系。《庄子·大宗师》中“真人之息以踵，众人之息以喉”的踵息为“涌泉呼吸”，又称内呼吸，以喉肺呼吸者为外呼吸，一呼一吸称为一息。内呼吸的吸由下往上，外呼吸的吸由上往下。内呼吸的呼由上往下，外呼吸的呼由下往上。外呼吸和内呼吸相系相依，犹如先天气和后天气之相系相依，如崔希范《入药镜》所说：“先天气，后天气，得之者，常似醉。”内呼吸与外呼吸相系是练功的要诀，其原则是“神主明，气主动，腰主形”，同时以内气带动外形动作，从而做到心息形相依。

调息要做到柔和、均匀、深长、缓慢，吐维丝丝，纳维绵绵。呼吸要做到与拳势相合。吸为合，为吞，为聚，为收，为蓄；呼为开，为吐，为散，为放，为发，实现心息形相依，达到内外相合、上下相随、左右对称、前后相应、动静相宜、虚实相分、周身一家。

（四）松而通、松而远和松而空

松而通，就是要求放松到“肢体松柔软，体内松空通”，当体内松到“心内一丝不挂，身内一丝不牵”后，继续放松体内五脏六腑，使脏腑之气归位，从而使内气有序化，直接舒畅贯通经络气脉，由外而内，由上而下，直通涌泉，然后再由下而上，由内而外地直通泥丸、百会，气充盈畅通，此即称松而通，松而通可为“浊阴不降，清阳不升”的修炼要法打下基础。

松而远，就是要放松到能脱离自己形体而达到四维空间，而不缩于身内。《太极拳论》之“仰之则弥高，俯之则弥深，进之则愈长，退之则愈促。”就是说修证到忘了自身，可以脱开自身，向上则高无际，往低则深无极，往前则愈悠远，往后则越迅疾，从而能突破空间障碍，即道家所说的“放之则弥六合，卷之则退藏于密”。又如《道德经》所说：“外其身而身存。”

做到松而远后，就会感到身无其身，全身透空。此时就要再往高深一步修炼，就要修身心虚无，六根清净，淡泊名利，四大皆空，才能进入虚空无状态。

本功法要求气沉涌泉，神虚灵，养时神气相合，练时神气相分，一举一动立足消除力学效应，而求内气鼓荡。

三、大道太极松功功法

大道太极松功由“基础松功十法”“九珠松功”等组成。功法特点是：一切为了实现“练松通气”“练松积气”“练气助松”和实现“内练精气神，外练筋骨皮”的基础功。通过松功练习，可以有病调病，无病健体养生，强体防身，为进一步的性命双修打下基础。

“松”先由上往下，“一松到底”“一沉到底”，松到涌泉穴，入静要把心收回，而后“静中触动动犹静”。再由下往上练，先沉后升，浊阴降，清阳升，元气流动，故最后要“腾虚缥空”，后天返先天。修炼过程中要毫不含糊地实现“五大”，回归“五无”。五大即大松、大柔、大软、大静、大虚（空），五无即无形、无象、无根、无源、无点。这样才能达到“肢体松柔软，体内松空通”，最后进入“全体虚空无”。

松功开始入静后，都要回归无极静桩态，修心养性。起动的动作，都要以“神主明，气主动，腰主形”原则引导，久练放松入静而凝聚气，神入气穴而内气充盈，然后由涌泉发动内气上升而主导动作，体现心息形相依。所以“太极松功”是筑基练己功。

松功修炼的总体要求是：静须稳沉，动须轻灵，身须虚腾，形须飘逸，肢须柔软，体须松通，皮须坚韧，筋须伸展，肉须舒松，骨须柔长，髓须盈满，腹须息深，心须虚空，神须虚灵，精须充沛，气须畅通，血须川流，络须通疏。

还需要指出的是，除身形要求神虚灵、脊正、沉肩垂肘、尾闾中正外，还要贯彻有无相生、空满相变、虚实相分、动静相间、开合相寓、阴阳相济、上下相随、左右相应、八面支撑等原则。

全套功法可以集中练，可以分散练，也可选择一式练，每一式可练几分钟亦可练几十分钟，要想功夫长得快，就要下苦功。但要悟透道理，方法对头后，下苦功才能有收获。

松功修炼以养为主，先养后练，养练结合，要因人而异，量力而行，循序渐进，逐步增量，不可贪多心切。要一法一法地修炼，精通一法，得益一法，先循规矩，后脱规矩而合规矩，才能阶及神明。

这套功法可以增强体能，强壮体质，改善免疫系统功能，有利于祛病延年，养生长寿。

修炼时还要遵循“养生中寓有技击基础，技击推手中求养生”的宗旨，加练其他功法或太极推手后，可以实现修炼养生中蕴有上乘技击艺术，意趣无穷。

经过松功及大道太极诸功法的系统修习，可以达到“肢体松柔软，体内松空通，全体虚空无”“腾虚缥空”“后天返先天”的状态，进而进入“无形无象，全身透空，应物自然”的境界。

（一）太极基础松功十法

本套松功法综合了吴家师传松功和杨家师传松功，总结了四十多年的修炼实践，经过精心设计，最终调整为以下十法：

第一法　太极腕松功——起涌泉气贴背，根（肩）中（肘）催、梢（腕及指）发透

两脚平行，间距约为肩宽一半，立身安舒中正，尾闾松垂，两会一点一垂线，然后排除杂念，思想入静以修心养性。舌舔上腭，沉肩坠肘，松指落腕，全身放松，虚领神，神虚灵，气下沉，回归到无极静桩态。

太极腕松功

起动后，由涌泉发动内气上升，在“神主明，气主动”的推动下，两臂自然向前向上抬起，与肩同高。臂伸直放长，腕松、指舒，指尖朝前。两手劳宫相对，开背、开肩。内气由涌泉上升，气贴背，再从大椎处分两路布到肩、肘、腕、指，节节贯穿。然后发动两臂的肩、肘、腕、指松松地抖动（晃动），与软鞭抖动能量传到鞭梢的过程相似而节节松开松透。（图 3-2）

图 3–2　太极腕松功

本功法共有两节，即左右腕松功和前后腕松功。

常练此功，可排除身上和两臂的僵气、刚气、浊气和病气，有利于打通足和手的阴阳经脉，从而有利于内气神通于背，气贯于梢。同时，使两

臂的肩、肘、腕、指关节节节松开、放长而又节节贯穿、松通。筋骨化柔，肌腱放长，肌肉放软。长期坚持可以预防和治疗肩周炎、肌肉萎缩、腰椎病、关节炎等急慢性病痛。

大部分人在练习一二分钟后，手臂会感到酸痛难熬，说明内气供应不上，能量传送不畅，新陈代谢缓慢，排废能力差。练功有素者能坚持一两个小时也不会感到难受，说明体质已强。抖动数可按 9 的倍数递增，如 36、72、108 等。当练到 108 数而不酸痛，为达到了修炼的一个层次，此时可进一步要求松得快、松得透、松得干净，而意念要松得通、空、远。更进一步，要求通过无极静桩功凝神聚气得气后，以气导松，以松通气，直到气贴背，气通梢，梢发透，透发远。练功过程中要因人而异，量力而行，要逐渐加量，循序渐进，切勿贪多心切而练伤练坏。练习腕松功后，可以通过太极推手检验其功能火候。由老师和同修们来考核。腕部要是没有练出放松的功夫，哪有资本去推手呢？

第二法　太极提举擎指松功——提举理脾胃，擎指通三焦

本功法先以形导松，以松导气，而后以气导松。以肢体的力偶效应来推动脏腑气机，触动三焦进行外松内松。外松肢体，内松脏腑，通三焦贯四梢，内以壮实带脉，充实内气，有助于打通中脉和任督二脉。

太极提举擎指松功

吴图南大师说，在太极拳中，提举愈甚，下坠愈速，其沉降愈甚，稳定愈高。

本功法分为单指提举擎天理脾胃和双手提举擎指理三焦。

1. 单指提举擎天理脾胃

两脚平行，距离为肩宽的一半，其他要领与上法同，回归到无极静桩态。起动后，由涌泉发动内气，使单手（右或左）食指提举擎天，另一只手食指引气下坠，其余手指松拢，大拇指轻压在中指上。提举一般为男左女右，即男先提举左手，女先提举右手。提举一手后冥想，一食指擎天，一食指指地，意念放松放远，体会“仰之则弥高，俯之则弥深，

进之则愈长，退之则愈促”的感觉。然后忘意，上手突然坠落，回到原状而自然下垂。左右手轮换练功，提擎次数可按 9 的倍数递增，如 36、72 等。单手提擎时一手向上，一手向下，可形成力学中的力偶效应。力偶效应能使物体转动，如图 3–3 所示。单手提擎可使人体腹腔内部因力偶效应产生内气转动，帮助肠胃蠕动，达到调理脾胃的目的。这就是外练松柔肢体，内练五脏松通内气。练好单手提擎就可以体会出腹部丹田的丹气内转了。（图 3–4）

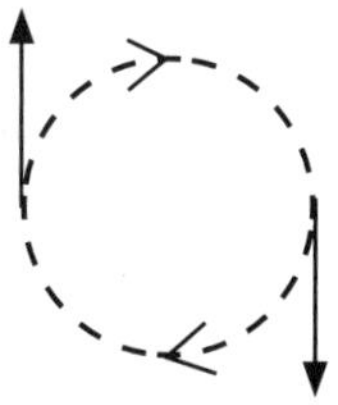

图 3–3　力偶效应

图 3–4　单指提举擎天理脾胃

进一步修炼要求动作与内呼吸相配合，提擎为呼，坠落为吸，然后还虚归无归零。再进一步修炼要求进入吞吐相换、有无相生、动静相间、虚实相分、空盈相变的修炼功态。

2. 双指提举擎天理三焦

三焦由上焦、中焦和下焦组成，为一腔之大腑，其主要功能为通元气和代谢水液。上焦在横膈膜以上，其内有心、肺两脏；中焦在横膈膜以下和肚脐以上，其内有脾、胃、胆、肝等脏腑；下焦在肚脐以下，有大小肠、肾和膀胱。

双臂双指擎天时，腰要松沉，尾闾下垂，会阴微敛，可使命门打开，三焦元气流通直上指梢，而中道下通直达涌泉得底气，久练有利于打通中脉，理脾胃、通三焦、壮带脉、实内气、强底气。两臂双指前擎可通背气，有利于打通督脉。两臂双指横擎可通胸气，有利于打通任脉。这一功法对防治肠胃病、肺气肿、五脏不调、内气阻塞、气虚、心悸等病有良好作用。

双手提擎的次数可按 9 的倍数递增，如 36、72 等。但要循序渐进，逐

步增量，当感到腔内、胸、背有热团感觉时为修炼的一个层次。（图 3–5）

本功法能使脾升清、胃降浊、土生金、肺吐故、肾升水、心降火、肝排毒，加速新陈代谢，所以对肠胃病、五脏六腑不调、中气不通等病有良好作用。同时通过下坠松沉的练功，可使太极推手更为松沉和轻灵，达到拳论所说的“既沉重，又轻灵”。

图 3–5　双指提举擎天理三焦

第三法　太极肩圈松功（平圈、立圈）——肩转散气圈（肩圈）

本功法为杨家三圈功秘法之首。杨健侯大师的古钟理论，先以“形”松肩转圈，放松肩背部以导气，继而以“气”导松。以气导松时，由涌泉发动内气而神通于背，促使背部、肩部松通和圆转灵动，然后气由下而上，至顶的同时由肩部向外散出气圈、气场。

太极肩圈松功

本功法分为平圈和立圈。

1. 平圈

两脚平行，距离为肩宽的一半，其他要领与上法同，回到无极静桩态。起动后，由涌泉发动内气，使两臂自然向前向上抬起，与肩同高，臂微曲直伸，肘张，腕开，两劳宫向下，指松开。感到身心舒松安静和呼吸平和后，涌泉触动内气使肩带动两臂平画阴阳开合圈（如图 3–6），例如以右肩为中心向前、向右、转后画圈，左肩则向后、向左、转前画圈。两肩带着两臂圆转的同时，冥想肩体由内向外弥散肩气圈场，好似肩臂在气圈场中，气在肩臂中。由于肩带臂带手所画圈较大，可相应地使右臂带手在下层画圈，左臂带手在上层画圈。

图 3-6　太极肩松功（平圈开合）

同理，两肩可以做与上图方向相反的画圈，即改为左进右退的肩圈转动（图 3-7）。熟练后，还可以做左右两脚跨脚的手画阴阳开合圈和活步的平画阴阳开合圈。（图 3-8）

进一步修炼要求动作与内外呼吸相协调，做到开为呼，合为吸。

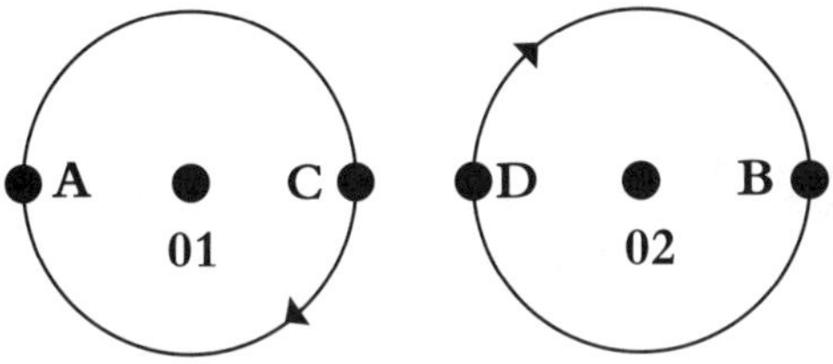

01= 左肩中心　　02= 右肩中心
A= 左肩外沿点　　B= 右肩外沿点
C= 左肩内沿点　　D= 右肩内沿点

图 3-7　左右肩圈示意图

图 3-8　太极肩松功（川步弓步平圈）

本功法要求内气导引到肩部后，以肩为中心向肩外边缘近端弥散开来，形成圆形气圈场。此气圈场在横向，为平圈。待涌泉丹元场能增强后，在胯气圈场和腰气圈场支持下，组成锥体肩圈场。同时，在两手上形成手气圈场，推手时就会产生气圈威势。

修炼中，一定要把握分寸，做到“若有意，若无意”，“不可无意求，不可有意着”。切不可以着意将气圈扩散到一米以外的远处，否则，会损耗身体元气。

2. 立圈

与上法相同，回到无极静桩态。起动后，由涌泉发动内气，使两肩向前、向上前升再转后地画圈。同理，往相反的方向做向后、向上后升再转前地画圈。（如图 3-9）此气圈场在纵向，为立圈。如此轮流周而复始地画圈，同时，冥想以两肩为中心向肩外边缘近端弥散气圈场。长久修炼就可形成锥体肩气圈场。

熟练后，可以轮流跨脚画两肩的阴阳开合圈。进一步修炼要求动作与内外呼吸相协调，做到开为呼，合为吸。然后做到吞吐相换，有无相生，动静相间，虚实相分，阴阳相济。（图 3-10）

图 3-9　太极肩松功（双立圈）

图 3-10　太极肩松功（川步弓步单肩立圈）

修炼本功法既可以积炼内气，又可以用内气催动身体，尤其有利于背、肩、肘、腕关节的松通圆转，而肩关节的圆转灵活可带动肘、腕、指关节的圆转灵活。同时，肩手气圈场形成后，在推手或技击时，便可场势逼人。长期修炼本功法可以达到肢体松柔软，体内松空通，内气外放散气圈。

本功法对防治肩周炎、腰背痛、关节炎等有良好效果。

第四法　太极腰圈松功（平圈、立圈）——腰转散气圈

本功法是杨家秘传三圈功之二。腰为人体九珠之中心珠，向下主宰下部四珠子，向上主宰上部四珠子，故说全体“主宰于腰”。因此松腰、柔腰、开腰、活腰是非常重要的基础功法。

太极腰圈松功

本功法分为平圈和立圈。

1. 平圈

两脚平行，距离为肩宽的一半，其他要领与前法同，回到无极静桩态。起动后，由形松升至气松，先由上而下，再由下而上。由下而上者，先由右涌泉触动内气到腰，以腰带手向左转动，同时全身重量及身中心线转移到左脚心，形成左立轴。然后由左涌泉触动内气到腰，以腰带手向右转动，形成右立轴。这样两涌泉轮流发动，循环往复，周而复始地进行松腰、转腰、活腰、开腰的修炼。（如图 3-11）在腰带手转动的同时，涌泉之气由下而上至腰，冥想以腰为中心，向身外边缘近端弥散腰气圈场。此气圈场在横向，为平圈。涌泉丹元场能量增强后，通过胯气圈场来支持腰气圈场，可形成腰椎体气圈场。要注意不可将腰气圈场扩散过大，通常腰气圈场要比肩气圈场和胯气圈场小些。

感到腰中内气充盈，带脉有饱满感，内气外放有弥散感，内部有松通感为修炼的一个层次。进一步修炼要求动作与内外呼吸相协调，做到立轴分阴阳，转为呼，停为吸，继而做到吞吐相换，有无相生，动静相间，虚实相分，阴阳相济。

图 3-11 太极腰圈松功（平圈）

2. 立圈

回到无极静桩态。起动后，先使右脚向前跨一步。然后气沉涌泉，再由前脚涌泉发动内气，以腰带手向后折叠（后仰，腰落在后腿上）。身口（心）与两劳宫朝上，稍停后，由后脚涌泉发动内气，以腰带手向前画大圈，形成右弓步，两手向前伸展，身口朝下似探海，头微起，眼前视，尾闾、腰脊拉开放平。稍静停后，由前脚涌泉吸气发动，尾闾做功与涌泉相合，由尾骨节带动腰背脊柱节节上爬，似龙行，构成大立圈，称龙形圈。（如图 3-12）在腰脊气涌动的同时，要冥想腰脊气圈场在身外立面上弥散圆转。此气圈场在纵面上，为立圈。同理，用左脚向前跨一步，以相同方法修炼龙行圈，形成龙行腰气圈。这样周而复始，循序渐进地修炼到尾闾、腰脊节节松开。

内气有升腾感、外气有充满感为修炼达到一个层次。进一步修炼要求动作和内外呼吸互相协调，继而做到吞吐相换，有无相生，动静相间，虚实相分，阴阳相济。

腰为两肾之本位，先天之第一，又为诸脏之根源。命门在两肾之间，为相火之源，故腰肾命门为人身元阴元阳之根。练腰可补肾养精，命门相火熏蒸，心火旺而下交于水，水火既济，心肾相交，坎离交宫而化精为气，升而为神。练腰亦可积贮内气，充实带脉，有助于疏通和

图 3-12　太极腰圈松功（立圈）

约束全身的阴、阳、经络、气脉和奇经八脉。练腰要求从尾骨、胯、腰到脊椎（各节）、颈、肩、臂、指均节节松开又节节贯穿，从而达到肢体松柔软，体内松空通。腰脊松灵，内气充盈，进而达到内气外放散气圈。

久练这一功法，可以防治腰椎病、颈椎病、肩周炎等慢性病。

第五法　太极胯圈松功——胯转散气圈

本功法先以形松胯，使大胯珠松活灵动圆转，然后以气松胯，内气由上而下松至涌泉，再由涌泉触发由下而上松至胯隙，进行松胯、转胯、活胯和开胯的修炼。通过松尾闾、舒会阴、开裆部、壮胯气来产生胯气圈场。胯气圈场为杨家三圈功之三。

太极胯圈松功

两脚平行，距离为肩宽的一半，其要领与前法同，回到无极静桩态。起动后，气沉涌泉，再由两涌泉发动内气，使两胯带动两膝平画阴阳开合圈。例如右胯向前向右圆转，则左胯向后向左圆转，两胯阴阳对称地同时圆转画圈。（如图 3-13）

同理，两胯还可以做相反方向即左进右退的转动。在两胯圆转的同时，要冥想胯隙内气向胯体外缘近端弥散形成胯气圈场，好似胯在气圈

图 3-13　胯圈松功

场中，气在胯内外。在丹元场能量增强后，可由胯气圈场支持腰气圈场和肩气圈场，形成椎体场。（图 3-14）

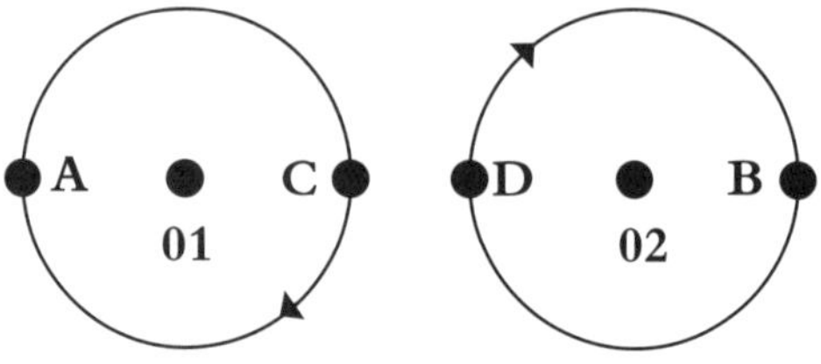

01= 左跨中心　　02= 右跨中心
A= 左跨外沿点　　B= 右跨外沿点
C= 左跨内沿点　　D= 右跨内沿点

图 3-14　左右胯圈

感到大胯舒松、开通、关节灵活、变动，两膝关节、踝关节不断松开、舒展，而又感到胯气弥散，为修炼的一个层次。进一步修炼要求动作与内外呼吸相协调，转为呼，静为吸，继而做到吞吐相换，有无相生，动静相间，虚实相分和阴阳相济。

在人体中，最重要和最难放松的部位是尾闾、会阴和胯裆。转动阴阳胯圈是放松这些部位的最好的方法。胯在生理上承托尾闾并与腰相连，而尾闾与腰俞（穴位，骶骨与尾骨相连处）相接，又是督脉运行的第一关。所以圆转灵动胯部，松散胯气圈，能很好地松开尾闾和松通腰部及会阴。转胯时要注意脊柱端正，尾闾正中而下垂，神虚领（灵），身直而不能动，只能胯转。杨健侯先生在古钟理论中将胯圈喻为钟口，尾闾尾骨喻为钟锤，是内功的关要。尾闾尾骨松垂而灵动，表示钟锤壮而活泼，内功强而变动灵活。

会阴是道家修炼内气、河车运转的不传之秘，又称底丹田，是阴阳二气相交往的必由之路，是内丹周天运行的枢纽。此部位是人身上部的最低位，平时多闭合且不参与活动，而转动阴阳胯圈可以放松和打开会阴。

本功法对防治髋关节、膝关节、踝关节的炎症和腰脊损伤、脉管炎、静脉曲张等有良好作用，对增宽大关节活动范围有良好效果。

第六法　太极抱球腰胯松功——松腰松胯转丹田

太极抱球
腰胯松功

在松功十法的第四法太极腰圈松功中，有一法专门练习腰圈立圈功，由涌泉触发的内气促使尾骨节带动腰背脊柱节节上爬，似龙行，构成大立圈，称龙行圈。同时，腰圈功还有蛇行圈的练法，蛇行圈可以同时松腰松胯。开始时，由形动松腰松胯，其圈似蛇行，内气下沉后，由涌泉触发内气上升至胯腰部，弧圈内气外放，形成弥漫气场。此气场形成后，胯隙空，腰隙空，俗称腰空，胯空，为全身透空的重要基础。

两脚平行，距离为肩宽的一半，其他要领与前法同，回归到无极静桩态。两脚分开，右脚向前跨一步成右弓步，手抱球，右手在上，左手在下，然后内气先沉到涌泉，再由左脚涌泉触发内气上升至胯腰，以胯腰带手抱球，右前脚向后坐腿，并向左向后转腰，形成弧形圈，至腰立轴后，再由腰续向右旋转至落空状态为一定。随即抱球圆转，前移为右弓步。如此圆转不息。（如图 3–15）同理，可使左脚向前跨一步成左弓步，练习胯腰右弧形圈。

在抱球松腰松胯蛇行圈修炼过程中，可形成丹田内转的状态。道家

图 3–15　抱球腰胯松功

认为："心下，肾上，脾右，肝左，生门在前，密户其后，其连如环，其自如绵，方圆径寸，包裹一身之精粹，此即玉环也，其处正与脐相对，人之命脉根蒂也。"此处正是人身腹丹田区域。在腹丹田处内转对增强内气、扩展内能、开尾闾、松会阴、开脊、开背非常有效。在内可松五脏六腑，达到五气归元；在外可松筋骨皮肉，达到放长和圆软；全身松开九大关节，达到行气如九曲珠。

第七法　太极摩膝圆转松功——弯腿摩膝通底气

本功法先以形松膝，继而以内气触动双膝，进行摩膝、松膝、转膝、活膝和开膝的修炼，同时使胯、膝、踝、脚部得到放松，使肢体松柔软，体内松空通。

太极摩膝
圆转松功

两脚平行，距离为肩宽的一半，其他要领与前法同，

回归到无极静桩态。起动时，由涌泉发动内气到双膝部位，弯腿，两膝微屈，身略前倾，目前视。两手放在两膝盖部位，轻轻用手左旋右转、右旋左转地按摩膝眼、足三里、鹤顶等穴位。按摩膝部可活化细胞，疏通经络，促使膝部关节松柔、灵活、舒开，打通膝关节气道，有助于与涌泉联通（如图 3–16）。随后两手扶着双膝开始转膝，做各种回旋动作。（如图 3–17）回旋动作不要过大，回旋次数不宜过多。轻轻回旋可以使关节囊、关节韧带、膝肌恢复活力和增加柔韧性。回旋次数过多，有可能磨损髌骨。

现在很多太极拳练习者都有膝部受伤的经历，究其原因是练法不科学。姿势过低或打四平架的时间过长，或练前没做放松运动，膝部受压过大、过重而引起髌腱炎和膝盖筋膜炎；异常牵拉会造成关节囊和韧带受伤，所以做好摩膝和转膝松功具有重要意义。循序渐进地均匀活动，坚持练功，可以活络血脉，舒松关节，放长肌腱，打通气道积底气，减少病痛，修复病灶。为防止髌骨受损，可以用两手手指扣住髌骨再回旋。

图 3–16　摩膝圆转松功（摩膝）

图 3–17　转膝圆转松功（转膝）

第八法　太极升降松功——松膝升降通内气

当膝部修炼有一定基础后，就可以进入下蹲升降运动。由涌泉起动，使身体下降，两腿下蹲，臀部逐步触及足跟，两手从膝盖处松柔滑落，直到两臂搁在两膝上为止。也可以将两臂平行伸直，以保持平衡。静定后，再由涌泉发动内气引体慢慢起立上升。（如图 3–18）此时要特别注意神领身直，不要前俯后仰。下蹲起立的次数要因人而异，量力而行，循序渐进，从养到炼，以养为主，养炼结合地增强涌泉丹元内能，充盈内气，扩大内能。

太极升降松功

图 3–18　太极升降松功

当练功熟练度和体能增强到一定层次后，进一步修炼要求动作与内外呼吸相协调。起立上升为呼，下蹲为吸。练此功能养精壮体、炼精化气而使肢体松柔软、体内松空通。

第九法　太极弯腰补肾松功——拇指脚趾相接补肾气

太极弯腰
补肾松功

腰为两肾之本位，肾为先天之本，肾中精气以先天之精为基础，又为后天水谷之精气所培养。两肾中的命门为相火之源。《医贯》一书中认为，左肾为阴水，右肾为阳水，命门在两肾之中，为万物受命之根本。肾与命门为水火之本，为人身的“元阴阳”，与人的生长、发育和衰老休戚相关，所以养肾气为第一要务。本功法以内气触动两肾命门处，对之进行放松按摩，可以松脊开窍，健腰强肾，对青年人的精亏、阳痿、早泄有极好的疗效。

两脚平行，距离为肩宽的一半，要领与前法同，回到无极静桩态。起动后，由涌泉发动内气到尾闾命门处，两手握空拳移到身后，用虎口按摩命门和肾俞穴直至发热，再将两手前移，缓慢弯腰，以手按摩两膝使之发热。两膝保持伸直状态，两臂随腰松软下垂，上身缓缓下弯，直到两个大拇指摸到两个大脚趾尖，再起身回复到手摸膝盖为止。静定后，再缓缓下弯大拇指摸到大脚趾尖。（如图 3–19）如此循环进行，可以达到“两手攀足固腰肾”的效果。但一定要因人而异，量力而行，以养为主，先养后炼，养炼结合地逐步增加练习次数。患高血压者修炼时要特别注意，以免引起不良后果。在摩膝和弯腰过程中，冥想由涌泉发动内气上升至肾间命门处，蒸融关脉，补肾壮精，肾气充足则可炼精化气。

图 3–19　太极弯腰补肾松功

本功法对防治肾虚、精亏、乏力、气虚、精神不振有良好效果，中年以上人群，由于长期积劳，精力已经亏损，要好好练此功补肾气，以恢复元气。本功法对阳痿、早泄、遗精、阴冷者有效。

第十法　太极蹲下开窍松功——蹲下圆转周身开窍穴

经过前九法的松功修炼后，内气充盈，元气流动，身体强壮，肢体开始松柔软，体内松空通，但还需进一步在屈蹲状态下打开全身各处关窍、穴位和脉络。通常人体在屈蹲时，涌泉内气较难发动，真气较难运行，元气很难流动，所以必须下番苦功修炼。此时还要严格遵循“因人而异，量力而行，循序渐进”的原则，做到无过不及，逐步加量，纯任自然。

太极蹲下开窍松功

修炼这一功法，可以使身体素质和体能更上一个层次，可以在屈蹲的条件下触发内气，使元气流动，内能充盈，肢体松柔软，体内松空通，更有利于进入全体虚空无的状态。

本功法分四节，逐节深入，循序渐进。两脚平行，距离为肩宽的一半，要领与前法同，回归无极静桩态。起动后，由涌泉发动内气，引体缓缓下蹲，两腿在屈蹲条件下做功：

（1）蹲下松腕功：方法与要领参考第一法。（图 3–20）

（2）蹲下抓闭握固功。（图 3–21）

（3）蹲下平圈肩圈功：方法与要领参考第四法平圈功。（图 3–22）

（4）蹲下开腰扶球圆转功：两手扶球，设想左、右手各扶一球，各沿自己的大圆轨迹，一前一后圆转画圈。（图 3–23）

这种画圈实际上表现为“形于外，气于内”。外形上好似两臂带两手一前一后地画圈，实际上练的是两涌泉内气转动，触动腹丹田内转，又带动两踝、两胯、两腰、两肩、两臂、两肘、两手圆转。从内到外使各关节、窍穴打开。也就是说，在肢体屈蹲的条件下修炼丹气，打开全身窍穴，在全身打开大小关节，达到踝开、膝开、胯开、腰开、胸开、背开、肩开、肘开、腕开、指开，从而使全身脉络打通，气血流畅，元气流动，“蒸融关脉变筋骨，处处光明无不通”，更好地完善“肢体松柔软，

图 3-20　蹲下松腕松功

图 3-21　蹲下抓闭握固松功

图 3-22　蹲下平圈肩圈松功

图 3-23　蹲下开腰扶球圆转松功

体内松空通，全体虚空无”。

本功法有一定的难度，年老者和体弱多病者要谨慎，不能一练就“一蹲到底”，要慢慢练，从半蹲开始过渡到全蹲。要因人而异，量力而行，循序渐进，防止出现不必要的事故。

（二）九珠松功

大道太极九珠松功是在基础松功十法的基础上继续深修的功法。九珠松功的“九珠”是：上肢三珠—肩珠、肘珠、腕珠；下肢三珠—胯珠、膝珠、踝珠（脚脖珠）；躯干三珠—夹脊珠（背珠）、腰珠（第五珠）、尾闾珠（尾珠）。

拳论中有“行气如九曲珠，无微不至”“上下九节劲，节节皆可发”之说，可见九珠功法极为重要。

九珠松功的整套功法，内气全都是自涌泉触发，气遍全身；动作皆从无极静桩态启动，每一动都按 9 的倍数递增，量力而行，逐步增量，循序渐进。

九珠松功多以立圈、平圈或横圈按顺时针或逆时针方向运转。

第一珠　腕珠松功

腕珠松功是腕松功的进阶，包括挂、刁、勾、抖、弹、抓六个功法。挂、刁、勾、抖、弹、抓六个功法都与手掌有关。

腕珠松功

1. 挂松功

静直站立，两脚平行，距离为肩宽的一半，入无极静桩态。由涌泉发动内气，内气上升，双臂飘起与肩平，双掌劳宫相对。涌泉之气上升到手腕，劳宫翻转向上，双臂自然前伸。两掌以腕为轴，五指朝外画弧，在同一平面上外转，然后放松还原。夹脊相应进行开合，带动双臂随之外开内合漂移。手掌劳宫向上，手掌朝大拇指方向转动。

反复开合练习。

2. 刁松功

要领同上式，只是劳宫朝下，腕珠朝小指方向转。

刁松功和挂松功为一对，需反复开合练习。

3. 勾松功

接上式。两手向前平举，劳宫向下，以腕为轴，自小指到拇指逐个抬起，转至劳宫朝外，五指散开，自小指到拇指做立圈，外转画圈，由上而外、由下而内，转至劳宫相对时，五指轻拢成勾，倏然提腕，腕轴转动，指尖朝下。

反复连做练习。

4. 抖松功

接上式。两手向前平举，五指轻拢成勾下垂，两虎口相对。倏然旋腕，转至劳宫朝外，五指拢成虚拳，拇指和食指互搭成环状。同时带动臂转，肘外翻。

5. 弹松功

接上式。双手四指虚拢拳，大拇指伸出垂直于四指，倏然翻腕带动大拇指向上挑起，双手劳宫相对；同时带动双肘尖翻下。

此式与上式可反复连做。

6. 抓松功

接上式。抬掌舒指，劳宫朝前。舒腕轻下叩，五指张开，轻轻下抓。慢慢指尖合拢，至双手呈勾功式，同时提小臂至手与目平。然后小臂慢慢向前放平，五指张开，轻轻下抓，然后抓拢提臂。

重复上述动作，往复多次。

第二珠　肘珠松功

两脚平行，距离为肩宽的一半，其他要领与前法同，回到无极静桩态。由涌泉发动内气，带动两臂平举，劳宫相对。

肘珠松功

1. 右肘外旋

右臂屈肘立小臂，手掌劳宫对目。左臂屈肘，左手平移至右肘，劳宫轻托右肘尖；右小臂朝前放平，右掌劳宫朝上，以肘尖为中心以肘为轴顺时针旋转，转至右肩时自然立肘，劳宫朝左，经右肩、颈、左肩，后转劳宫朝上恢复平圈右旋。

整个过程身形不动，涌泉气到肘尖，只有小臂以肘为轴旋转。旋转时手腕、手掌、手指自然放松。

2. 右肘内旋

接上一动最后动作，手臂转到正前时，翻掌转劳宫向下；右小臂以肘尖为中心以肘为轴逆时针旋转，整个动作为上一步的逆向运动。

3. 左肘外旋、左肘内旋

动作要领参考前两式。

第三珠　肩珠松功

此功包含“右（左）肩前松一击功”和“右（左）肩后松一甩功”，左右肩的前松和后甩，前松为击，后松为甩。本功和基础松功十法中的肩圈松功是不一样的。

肩珠松功

回无极静桩态，静立不动，由涌泉发动内气。内气猛然带动肩头前冲，一冲即归无还原；内气带动肩胛骨后甩，一甩即归无还原。肩珠前击与后甩时，内气和锁骨、肩胛骨相依而动，动作要干脆利索，身形不动，不可转背扭腰。

第四珠　夹脊（背）珠松功

回到无极静桩态，要领与前法同。由涌泉触动内气，带动两臂平举，劳宫相对。

1. 胸背后拱前伸

夹脊珠松功

涌泉气充胸骨、肋骨和胸椎间，触动胸骨、肋骨向前突出和拔背后拱；然后两肋上下对拔前伸，手臂随之前移。涌泉气归无，全体放松，身形复原。

2. 胸背后揹

开背，两臂侧平举，两肩胛左右分开到极限，两肋外开后翻挤夹脊穴。涌泉气入夹脊，吞吐呼吸，心息形相依，带动夹脊开合，两臂前合后开如挥鞭。

可以两式连做，循环往复。

第五珠　腰珠松功

回无极静桩态，要领与前法同。两手叉腰，拇指在前，四指在后，虎口向下。

腰珠松功

1. 前俯

涌泉吸，带动俯身拔腰前探，弯腰至前胸与地面平行，此为前俯。涌泉呼，还原立身，放松归无极。

2. 后仰

涌泉呼，带动后仰拔腰，弯腰至背与地面平行，此为后仰。涌泉吸，还原立身，放松归无极。

前俯后仰，直腰松腰，两式连做。

3. 左转

左涌泉吸右涌泉呼，身体向左转到极限。腰胯分离，胯以下直立，须上下对拔，但不能扭动。涌泉归无，还原正立身。

4. 右转

上式反向。参考上式说明。

左转右旋，腰胯分离，两式连做。

第六珠　尾闾松功

回无极静桩态，要领与前法同。左手劳宫贴腹丹田，右手轻轻盖左手背上（女士相反）。丹田动转带动尾闾转动，尾闾要垂直于地。身体不可以晃动，腰胯不可以扭动。

尾闾松功

丹田的内转方式如下。

1. 丹田内左旋

丹田从前向左转动到后，再从后向右转到前。

2. 丹田内右旋

丹田从前向右转动到后，再从后向左转到前。

3. 丹田内上旋

丹田由前向上转动到后，再从后向下转到前。

4. 丹田内下旋

丹田由前向下转动到后，再从后向上转到前。

第七珠　胯珠松功

胯珠松功

静立，入无极静桩态，要领与前法同。两手握空心拳，拳心向上，手腕轻贴腰两侧。

1. 胯珠前（后）旋立圈

一腿独立，提另一膝与胯平，然后脚由前而下、由后而上旋转画圈，如踏自行车（前旋、后旋方向相反）。动作整体由转胯带动。

2. 胯珠横内（外）旋立圈

前式是纵向立圈，此式为横向立圈。一腿独立，提另一膝与胯平，然后膝而内而下、而外而上旋转画圈（内旋、外旋方向相反）。动作整体由转胯带动。

3. 胯珠横内（外）旋平圈

一腿独立，提另一膝，然后脚由内而后、由外而前平面画圈（内旋、外旋方向相反），动作整体由转胯带动。

注意：单脚站立时，身体不要晃动。做完一组六功，则换另一只腿练习，方法如前。

第八珠　膝珠松功

膝珠松功

静立，入无极静桩态，要领与前法同。两手握空心拳，拳心向上，手腕轻贴腰两侧。

1. 膝珠外（内）旋平圈

一腿独立，提另一膝至与胯平，以膝为中心，脚由外而后、由内而前平面画圈（外旋、内旋方向相反）。此动作是由转膝带动。

2. 膝珠左右（前后）横摆

一腿独立，提另一膝至与胯平，以膝为中心，小腿横向左右（前后）摆动。

注意：单脚站立时，身体不要晃动。做完一组，则换另一只腿练习，方法如前。

第九珠　踝珠松功

静立，入无极静桩态，要领与前法同。两手握空心拳，拳心向上，手腕轻贴腰两侧。

踝珠松功

1. 拐松功（外旋平圈）

一腿独立，提另一膝，小腿自然下垂。以踝为中心转动，脚尖由外而后、由内而前画平圈。

2. 刁松功（内旋平圈）

动作要领同前，脚尖转动方向与前式相反。

3. 泼松功（外旋立圈）

要领同前，以踝为中心转动，脚尖由外而下、由内而上画立圈，犹如用脚面向外上侧泼水。

4. 扬松功（内旋立圈）

要领同前，脚尖转动方向与前式相反，犹如用脚面朝内上侧扬尘。

5. 奔松功

一腿独立，一腿提膝，小腿自然下垂，以踝为中心，脚前掌由下而后下踏，由上而前抬脚尖画立圈，犹如用脚尖踏脚蹬转动使自行车前行，循环往复。

第三节 太极抽丝功修炼

一、抽丝功概念

现有的太极拳论著对太极拳抽丝功介绍不多。

抽丝功是太极拳功法中一个极为重要的内容。先师杨式太极拳大师田兆麟先生在教学中极重视抽丝功的讲解和示范，他指出："抽丝者，即运劲如抽丝之谓也。"就是说，太极拳劲在身内的运行要如浮云若流水，缓细绵长，行气如九曲珠，无微不至。先师吴式太极拳大师吴图南先生在教功中也非常注重抽丝功的修炼，他经常告诉学生："抽丝两个字见于王宗岳的《太极拳行功心解》里，这是个比喻。"他说："太极拳运劲就同抽丝一样，如抽猛了，丝就断了；抽得不合适，丝又抽不出来。这是比喻练太极拳劲，不能够过强，也不能过弱，要恰如其分。"这说明练太极拳劲要像抽丝一样，出丝绵绵，入丝微微，缓徐绵长，细微流畅，绝不能努气鼓劲、运气贯劲地猛练硬练。实际上，练劲即练气，运劲为行气，行气如九曲珠，运气如抽丝。我们把这种行气运身、运气如抽丝的功法称为“抽丝功”。所以太极拳宗师杨澄甫先生说：“运劲（气）如抽丝，皆言其贯串一气也。”

二、抽丝功（劲）内涵

《太极拳行功心解》为抽丝功的理论基础和实践指南。

田兆麟先生进一步阐述抽丝功说：“按抽丝二字，非仅指缓徐直拉而出，因直拉而出，弗论如何缓徐，绝不能绵绵不断。其实抽丝二字，乃指旋转出入，如来复线之螺旋形也，出为顺抽，入为逆抽，一切运劲，概不外乎此顺逆二抽，即两仪之谓也。其顺抽乃由足至于手指之抽，其逆抽乃由手指回归足之抽，其路线即左足右手、右足左手。凡太极拳之运劲，无一不在此顺逆抽丝之中。以方位言之，即为十二抽丝，倘无之，即外形虽圆走圈动，而内中之劲仍是直劲，有失太极之义，不能发生以小胜大、以轻制重之功用。”由此文字可知，抽丝要缓徐和绵绵不断，“以心行气”。

《行功心解》说：“以心行气，务令沉着，乃能收敛入骨；以气运身，务令顺遂，乃能便利从心”“行气如九曲珠，无微不到”“周身节节贯串，无令丝毫间断”“上下前后左右皆然，凡此皆是意，不在样式而在气势，不在外面而在内”。说明抽丝不在外而在内，以心行气，以气运身，行气若抽丝，运劲即运气，练气即练劲。

《行功心解》又说：“一举动，周身俱要轻灵，尤须贯串，气宜鼓荡，神宜内敛，无使有缺陷处，无使有断续处，无使有凸凹处。”说明太极拳的每一动作都要神敛气聚，轻灵而内气鼓荡，且一线贯串，处处气势饱满，即左抽无缺，右抽无陷，进抽不凸，退抽不凹，大抽有续，小抽无断，这样才能产生以小胜大、以轻制重的效果。

《行功心解》再说：“其根在脚，发于腿，主宰于腰，形于手，由脚而腿而腰，总须完整一气。”说明抽丝起源于脚而又归于脚。顺抽由脚而腿而腰而手，逆抽由手而腰而腿而脚。内气既鼓荡而又旋转出入，形成螺旋形。其动作非双顺即双逆，或一顺一逆。如果有一动作，既非顺又非逆，则此动作为直来直去，不能称为太极拳之运劲。实际上顺抽为阳、为开、为吐、为放，逆抽为阴、为合、为吞、为收，即太极两仪之谓也。

《行功心解》进一步说："运若抽丝处处明，全身意在精神不在气，在气则滞，有气者无力，无气者纯刚""似松非松，将展未展，劲断意不断，藕断丝亦连"。说明更高层次的修炼不能执着在"气"上和"劲"上，因为有劲者僵，有气者滞，无劲无气者纯刚。此时的太极拳运劲（气）可达到既有似百炼钢之刚，又有似绕指之柔。

田兆麟先生又说："为太极拳之基本动作，无之则不能称为太极拳也。如左抽右抽、大抽小抽、进抽退抽、里抽外抽、上抽下抽、顺抽逆抽，此即十二抽丝也。"意思是说，太极拳的一切运劲、一切行功走架无不在此十二抽丝之内。例如太极拳十三势中的掤、捋、挤、按、採、挒、肘、靠八法与进、退、顾、盼、定五行，在推手中必须灵活应用，但均在十二抽丝之中。田兆麟先生继续分析："掤为八法之首，太极拳走架子及推手无一时能离开此掤劲，即谓太极拳为掤劲拳亦无不可也。掤为向外向上之动作，乃顺抽丝，居于上面而向圈外，位在人手之下为进、为攻、为开、为放，属于阳。考掤劲之根本，系生于弹劲，而弹劲之由来，又生于气功，气能贯串蓬勃于内，如橡皮之带，故有弹性方可为掤。如掤劲不充乃内气之不足，则无弹性，自缺节节贯串之功，故掤劲为太极拳之主要之劲也……捋为掤劲反方向之劲，捋劲往下而向圈内，故掤劲居于人手之下时为多，捋劲居于人手之上时为多，捋为向内向下之动作，乃逆抽丝，为退、为守、为合、为收，属于阴。故掤捋两劲应随时倒换，捋中亦应有掤，方不至将对方之劲捋入自身。"可以看出，其他六法、五行等也不外乎顺逆两抽。可以说，杨式太极拳和吴式太极拳的拳架中，无一式不在这十二抽丝之内。

以上论述，给我们带来许多启发。掤劲应表现为形于手而掤于内，因内气充足而有弹性。观察现在社会上的推手，比赛双方两手强劲如棍，强杵、硬推、互相顶牛，就是因为没有深厚的内功修为。

三、抽丝功修炼

太极拳的抽丝功修炼是最好的养生修炼法之一。抽丝功修炼可以沟通人体全身经络，加速气血循环，提高细胞和组织器官的摄氧能力，促进细胞的新陈代谢，实现吐故纳新，增强肺功能，提高人体免疫力，增强五脏六腑功能，实现养气养神，有病治病，无病健身，延年益寿。

抽丝功修炼，以无极静桩修炼为基础，在内气充实、底气充足的条件下，以无为法为纲进行有为练，可实现真气如蚕吐丝，绵绵不断，运于正中，故抽丝功亦可谓练内松、内通、内空的松功，目标是“体内松空通”。

放松入静，“致虚极，守静笃”，然后气沉涌泉，万念俱无，一灵独现，则两脚底会微微发热、发麻。以心引气，以气运身，循经运行，由脚而腿而腰，气贴背运，抽丝再至手，气丝微微，如滔滔之流水绵绵不断，取之不竭。抽丝功修炼以涌泉为秘要，起于涌泉，源于涌泉，而又归于涌泉。

抽丝功修炼的动作是由神和内气主导而带动的，符合“神主明，气主动，腰主形”，身不妄动，念不妄意，是在无极静桩功修炼基础上的顺逆抽丝修炼。

（一）双顺双逆抽丝修炼

两脚平行站立，两上肢沉肩坠肘，竖掌，劳宫朝前，两眼平视，神内敛，神虚灵，两会一点一垂线，立身中正安舒，松胯松腰，正项竖脊之后，静定片刻，太极静极而动，周身之气下沉涌泉。涌泉内气反射而上，如抽丝般由脚而腿而腰脊，经九节而循督脉升至泥丸和两手劳宫，两手随气之鼓荡旋转而伸开，表现为吐、为放、为开、为阳，此为顺抽丝。到定式后，动极而静，由太极复归无极。这个顺抽丝源于涌泉。

静定片刻后，静极而动，泥丸、劳宫之内气如抽丝状由手而腰而腿而脚，经九节而循任脉降至涌泉。两手随气之鼓荡而回吸，表现为吞、为收、为合、为阴，此为逆抽丝。到定式后，动极而静，由太极复归无极。这个逆抽丝归于涌泉。

如此循环修炼，一个层次一个层次地提高，则抽丝内功不断增强，即“一动一静一太极，太极内功步步升，一有一无修大道，大道之修长寿路”。

（二）单顺单逆修炼

两脚前后分开，成川字步，左脚在后则右手在前，右脚在后则左手在前，修炼时形不妄动，念不妄意。单顺单逆修炼心法如上节所述。

这里以揽雀尾之按式定式为例阐明修炼之要。

以左手指扶右手大陵穴，右肢沉肩坠肘，竖掌，劳宫朝前，左脚在后，静定片刻后，太极静极而动，涌泉内气如抽丝般由左后脚而腿而腰而右臂而右手劳宫为出，左手指扶右手随气鼓荡而按出，如水之行，表现为吐、为放、为开、为阳，此为单顺抽丝。以方位或方法言，为进抽、前抽、上抽、大抽，也称丹田上手或丹田出手。

揽雀尾的捋式定式，将右手置于身前上方，左手指扶右手大陵穴，然后进行单逆抽丝的修炼。单逆抽丝的修炼以右臂斜伸在上之定式为起点，静定片刻后，太极静极而动，右手劳宫及手指之内气如抽丝般由手而臂而腰而左后脚而归于涌泉，左手指扶右手随气鼓荡旋转而下捋，如引之使落空，表现为吞、为收、为合、为阴，此为单逆抽丝。以方位或方法言，为退抽、后抽、下抽，也称丹田回收或还原。

（三）行功走架皆抽丝

在行功走架中皆可进行十二抽丝的修炼。拳架之修炼，不外乎在方位上或方法上实行左抽、右抽、上抽、下抽、里抽、外抽、大抽、小抽、进抽、退抽、顺抽和逆抽。举例如下。

（1）左右野马分鬃为左外顺抽丝与右内逆抽丝，反之为右外顺抽丝与左内逆抽丝，其方位为大抽小抽，外抽里抽。

（2）左右云手，为左右顺抽丝，其方位为左抽右抽。

（3）左右倒撵猴，为先退逆抽丝，后进顺抽丝。

（4）左右揽雀尾，为左右大顺抽丝和右小逆抽丝，再右进抽和大顺抽丝等。

（5）左右搂膝拗步，为左上进右大顺抽丝，左小里逆抽丝；反之为右上进左大顺抽丝，右小里逆抽丝。

（6）单鞭，为相分双大顺抽丝等。

其他之式以此类推。

太极抽丝功要求修炼有成，运用纯熟，达到无形无象，全身透空，通过推手实践，达到纯以神行，不思而得，才能以小克大、以轻制重、以慢胜快、以静待动、以柔克刚等，从而阶及神明。

四、推手中的抽丝功

太极推手以太极十三势“掤捋挤按採挒肘靠”“进退顾盼定”之八法五步，通过沾粘连随，在不丢不顶的情况下互相推挽，“外练身手腰腿步，内练精神意气功”。当用抽丝功使气渗入对方体内时，就可以起到按摩的作用，使双方内气都能松散疏通。太极拳大师汪永泉说过：“如果只练拳架不练推手，内气就得不到疏散；如果只练推手不练拳架，内气就得不到补养。”太极推手可以练习“听劲”，明白“懂劲”，达到知己知彼。在太极推手中，用顺抽丝使内气出劳宫及手指为“吐”、为“放”。狭义认为，出手出身皆为“吐”、为“放”，入劳宫及手指为“吞”、为“吸”。广义认为，入手入身皆为“吸”、为“吞”。吸时仍带有掤劲，可以将对方引入自己虚空处，使之落空而四两拨千斤。抽丝功的“吞”“吐”功，便似拳论所说的“哼哈二气”般妙无穷。田兆麟、吴图南及石明诸师与人推手时，对方经常像小鸡一样被牵引得左跳右跃而失去自主，有时像皮球似的不断弹跳。前辈们只“哼”的一声，对方就像断根似的被吸至跟前。被吸时，可以感到前辈的手指、劳宫及其皮肤毛孔有强大的气流将自己吸往其丹田，此时自己的意念已被控制，不能脱开。前辈只要“哈”一声，自己就像断根似的被抛出丈外。抽丝功修炼到炉火纯青时，就能达到“敌欲变而不得其变，敌欲攻而不得其逞，敌欲逃而不得其脱”的上乘功夫，学者不得不详辨焉。太极拳修炼的最高层次如《授秘歌》所指：“无形无象，全身透空，应物自然。”“无形无象，全身透空”为大道之修、太极之炼，只有先“无形无象，全身透空”，然后才能达到“应物（招）自然”。所以，在太极拳修炼中，只有形不妄动，心不妄象，以神主明，以气主动，内修抽丝功，再以顺抽、逆抽之修炼，才能实现太极阴阳转换。

第四节 大道太极丹摆功

丹摆功是大道太极功法系列中很重要的功法之一，是用来增强丹能运转和运用的修炼功法。

一、丹摆功原理

丹摆功，取意于钟表之摆，是用丹能来激发并促使肢体像钟表一样摆动，故命名为“丹摆”。钟摆的摆动非自激运动，须有能量推动才可维持。过去的钟表用发条提供能量，现多用电池，没电（能量）了则会停摆。丹摆功借钟摆原理，寓意肢体由丹能催动，如钟摆动，若没有丹能支撑，则不可维持，也不能启动。

丹摆功中肢体被摆起的实质是涌泉气呼满化清阳，上升至泥丸化于神，是丹能带动的结果。肢体下落，不是用力用意撤回，而是涌泉归无的自然结果。脚下“有”时肢体被飘起来，“没有”时自然落下。这叫有无相生，是先天丹气运转的结果，是无形无象的。

可知，丹摆功练的是丹能的运转和化神缥空。肢体是在丹能作用下摆动起来的，若用筋骨气力则皆为后天运动，非丹摆修炼。

二、丹摆功修炼进阶

（一）丹摆功修炼过程

丹能，是指涌泉丹或涌泉能。丹能从何而来？从无极静桩功修炼中逐步产生。要想使用丹能，就需要增强丹能，并通过丹能运转带动肢体产生运动。

练习丹摆功，开始用有为法，以意念引导以心想事成，即有为练，然后回归无为法。从有为练到无为法，需要较长的练习过程，纯熟之后可不思而得，丹能一运，心息形相依，肢体就能飘起，摆动频率也会更快。

双丹摆功练熟之后，再练难度更大的单丹摆功。

（二）丹摆功修炼的层次

丹摆功修炼分三个层次。

第一个层次。练习分解式动作，并且通过意念引导，将分解式动作练熟。具体方法为：用意念使气沉涌泉，双臂摆起，然后双臂自然下落。摆动次数逐步增加。长期习练可得涌泉丹能。

第二个层次。心息形相依。心、神依于涌泉呼吸，与外形动作协调配合。“息”指涌泉呼吸（又称内呼吸），涌泉能呼满，化虚入清，清阳上升带动肢体飘起；涌泉归零，能“没了”，肢体则回落下。

第三个层次。以上两个层次皆是有为练，练到一定程度后，就要返无为，即心息形相依以后，丹能转化为神能，即丹能由气化神。得神能，由神能带动肢体运动，即成神摆功（神也是丹）。此乃丹摆功之最高层次。

丹摆的次数可循序渐进，逐步增加至每次丹摆几千次。

三、丹摆功分解式

丹摆功包括“平行双丹摆”“跨步双丹摆”和“单丹摆”。双丹摆注重腹丹能到涌泉的运转，单丹摆注重涌泉丹能的上化。

大道太极丹摆功

（一）双丹摆功

按站立姿势，有两种双摆。第一种是平行双丹摆，两脚平行，两脚涌泉与肩井同宽；第二种是跨步双丹摆，两脚前后跨步立，前腿脚掌点地。

立身安舒中正，尾闾松垂，沉肩坠肘，全身放松，虚领神，神虚灵，入无极态。

1. 双臂前后双摆

手臂自然下垂，五指并拢微屈，拇指与食指轻触，合谷向前，两手劳宫相对。

涌泉呼，一吐降坤，腹丹能下涌泉，涌泉能虚返上化，入泥丸化于神，丹元场表现为吐放，带动双臂以肩为轴向正前方移，上摆至与肩平。此即双臂前摆。该动作之实质是双手随涌泉气满（即“有”）和神明作用飘起（飘手）。

然后，涌泉归无（即“没有”），气归零，神归无，双手在重力作用下自然下落，中间不施加任何肌肉力量。

重复上述步骤，双臂在内气作用下做前后摆运动。

2. 双臂外（内）旋双摆

要领同上，双臂以肩为轴，向斜前上方外旋摆画弧（内旋双摆时方向相反），摆至与肩平的同时，向后画圈松落。

3. 双臂左右双摆

要领同上，双臂以肩为轴同时向左（右）摆动至与肩平，随即自然松落。

4.双臂左（右）上旋双摆

要领同上，双臂以肩为轴，向右（左）前起臂的同时倏然向左（右）上旋摆，然后左（右）展画圈松落。

（二）单丹摆功

两脚平行站立，立身安舒中正，尾闾松垂，沉肩坠肘，全身放松，虚领神，神虚灵，入无极态。

1.前后单丹摆

一足涌泉吸，身分虚实移重心，提起另一足。归零。单腿直立，全身放松，腰胯虚开，另一腿自然垂挂。

站立腿涌泉呼满，涌泉化虚，气化浊为清上返，透三关尾闾、夹脊、玉枕或中黄直透，入泥丸化于神，带动虚垂的腿脚前摆。涌泉归零，腿自然回摆。循环往复，以涌泉丹能催动腿前后摆。

2.腿外（内）旋单摆

要领同上，只是腿向前向外、向后向内旋转画圈（内旋单摆时方向相反）。

第五节　大道太极调息功

一、呼吸调息概论

呼吸有内呼吸和外呼吸之分。外呼吸指人体通过口鼻呼吸与外界进行空气的交换。内呼吸指人体器官组织如脏腑或肌肤毛发等的呼吸。从修炼的角度，很多的流派都有自己的呼吸调息法，而胎息和涌泉呼吸最为大家认可和推崇。

胎息属于先天呼吸，胎儿在母体时，即通过肚子的收敛鼓荡来进行能量营养的交换。后天口鼻呼吸之间的一停为一息。一息松静透涌泉，触动能量的流转，形成踵息。“息”字上“自”下“心”，归自心也。停、静、定，回归本心。外缘不染，内境不生，一切放下，无我无他，静极而触动。涌泉气化浊为清，满而为虚，真气鼓荡。调息以恒，使涌泉能量满、虚、流转，就可以和外界交换能量了。

胎息和涌泉呼吸实际上是内外呼吸的结合，都是静极忘身，慢慢淡忘了口鼻的呼吸而已。修炼内外呼吸，入静调息，便如崔希范《入药镜》所言："先天气、后天气，得之者，常似醉。"

调息是佛道两家修行的重要功法，南怀瑾曾多次提到佛家的说法：意注呼吸即修行修炼，把心意注在这个呼吸上去修炼。道家的调息功比较复杂，对调息功也更为重视，道家讲心息相依，道家称一呼一吸为一息，玄妙即在于一呼一吸之间。

调息目的是心念归一。人们常常说的心猿意马，即指人的心意像猿猴一般上蹿下跳，像马脱缰一般一发不可收。而修行的方法就是"锁心猿、擒意马"，就是把心意集中在一个地方，做到心息相依。有很多用"息"修静入定的方法，如"数息法""听息法"等。道家明确提出胎息和踵息。按道家理论，胎息时，心意不落在口鼻肺呼吸，而在腹丹田；踵息则落在足丹田涌泉上，张三丰称踵息为涌泉呼吸法。

我们的太极拳既要涌泉呼吸（踵息），又要胎息，胎息和踵息结合，玄同合一。心息形的修炼，就是从有为到无为，从心想事成，到不思而得，阶及神明。

大道太极通过呼吸来进行动作的训练，动作为内呼吸和外呼吸的结合：开合，开为呼、合为吸；吞吐，吐为呼、吞为吸；收发，发为呼、收为吸；聚散，散为呼、聚为吸；伸缩，伸为呼、缩为吸；旋转，（丹摆）外旋为呼、内转为吸，等等。

二、大道太极调息法理

太极拳不是打坐，要动，动时怎么办？此时，心息相依之余还要加上形，即心息形相依。胡孚琛也提出过与道家的形气神类似的方法。大道太极修炼有几种调息法，其中最主要的就是吞吐功。吞吐功不直接关注心息形相依，而是训练涌泉发动，把手"吞"进来，再把手"吐"出去。吞吐之所以重要，在于太极拳之吞吐即开合、即收放、即聚散，将这些都包括了。吞吐功具体表现在两个劳宫口和心口的吞吐。涌泉吸，一吸皆吸；涌泉呼，一呼皆呼，形随呼吸吞吐而动，心注涌泉呼吸落在息上，达到心息形相依。

吞吐功的一吸一吐，都吸吐到什么地方？一吸即吞吸进来，升乾透中黄直通泥丸到顶；一呼即吐满出去，降坤满到涌泉。一吸一呼之间，万般俱息，什么也不做、不想，一定、一归无，与太虚合一，归于无为。

太极是个圆场，吞吐有阴阳，吞为阴，吐为阳，阴阳之间生内息，恍兮惚兮其中有物，一呼一吸飘飘然。形动不是单纯的形动，是内部的能量在流动，周围的场在寂动。一吸如痴如醉直通泥丸宫，气化神，归零神还虚；一呼心花怒放笑嘻嘻的出去，周围的场能涨满，周围的人都恍兮惚兮地跟着出去。吸回来以后，还要沉肩坠肘，松沉下去，不能吊在那儿。一动一静，其中有信、有物，无极生太极，太极生阴阳，阴阳返太极，太极返无极，成就再生还原之功，是为造化还原之修。造化是生长，生长是自然规律，这些都体现了修炼的层次。

大道太极的修炼是对形气神的修炼，从心息相依入手，是性命双修的修炼。心息相依是精、气、神的化转之道，是修性炼心之法，也是立命之路，形的修炼是在心息相依基础之上的太极之用。

大道太极性命之修，就是对精气神的修炼。一般而言，练习太极首先练形，练折叠、屈伸、开合、收缩等，只单纯修炼形体层面，其结果就会落在体上、力上、劲上；想要落在气意上，就要关注怎么产生气，怎么用气，要意导到哪儿，气就跟到哪儿，落在后天意气上，这就是“意气用事”的本意。大道太极强调修静后的真气流布，真气要通透灵动，汇经注脉，逐渐真气满满，有能量密度，并可化气为神。

意气用事是不可能跨越到炼气化神的。

化神的秘密在涌泉，脚底要虚化，脚底不虚化则气不入清，就到不了神。呼气长、吸气长，调气深、长、细、慢、匀，到最后气有多长就不知道了，好像不用呼吸了。调气要跟形相合相依，其间最玄妙的地方，是一呼一吸之间，一呼一吸为一息，这个息就是信息能量，能量交往、交流、交通。息就是停息，就是呼吸停下来。吸……息，抓闭握固，宝瓶气，呼……放松。气息越长身体越静，气息越松越好，停息闭气越长越好，如此练习，最后可得到并增强涌泉丹能，涌泉丹能是从腹丹能量而来的。年轻人可多练宝瓶气。

老子讲“握固”，什么是握固？婴儿小的时候，手是一直团着的，手四指团握着大拇指，这就是握固。婴儿握固的时候，是很难扒拉开的，即使强行让其松开，一会儿就又握固了。握固就是闭息、密气，是养息而不是憋气，因憋气而导致青筋暴起就不叫修炼了。我们的吞吐功也是一样，修炼时要做到养息，吞……握固，吐……放松。

三、呼吸吞吐功的太极实践

心想事成，这是有为的无为，无为的有为。如是渐增。吞吐是在“漂飘缥”态下吞吐，漂忽忽的出去，动漂、静漂，飘忽忽的还虚。吞吐功熟练以后，吞吐功就可以用在太极拳上、用在推手上，飘手打拳、推手。

首先讲一下呼吸吞吐在太极拳架中起势（两手起掤）的应用。

两脚涌泉与肩井同宽，归到无极状态下，脚底下虚掉，涌泉呼，一呼不够可再呼，两手慢慢飘起，与肩等高，归零，自由落体掉下来。抬起、掉下来……这个太极起式可以多次练。

涌泉呼，两手慢慢飘起，与肩等高，归零，一吸到脚后跟，归无，开背，归零，脚后跟漂起。一吸，把手往鼻子那儿吸，归零，恍兮惚兮。一呼，沉肩坠肘，肘落到两肋，两手掌向前，归零，恍兮惚兮。一呼，劳宫朝外，不是手动，是内部能量在动，两手慢慢推出，与肩平，归零，恍兮惚兮，此时不想呼，也不想吸，万般俱息。一吸升乾，透中黄气到泥丸，沉肩坠肘，两手立于胸前，放松归零，劳宫一吸到夹脊，夹脊珠子往外一开，一呼，亮肘，两臂成平按式。

前面讲的抽丝功，是通过有为法内练“体内松空通”，像蚕宝宝吐丝，建立身体中空如丝的能量的路线。但丹田抽丝到手，涌泉抽丝到手，还属有形，落在“心息形”相依就无形了。能量有了，能量的路线也通透了，推手搭手只要合一，沾粘连随即皆在其中。一吸，不是手将对方带回来，而是能量吞带对方回来；一呼，不是手将对方推出去，是能量吐放对方出去。回来出去都是玄同的，无形无象，无架无式，也无纷扰，人只是在修炼，修炼自己。能量越来越通透，越来越大，两个人一搭手就粘连耦合，有能量且通透，双方就能耦合，完全合一。

大道太极最重要的要求有两个，一是静中漂，无极静桩静中漂；二是动中漂、神抖法，什么动作都是漂态，举手走式是漂态，拳架是漂架，接手是漂空的，归无还虚，出手无手。这些都是基础。所以除了吞吐功中，除了定式吞吐功，还有活步吞吐功。

站桩、丹摆、吞吐、神抖是大道太极不外传之密。

修炼还虚，还虚就可以漂了。先随意推挽，掤捋挤按，翻来覆去，正着练反着练。熟练以后，接手心念一沾，沾着就不丢、不脱，粘着随便掤捋挤按，对方就飞出去了。一搭手就掤浮你起来，一搭手就捋你虚起，一碰我手，你就被挤弹出去，我一按，你就飘移出去。这就是一层层提高的掤捋挤按、沾粘连随的调息功。

四、大道太极调息功解析

大道太极调息功

（一）吞吐调息功

两脚平行站立，两涌泉与肩井同宽，入无极态。

双涌泉呼，气息深、长、细、缓、匀，一吐降坤，腹丹能下涌泉，涌泉能虚返上化，入泥丸化于神，带双臂向前向上飘举到与肩同高，双手劳宫朝下。归零养息，回无极态。

双涌泉吸，气息深、长、细、缓、匀。一吸升乾，涌泉内气吞入泥丸，丹元场能变空，带动双臂双手回至胸前，对外表现为吞。归零养息，回无极态。

双涌泉呼满，气息深、长、细、缓、匀，涌泉内气虚返上化丹元场，场能满，带动双臂双手，劳宫朝外，两手慢慢推出，至与肩平。对外表现为吐。归零，恍兮惚兮，此时不想呼，也不想吸，万般俱息。

重复吞吐，次数可按 9 的倍数递增。

（二）开合调息功

两脚平行站立，两涌泉与肩井同宽，入无极态。

双涌泉呼，带双臂飘举到与肩同高，双手劳宫相对。归零养息，回无极态。

双涌泉呼，气息深、长、细、慢、匀，涌泉能上化入泥丸化神，丹元场能飘带两臂慢慢向身体两侧展开，展到身体两侧与肩平。归零。

双涌泉吸，将两手臂从身体两侧吸回到两手臂水平向前、劳宫相对的状态，气息要深、长、细、缓、匀。归零。

重复开合，次数可按 9 的倍数递增。

（三）抓闭握固调息功

两脚平行站立，两涌泉与肩井同宽，入无极态。

双涌泉呼，带双臂飘举到与肩同高，双手劳宫朝下。归零，回无极态。

双涌泉吸，将双手手指慢慢吸合，成空握拳状，拇指食指相搭成环。抓闭过程气息深、长、细、缓、匀，然后握固守气 2 ~3 秒钟。归零养息。

双涌泉呼满，涌泉能上泥丸化神，同时舒张双手，展掌掤指，指梢麻涨。涌泉呼过程气息深、长、细、缓、匀。归零养息。

重复开闭，次数可按 9 的倍数递增。

（四）腰腹折叠调息功

两脚平行站立，两涌泉与肩井同宽，入无极态。

双涌泉呼，带双臂飘举到与肩同高，双手劳宫朝下。归零，回无极态。

涌泉吸、敛脐，气息深、长、细、缓、匀，腰腹部因吸合而前折，松缓弯腰，过程中保持双手臂前伸。折叠至胸、臂平行于地面，归零。

双涌泉满，丹能虚开尾闾、腰脊椎，节节贯穿，带动双臂、头项向前伸展。归零。

涌泉呼，腹丹下涌泉，真气从涌泉冲尾闾、夹脊、玉枕冲延督脉，或中脉直冲上泥丸，腰脊椎骨节节穿直，从折叠到直立。过程中气息深、长、细、缓、匀，保持双手前平举。归零。

涌泉呼，飘举双臂从平举到上举，保持直立。归零。

涌泉吸，气息深、长、细、缓、匀，一吞升乾，涌泉能上入泥丸，真气带动腰腹部吸合而向后折叠，双臂保持伸举与头颈平行。向后折叠到一定程度，归零入无极。

涌泉满，以内气使背脊、双臂、头项、手指尽量后张展开。归零。

涌泉呼，腹丹下涌泉，真气上冲，腰、脊椎节节展直，变后折叠为直立，双臂上举，劳宫朝前。归零。

涌泉吸，双臂从上举回到平举，身体保持直立。归零。

重复前后折叠，次数可按 9 的倍数递增。

（五）腰部左右折叠调息功

两脚平行站立，两涌泉与肩井同宽，入无极态。

双涌泉呼，带动双臂从身两侧飘举到与肩同高，双手劳宫朝下。归零，回无极态。

左涌泉吸，内气催动右侧腰脊展开，腰向左侧折叠，带动右臂上抬，左臂下降，直到左手指指地，右手指指天。归零。

左涌泉满，使双臂极尽外展。归零。

右涌泉吸，左侧腰脊展直，放松直立，双臂一字平举。归零。

腰部右折叠要领同上。

重复左右折叠，次数可按 9 的倍数递增。

（六）捧气贯顶调息功

站姿同上式，两臂一字平举劳宫朝下。

敛脐同时双涌泉吸，内气收敛，带转两手劳宫向上。归零。

涌泉满，真气从涌泉冲尾闾、夹脊、玉枕冲延督脉，或中脉直冲上泥丸，腰脊椎骨扩张，节节虚开，两臂两手极尽外展。归零。

涌泉吸，带动两臂上拢，捧气到头顶，再贯顶入百会内，慢慢使气由头到胸，双手合掌，气随之下到膻中，继而汇入丹田。归零。

稍顷，两手从丹田自然松垂至身体两侧。稍定，出桩。

注意，所有的呼吸调息功，都要求气息细、长、深、慢、匀。

第六节　大道太极单操功

一、概说

单操功是大道太极拳功法体系中个人单独练习的“着功”。拳论曰“由着熟而渐悟懂劲，由懂劲而阶及神明”，单操功正是个人单独进行的把特定的“着”练熟的功法。

单操功包括搂膝穿掌手、白蛇吐信手、活步搬拦捶、活步弯弓射虎手、活步摆莲手、探海桩、摇辘轳、倒撵猴、四方步、梅花桩、肩圈、腰圈、胯圈等。限于篇幅，此处仅介绍搂膝穿掌手、白蛇吐信手、活步搬拦捶、活步弯弓射虎手、活步摆莲手这几个单操功。

二、功法解说

单操功是重在单独练习的“着功”，遵循大道太极拳功法体系的练功要求。

练习过程由脚而腰，形于手梢，节节贯穿，注重训练肢体整体性、协调性、灵活性和敏捷性，双手的收发、步法的进退均与呼吸吞吐相合，身体移动自如，吞吐相变。动作节奏可快可慢，可因人肢体条件和呼吸情况而定。

“非用力之久，不能豁然贯通焉”，故需下功夫不断操练，日练不辍。通过反复练习，由“着熟”而体悟，功夫上身，再配合以无极静桩功、拳架功和推手功等修炼，可渐悟“懂劲”。

三、动作解说

大道太极单操功

预备式：以下单操动作均从预备式开始。面南站立，两脚涌泉与肩井同宽，两手自然下垂，指尖向下，成无极预备式，如图 3-24。

收功时则两手胸前相合、指尖相对，两手自然松落，回到无极式，仍如图 3-24。

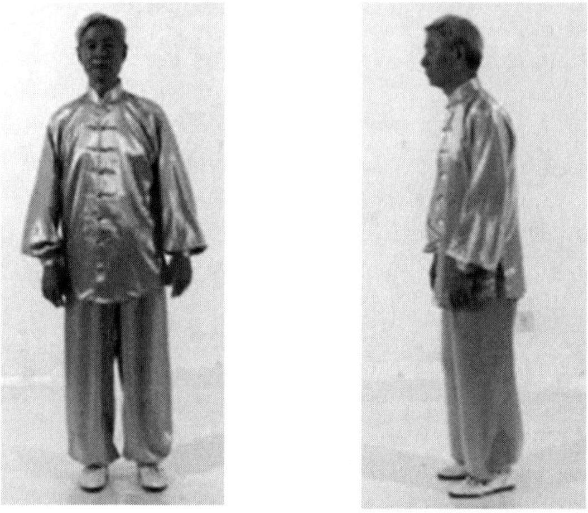

图 3-24　预备式

1. 搂膝穿掌手

搂膝穿掌手分定步搂膝穿掌手和活步搂膝穿掌手两种练法。

定步搂膝穿掌手动作分解如图 3–25a~h 所示，动作顺序如下。

（1）预备式，如图 3–24。

（2）右脚向前成右弓步，同时右手自然成掌，向前过膝盖沿弧线弓步穿掌，左手成掌，向身后沿弧线上举，如图 3–25a~b。

（3）右手翻掌，左手成勾手回至耳门，如图 3–25c。

（4）身体后移成左坐步，同时右手自然沿弧线下落，左手成掌，向前过膝盖沿弧线坐步穿掌，如图 3–25d~f。

（5）左手翻掌，右手成勾手回至耳门，如图 3–25g。

（6）右脚向前成右弓步，同时右手自然下落成掌，准备向前过膝盖沿弧线弓步穿掌，左手成掌，准备向身后沿弧线上举，如图 3–25h。回至第（2）步起始动作，重复图 3–25a~h 动作。

（7）从预备式开始，换左脚向前成左弓步，注意右弓步时从右手搂膝穿掌起始，左弓步时则从左手搂膝穿掌起始，另一手相应为坐步搂膝穿掌，动作与前述相同。

活步搂膝穿掌手只需在定步搂膝穿掌手动作基础上交换左右弓步，手法不变，前后移动脚步，可连续进，可连续退，也可以进退交叉进行，可快可慢（若快进或快退，两脚宜垫步行进），手脚上下协调自然，循环往复。

a　　b　　c

图 3-25　定步搂膝穿掌手

2. 白蛇吐信手

白蛇吐信手分定步白蛇吐信手和活步白蛇吐信手两种练法。

定步白蛇吐信手动作分解如图 3-26a~i 所示，动作顺序如下。

（1）预备式，如图 3-24。

（2）右脚向前成右弓步，同时右手上提过胸、口成掌，向前沿弧线穿掌吐信，左手成掌，向左上方圈捌，两手相合，以腰带手，左手护己，右手吐出，如图 3-26a~b。

（3）身体后移成左坐步，以腰带手，左手护己，右手吞回，左手向外圈捌，如图 3−26c~d。

（4）身体前移成右坐步，左手自外向内圈捌上提过胸、口成掌，向前沿弧线穿掌吐信，右手向下向右侧上方圈捌，两手相合，以腰带手，左手吐出，右手护己，如图 3−26e~h。

（5）身体后移成左坐步，以腰带手，左手吞回，右手护己向外圈捌。如图 3−26i。

（6）身体前移成右弓步，右手自外向内圈捌上提过胸、口成掌，向前沿弧线穿掌吐信，左手护己向下向左侧上方圈捌。回至第（2）步图 3−26a，开始新一轮练习，重复前面动作。

（7）从预备式开始，换左脚向前成左弓步，注意右弓步时从右手穿掌吐信起始，左弓步时则从左手穿掌吐信起始，另一手相应的为拗步穿掌吐信，动作与前述相同。

活步白蛇吐信手只需在定步白蛇吐信手动作基础上交换左右弓步，手法不变，前后移动脚步，可连续进步，可连续退步，也可以进退交叉进行，可快可慢（若快进或快退，两脚宜垫步行进），循环往复。

a　b　c

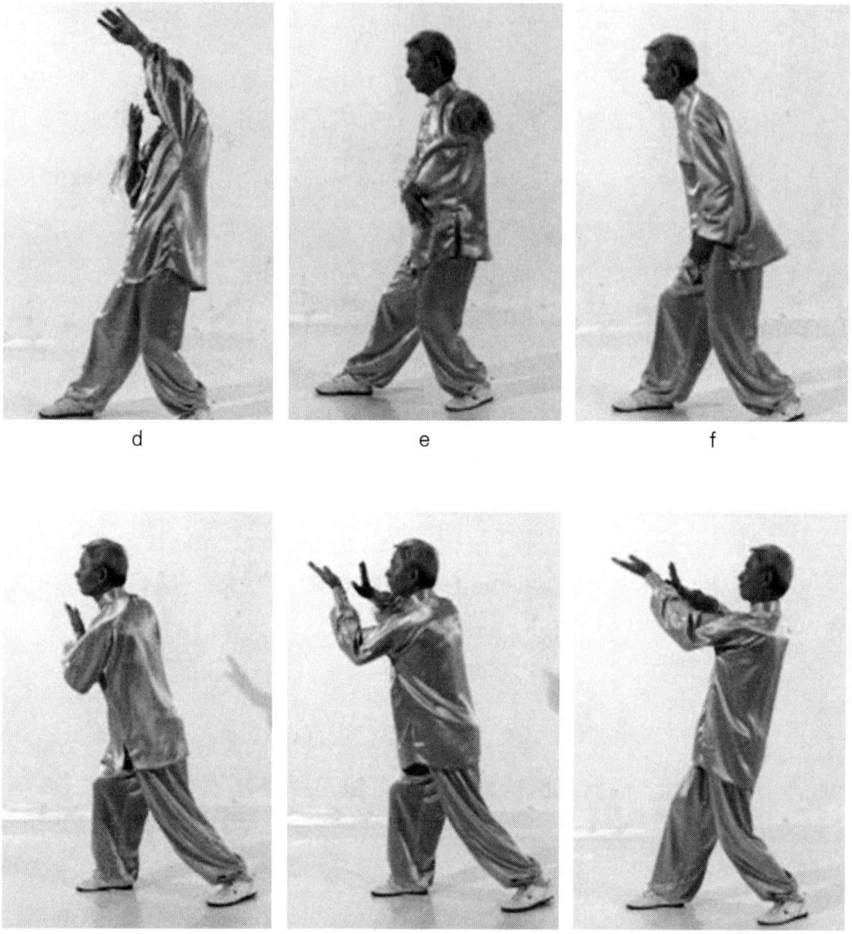

图 3-26　定步白蛇吐信手

3. 活步搬拦捶

顾名思义，活步搬拦捶只有活步练法，动作分解如图 3-60a~h 所示，动作顺序如下。

（1）预备式，如图 3-24。

（2）左脚向左横开一步，右脚向左脚东南方迈步，同时左脚继续横开一步跟进，成右斜弓步，同时左手向外向内弧形圈捌拦，以腰部旋转带右手由掌变捶由内向外搬，两手上下相合成右搬拦捶，如图 3-27a~d。

（3）右脚回撤，向右横开一步，身体右转，左脚向右脚西南方迈步，同时右脚继续横开一步，成左斜弓步，同时右手由外向内弧形圈捋拦，以腰部旋转带左手由掌变捶由内向外搬，两手上下相合成左搬拦捶，如图 3–27e~h。

（4）左脚回撤，向右横开一步，回至图 3–27a 起始动作，其他动作同第（2）步，重复前面动作，左右活步搬拦捶交替进行，循环往复。

a　b　c

d　e　f

g

h

图 3-27　活步搬拦捶

4. 活步弯弓射虎手

顾名思义，活步弯弓射虎手只有活步练法，动作分解如图 3-28a~h 所示，动作顺序如下。

（1）预备式，如图 3-24。

（2）左脚向左横开一大步，身体微左转，右脚向左脚前方迈步，成右斜高弓步，同时翻身右转腰，左右手向左向外向内斜上方弧形圈挒回转握拳成射虎状，两手上下相合，以腰带手成右弯弓射虎手，如图 3-28a~c。

（3）右脚回撤，向右横开一大步，身体微右转，左脚向右脚前方迈步，成左斜高弓步，同时翻身左转腰，左右手向右向外向内斜上方弧形圈挒回转握拳成射虎状，两手上下相合，以腰带手成左弯弓射虎手，如图 3-28d~h。

（4）左脚回撤，向右横开一大步，回至图 3-28a 起始动作，其它动作同第（2）步，重复前面动作，左右活步弯弓射虎手交替进行，循环往复。

图 3-28　活步弯弓射虎手

5. 活步摆莲手

顾名思义，活步摆莲手只有活步练法，动作分解如图 3–29a~h 所示，动作顺序如下。

（1）预备式，如图 3–24。

（2）右脚向前上步成右弓步，右手由内向外，左手由外向内，以肩带手，两手画圈，右手下左手上，成右摆莲手，可重复多次，如图 3–29a~c。

（3）左脚向前上一大步成左弓步，同时左右换手，左手由内向外，右手由外向内，以肩带手，两手画圈，左手下右手上，成左摆莲手，可重复多次，如图 3–29d~h。

（4）右脚向前上一大步成右弓步，回至图 3–29a 起始动作，其它动作同第（2）步，重复前面动作。左右活步摆莲手交替进行，可连续进步，可连续退步，也可以进退交叉进行，可快可慢（若快进或快退，两脚宜垫步行进），循环往复。

a

b

c

d

e

f

g

h

图 3-29　活步摆莲手

第四章

大道太极义理详释

第一节　虚静松空、返无归零是根本

（按：2017 年 4 月 16 日上午，黄老师在大道太极内部交流会上，对大道太极理法体系进行了全面细致的阐述，玄奥义理，如庖丁解牛，层层刨析，次第分明，视角新颖，易于理解，尽揭不宣之秘！很多人听后有醍醐灌顶，茅塞顿开之感。本篇是根据黄老师讲话内容整理而成，所以呈现语言化风格，内容虽与前章互有涵盖，但不可或缺，实乃大道太极义理的深层阐释。）

太极拳及其文化博大精深，是我国传统文化的结晶。当太极拳注重武术层面，则为太极武术；当注重向太极文化的升华，则归于太极武修；当注重性命之学，则归于道修。在历史的发展过程中，太极拳的武术属性逐渐减弱。

太极拳源于道家，归于道家的修炼是根本方向，所以将太极拳由一般的“形、招、术、劲”层面的“锻炼”升华为“精、气、神”层面“心息形”合一的“修炼”，太极拳就称“大道太极拳”。

一、何谓道？何谓大道？

老子《道德经》中说：“人法地，地法天，天法道，道法自然。”说明宇宙天地之间的万事万物都要归于道，而道归于自然，自然者，自自然然，自然而然，天然而然，可知“道”合于自然之律。

《道德经》中又明确指出，“天下万物生于有，有生于无”“有无相生”。当把“道”的概念引入人类生命之学时，就称为“大道”之学。因为人类的生命也是由无而生，然后遵循“生长衰亡”之律。研究人类生命规律，特别是抗衰延生的学问，就是修道的根本任务。对人而言，世界上最宝贵的是生命，而生命只有一次，延长生命并提升生命的质量，就可以对社会做出更多、更大的贡献。

道家的修炼理念是最积极的，不修来世而求本世，提出“我命由我不由天”。所以司马迁在《史记》中记载：“老子以其修道而养寿也。”道家以《道德经》为修炼理论基础，而传承了几千年的内丹术是最有成效的，被称为“金丹大道”。

将老子的修道原理引入太极拳，实现“以拳载道、拳道合一”的修炼，称太极拳修炼；将“太极丹道”和“太极拳道”相融合的修炼，称大道太极拳修炼。

二、何谓虚？

虚者，虚无也，虚空也，虚寂也，虚静也，虚灵也。

《庄子·人间世》中云：“唯道集虚。虚者，心斋也。”心斋是修心的功法，指心不逐外，息虑，心虚也。息虑是修心虚的功夫，心里一丝不存，一丝不挂，清清明明，乃至虚也。

《道德经》中所言“致虚极，守静笃”，即为“唯道集虚”的功夫。李道纯的《炼虚歌》中曰：“为仙为佛与为儒，三教单传一个虚。亘古亘今超越者，悉由虚里做工夫。”可见虚字功夫何等重要！

《修真全指》更进一步指出“不合虚无不得仙，能到虚无可炼丹”。道书《唱道真言》指出练虚的方法：“至若炼虚，要胸怀浩荡。”

以上这些基础概念，有助于揭示练虚的重要性及其方法。同理，“心虚”可以引申到“身虚”“神虚”“气虚”等方面。

三、何谓静？

身形不动，一念不生谓之静。

《道德经》中有：“夫物芸芸，复归其根，归根曰静，静曰复命。”可见世间芸芸万物，都必须归根复命到静。静是根本，静是起源，也是归宿。

如何快速入静？

第一步：身不动。把身形调好，调正调直，称“端直其体”，再松落其架，神领肉降，全身放松，中正安舒，称“堕肢体”，将肉体安顿妥当。

第二步：心不动。关闭耳目，外想不入，内想不出，念头不起，即为调心，让精神安顿舒服。

第三步：站忘（或坐忘）。《庄子·大宗师》曰：“堕肢体，黜聪明，离形去知，同于大通，此谓坐忘。”停用肢体，放下架子，关闭耳目，出离超脱躯体，忘己忘身，去欲去智，心归虚静，得大通体。

四、何谓虚静无为？

《听心斋客问》一书中说：“客问虚静无为。曰：心归虚静，身入无为，动静两忘，到这地步，三宫自然升降，百脉自然流通，精自化气，气自化神，神自还虚，不必去安炉立鼎，采药物，看火候，而所谓三元八卦、四象五行，悉在其中。”这说明了虚静和无为是何等的重要。只要修心虚静，元气自能始发，元神不受干扰而自然神气相合，河车运转，周天通达，自然进入炼气化神等修炼阶段。

五、何谓松？

松者，不紧也，不紧张，不拘谨，不严密。

松者，宽松、蓬松、轻松、舒松、灵松、空松也。

六、何谓放松？

放松即放下、松开，使紧变松（松适），使拘变畅（松畅），使僵变活（松活），使刚变柔（松柔），使硬变软（松软），使躁变静（松静），使结变散（松散），使浮变沉（松沉），使闭变开（松开），使笨变巧（松巧），使塞变通（松通），使严（实）变虚（松虚、松空）等。

七、何谓松功？

松功即放松的功夫，也是放松的能力。包括静态下的放松能力、动态下的放松能力以及有载荷干扰下的放松能力，还包括松解和松化的能力。

静态下的放松能力，指在静态时，能松得快、松得稳、松得透、松得干净，包括局部松和整体松。

动态下的放松能力，指在做动功时，能松得快、松得稳、松得透、松得干净，包括局部松和整体松。

在有外界载荷或干扰下的放松能力最难得。例如，在双方推手时，一定有对方的载荷或对方的进攻干扰你的平衡，此时除了必须具有松快松静的放松基本功外，还必须具有抗干扰的松解和松化的能力。

这些能力必须通过松功及推手的训练才能获得。

八、放松的实质是什么？

放松修炼的实质是松开、松空和松通，其放松修炼的步骤有三个层次，一是“肢体松柔软”，再就是“体内松空通”，最后是“全体虚空无”。

九、何谓无？

老子《道德经》在第一章总纲中，首先提出了“无”和“有”的概念，“无，名天地之始；有，名万物之母”。《道德经》又指出：“天下万物生于有，有生于无”“有无相生”，可知天下万物生于无，又复归于无。那么，何谓无？

无者，虚也。虚无、虚空、虚寂、虚静。

无者，空也。空无、空明、空灵。

无者，静也。静虚、静寂。

无者，无形无象、无我无他、无天无地、无来无去、无欲无求、不增不减、不垢不净，归道也。可知，“返无”是修炼之根本。

十、何谓归零？

归零就是返无。在太极拳修炼中，归零是再生的原动力。首先是心态归零，然后是功态归零，表现在无极静桩功中，就是先让心归零，无欲无求，无思无虑，头脑清醒、冷静，神虚领（灵）而气下沉，形无极而忘己。在行拳修炼中，始终要贯彻“造化—还原”之修，即一式一太极，一式一归零，式式由零起。

第二节 大道全凭静中得，太极全在松中求

《韩湘宝书》直截了当指出："大道全凭静中得，岂在贪谋意外寻。"这个"静中得"是什么意思呢？就是要打坐、静站，做静功。

不专门静坐，不专门站静桩，不可能得大道。光打太极拳，一动到底，只是动功。其实在打拳中我们都知道要动中求静，动中求静指在动的过程中，也要动中归静。有人说，"一套拳够了，不用练什么了"，这不对，这偏离道了，不全了。所以修大道是一定要专门修静的，要么静坐，要么静站。

静站桩有很多种，究竟什么桩最适合大道？现在有很多种桩，比如马步桩、浑圆桩、三体桩，还有单腿桩如金鸡独立桩等，但是我认为，无极静桩功是最符合大道的修炼的，是大道太极修炼的不二法门、无上妙法，因为无极静桩功完全符合儒、释、道三家修炼之旨。

要静，首先是要肯放下，把心放下，把架子放

下，把欲念放下，还有把练武求功之念放下。如果什么都放不下，心放不下，亲情放不下，事业放不下……那还静得了吗？所以《了道歌》说“先将世事齐放下”。

静以外还须“忘”，要忘了一切，忘了名利，忘了欲望，忘我忘他，忘天忘地，忘身忘心，无欲无求，无形无象，然后感觉浩然一气与太虚合一，是谓真清净。陶渊明的《饮酒》这首诗道出了此清净境界：“结庐在人境，而无车马喧。问君何能尔？心远地自偏。采菊东篱下，悠然见南山。山气日夕佳，飞鸟相与还。此中有真意，欲辩已忘言。”这个“此中有真意，欲辩已忘言”，就是思想里所有乱七八糟的东西和干扰都没了，讲的就是一个“忘”字。

还记得我们常念的披云真人的那首诗吗？诗曰：“柳荫边，松影下，竖起脊梁诸缘罢；锁心猿，擒意马，明月清风只说长生话。”心猿指心里杂七杂八的东西，意马指各种意念奔腾不收。把心猿锁起来，把意马拴起来，于世事无涉，只修炼，只研究“长生”，才能入静。这样当你修炼有素以后，工作效率就会提高，你要搞事业，做事情的时候，脑子会特别清静，精力特别充沛，原来一两个月才能完成的任务，现在一两个星期就能完成了，这是修炼带来的“副产品”。修炼的主要作用是提高人的生命质量，并向修道养寿的层面不断升华。

我们在进行太极拳修炼时，在静功中除了入静，还要不断放松。因为入静必须放松，放松有助入静。放松是太极拳的灵魂。太极拳练到老，松到老，松无止境。在太极拳里，松得越好，太极功夫愈高，而且愈微妙。杨澄甫宗师说：“动之至微，化之至妙，发之至骤……”可见太极功夫全在松中得。

大道太极不以技击为目标，不打人，也不想赢人，只想修炼上身。要修炼就必须忘了功利，不求名禄，远离江湖纷争，只想着把太极文化引入学术研究的殿堂。

当然，在太极技击艺术中，有一些微妙的东西我们要研究，并且研而乐，乐而玩，玩而妙有。这个妙有，在道学中为真空妙有，或无中妙有。太极拳的学问博大精深，它不光是技击。我们认为技击是末技，修道才是本。当然，修道有成时，道自含技，就是说，当修道到一定层次时，里面自然就含有这个技。这个技，可以友好交流，像玩儿一样很开心，一开心，就想去追求，趣味性就有了，修炼的层次也就可以体现出来了。到了什么样的层次，就有什么样的理趣。通过搭手或推手来体现修道层次，称为推手修炼，也叫养生推手。推手修炼，可弥补不足，然后重复调整修炼方向，所以很重要。

第三节 如何松得干净，与天地合整？

一、如何松得干净？

“松”是太极拳里非常重要的一个课题。我们说，要大松特松、七松八松、一松到底、一松到顶。

大松特松，为什么这么提呢？在太极拳里，大松特松就是首先要求松得干干净净。

什么叫干净？干净是指松到心上一丝不挂，身上一丝不牵，这样就不僵了。僵是僵硬，表现为身子是个板，腿是个棒，手和胳膊是个棍。僵了，还能谈得上干净吗？差远了。一丝不挂，指脑袋里面一丝不挂。挂什么？挂我的功夫比你好，我得克你，我得把你打出去等念头。这不能挂！一丝杂念都不能挂。身上呢，一丝都不能牵，甚至连一点点的牵连都不能有，用一丝劲都不行，更别说僵劲儿了。用力用劲儿不行，全身用劲不行，局部用劲也不行，平常想都不想，这才叫干净。

有些高手，身上有多个劲源，比如说，夹脊有个劲源，腰有个劲源，胯有个劲源。他可以用腰打你，用背打你，用胯打你，这个叫腰打、背打、胯打。这样对不对呢？对。这是太极武术的高峰，但我们不提倡这样用。我们想修“整”，求“得一”和“神气转换”。

也就是说，对修炼者而言，这些点都不能去追。不追而练，才能真练。不要执着于这些。有人说我就要练内劲、用内劲，这也是执着，一执着就偏，一偏就松不干净、松不透了。我们提倡“不劲劲”。

就拿水来说吧，有污浊的水，有清澈到底的水。清澈透明，没有杂质，就叫干净。要是混杂着沙子、泥浆或其他浊污的东西时，就不清澈了，这叫不干净。

道家有句口诀：“浊阴不降，清阳不升”。只有浊阴降了，清阳才能升起。浊阴降后就清澈了，干净了。浊阴降是手段，只有浊阴降了才能得干净，干净后就清澈通畅，清阳之气才能升起。《道德经》讲“孰能浊以静之徐清？”只有静下来，浊阴降了，才会徐徐化清而清阳升。

历史上的修道者，如吕纯阳、张紫阳、魏伯阳、王重阳等，名字中都用“阳”字，都是用“阳”表示得阳能长生。炼阴化阳就是生命大道的原理。

《周易参同契》中讲：“排却众阴邪，然后立正阳。”指出首先要排阴邪，然后才能立正阳。就是说，首先要松沉，降浊阴，松干净，松清澈，松透明，像清澈泉水一样，清澈透明，这个“透”，就是松透。这样一来，浊阴就会下降，浊阴降下去后，清阳就升上来了。

我们再举个例子。假如我们跑到山边清澈的湖边，拿一个石头放在手中，然后将手置于湖面上，把手一移开，这个石头就会掉下去，从清澈的湖面，一沉到底，这就似浊阴下降。然后清阳水汽上升到湖面，产生波荡，这个波层层传播开去。水质越清澈，波便传得越远。波传得越远，说明水的介质越纯、越干净。若水里掺杂有其他东西，水很浑浊，那么波就不能够传得很远。从这个例子，就可以明白，有质有浊的东西下沉后，清阳的水汽上升产生波，慢慢地散播出去。

这是一个自然现象，也是一个科学现象。道法自然。我们人也是一样的，宇宙是一个大天地，人是一个小天地。乾是天，坤是地，小天地的顶（百会穴）是天，称乾顶，脚底涌泉穴是坤地。从乾顶到坤地，要松到像水一样清澈，这叫松的干净。

浊阴的能量下去了，清阳的能量才能上升，这叫松升。升到哪儿？到泥丸百会。这个松练过程可归于“炼气化神”阶段，化神得（阳）神，就可用神，继而就可以炼神还虚了。

水波的散开，好似佛家所说的“佛光普照”，又好似道家所讲的元神之波即“神波”。儒家圣人孔子说“神无方”，也是这个意思。由此可知，修炼松身时，首先要松沉，使这个浊阴能降下去，降到涌泉，这就是一松到底。松到涌泉，身上要松得像澄澈的水一样干净。还要松得纯，就像现在科学上讲的超导体那样，身体像内部能量通过没有阻力、没有损失的管道那样。也就是说，松到身体上没有阻力，这叫松空。能量无消耗地上升到顶，这叫松通。能量到顶，在泥丸化神。神与天合，浊阴与地合，这就是浊阴下降，清阳上升而化神，化神产阳神，阳是升的，叫升阳，升阳有助于缥空。

张三丰祖师讲敛神聚气，修炼要敛神，神要敛，气要聚。神一敛气一聚，神气相合，即是丹。什么叫丹？阴阳相合谓之丹，精气神相合谓之丹。把神收回来，把气聚在丹田。可以先在腹丹田聚能，然后转移到涌泉成丹聚能。一旦聚能到一定程度，得丹元能，丹能就要运转，其运转的过程，称河车运行。

一松到顶需要冲三关。三关指尾闾、夹脊、玉枕。

先把尾闾关冲开，然后才能开后面的。尾闾关最难松开，但很重要，尾闾不开，堵在那里就不能上下贯通。打坐时会阴关很重要，会阴关闯过了，才能通第一关尾闾。当然夹脊、玉枕都不容易开，都冲开过后就到顶了。这叫一松到顶。

对人体而言，松沉到底后，像水一样清澈，干干净净。还要松升打开三关，三关松开，在道家叫开关展窍。很多未修道者不懂，以为松沉就是一松到底，松降就是一降到底。能够松到底，松沉功夫便已很好了。松沉愈好，根基愈深，愈稳。有了稳才能轻灵，才能得轻灵功夫。在武术层面，能达到这个地步已经不错了。

但是，对我们来说，松沉不是目的而是手段，松升升阳才是目的。我们讲了，要努力地“大松特松”，在松字上下大功夫。这个放松功夫，不仅要有静态下放松的能力，还要有动态下放松的能力，更重要的，要能够在有干扰和有对抗的环境下具有放松的能力。

站静桩是练松的过程，松功、操功、打拳和推手都是练松的过程，一定要贯彻七松八松、七练八练的全方位放松。

何谓七松八松、七练八练？首先，神松，神松就是心松，指心里松、精神松、意识松，这是最根本的。其次，上松下松，指上体松和下体松，还有往上松和往下松。只知道往下松，不知道往上松，就是不懂得修炼。下松是手段，上松是目的。上松三关打不开，清阳就升不上去。所以每个关节都要开，尾闾开，夹脊开，脊柱开，颈椎开，清阳才能到泥丸。还有前松后松，左松右松，里松外松，外松筋骨皮，里松五脏经络、气道、脉道。再就是进松退松、顺松逆松、顶松底松。这样的七松八松，七练八练，才能松得全面，松得透，松得干净，松得彻底，才能松透。

在太极拳修炼中，顶松和底松是极其重要的，是关系到“灵”和“悟”的基本概念。

太极拳的灵，指神灵。太极拳的灵魂在于灵。吴图南大师常说：“不丢顶，神虚灵。”这即是指精神不败。

悟指开悟。我们常说太极拳修炼，“悟在自己脚下”。练太极拳，离不开“开悟”二字，如能够悟到了自己脚底，理解了脚底“满”“虚”“化”“返”，就离登堂入室不远了。

顶松，指头顶松。头顶松要颈竖直、展眉中、安舒元神，使泥丸、百会神虚领（灵）。

底松，指脚底板松开。脚底板的脚趾头要松舒安放，不能十指抓地。脚跟要松到能轻灵虚腾而不沉重，整个脚底板要松柔到能感受到面、线、点，要松到能感受到分毫之别。

所以大松特松、左松右松、上松下松、里松外松等这一套松功，是用来练松得松的功夫，最终目的是要松得干净。

二、如何与天地合整？

什么叫整？什么叫得整？可不能搞错了。整，不是像一块木板、像四个脚的凳子那样的整，那叫死整，表现为死块、死架。太极修炼中的整是什么整？是得一合一的整。能得一合一，就是得整。一者，扩之为圆，合之谓一。《道德经》曰："天得一以清，地得一以宁，神得一以灵。"道家言："能得一,万事毕"。那么太极拳里得一合一，跟谁合？怎么得一？

原来，这个合整，是在自体合整的基础上，跟大地合一，再跟天合一，也就是天人合一。《道德经》说"人法地，地法天，天法道，道法自然"，也就是说要得整到什么程度呢？得整到自己和天地合一。

有些人在站桩时，架着两手，蹬着马步，一摸，死板一块，就成了死桩了，这叫死整一块，没有生机。何谓生机？即生长之机，如树木那样的青翠生长的生机。为何能生长？因为它与天地合一了。

你站好桩，我将分量往你那儿一搁，你若散架子了，这就是破整。如果你用身手架住我，显出板块状况，这就是死整。如果我把裆打开，把胯往横向发展，这么一搁，两手朝前一迎地出力了，这叫顶。这些都是太极拳中的大忌。

什么叫不顶？就是全部接受对方加在你身上的分量，并通过身体的放松，将之和你的身体一起直落脚底大地。也就是说，把对方的分量和你自己的分量合起来松落到大地，这叫与大地合，与大地合一。

与大地合一了，对方的分量再大，都会落在地上。所以你要会松沉到涌泉，再降到地，即降到坤，此时大地会把分量返给对方，他会感到很重，会摁不动，并且有被起根的感觉，这就是生长的效应，也就是生机的表现。但是，大部分人都做不到。

想要一松到底，与大地合整是很难的，必须经过千捶百炼的放松修炼，才能得心应手，不思而得。我们修炼一定要首先明白松功这一基本概念，要九大关节节节松开，同时必须在修炼中悟，在悟中炼，下决心突破。

腰很重要，腰需竖直，竖直装腰，把腰装好就能中正安舒了。竖直腰装好腰，可上下合一得整，做到自身整，然后松落到底和大地得整合一。这是第一步的得整、合整。第二步，是要让对方整体和自己整体合整，并一起松落到大地，与大地合整。也就是说，让对方及对方加来的东西和自己合一，然后完全松落到大地，与大地合一，这种得整，就是与自然合一了。

马长勋先生讲“我全是脚底的功夫”。看似没有动作，实际上脚底在微妙变化。这是真的功夫，真太极的东西，是纯太极。这个微妙的东西，表现为无形无象，其中有物。马老师研究几十年，花了很多苦功，才悟到了吴家老一辈太极大师“不求功力，但求精微”的上层功夫，才能得到这些微妙的东西。反而是那些指指点点者，可能连太极的门都未摸到。

为什么马先生脚底功夫能如此得心应手呢？那就是全身松透，一松到底，本身和对方一起合整并松落到底与大地合一，然后从脚底起动后，又上升到手，再到对方脚底，产生的效果。

三、如何才能做到“彼不动，己不动，彼一动，己已到”？

太极拳论中说“彼不动，己不动，彼一动，己先到”，说的是后发先至的战术，告诫人们切忌先动、主动和妄动，要“舍己从人”。舍己从人，最终才能“由己”。

我们补充的这个“彼不动，己不动，彼一动，己已到”，强调的是听劲的问题，首先你要学会听劲这个功夫。在站静桩功时，修炼得松空虚静，你的知觉运动就极其灵敏了，就能听得很清楚很准确了。然后养成习惯，做到“彼不动，己不动”，不动时便是在听劲。

这和常人习惯不同，常人都是抢先出手，主动出击，以便一击得手。有的人会先不出击，让自己的劲先上手，然后等机会出手。实际上，劲先上手就破坏了松静状态，既听不了对方内在动向，又会很快被对方拿劲，遇到稍好点的强手，必输无疑。

只有功夫练到能知己知彼，才能百战不殆。因此必须学会既松空虚静，又能合整到地，再能将内气由脚底向上鼓荡，这样才能做到“彼一动，己已到”。

搭手时，手起来，是需要神意气一起做功的，要耗能的，当对方的手撤走了，你的手还挂在那儿，更是耗能，手掉不下去，证明你挂劲、挂能了，就松不了。这习惯是很难改的。若不挂劲，松到忘了手，手上没有东西，就叫真放松。若对方的手撤掉了，你的手就自然地也掉下去了，就是松了，这不是本能，所以要修炼，要做减法，日日减去手上能量，当减到忘了手时，就不挂能量了。

好多人手一举起来就习惯性地搁着，老掉不下去。这是什么问题？是习惯使然，是习惯性用力支撑，没能彻底大松的表现。臂手这么重，还要把它牵在那儿，怎么能通呢？只有放松到身上所有地方都能一丝不牵、一丝不挂时，才能称得上松净。

由此可知，双方搭手后，自己必须要以静待动，以无对有，彼不动，己不动，虚静松净地听对方动静。这个“彼不动，己不动”，就是他没有，我也没有。但如果对方加分量，彼一动，这时我不妄动，也不需要用劲，而劲就自动到了，这叫“彼一动，己已到”。怎么会自动“己”到了呢？对方劲一到，如果我主动抗压，这叫顶和抗，怎样做到不顶不抗呢？那就是用松功合整的原理，让彼此合整，再由我松落大地，然后劲就自动返到对方身上了。这也是借力还力的原理。

最后总结一下，“彼不动，己不动”，即他没有，我没有。他一动，一加压，一加力，我舍己从人，和他合整，然后将他的加力，通过我的合整，松落到脚底与大地合一，大地将力全部反上来到达他身上，使他感到很重，甚至感到两脚浮气拔根，这是完全自动返给他的，是借力还力返回的，是他自己的，这就是“彼一动，己已到”。

你一动，我已到，是用脑子想的吗？错了，脑子想是后天的，后天有意识，有意识就是着，有着就有形，着意就是力，有力就可被拿了。所以你一动我已到完全是自动的，不思而得的。当然，还有一个前提，那就是内气饱满，神始终虚领着，得整，这种情况下，不管你怎么压，都会直透到你的脚底。

这不是很妙吗？他没，你没，他有，你自动有，而你始终是没意识的！要做到没意识而能存有，这就是神明，比潜意识还高一点。

能练到松合这种状态，你就成功了。

现在很多太极拳爱好者都知道松沉的原理，都不断追求沉到脚上，有些更热衷于练沉重步，走路如熊相。其实，松沉是为了稳定而得中定。李雅轩大师提出“稳沉”二字，很正确，因为只有沉而稳才能起步轻灵。稳沉是为了获得轻灵，如果连稳沉都没得到，何谈轻灵？

吴图南大师说：“松沉以后，更要注重身体要直，头要领，神要虚灵，走路要有鹤相。这是长寿的要领之一。”

马长勋先生曾在书里提过“两打一”，但并未解释是什么意思。讲一下这个秘密，就是你的“东西”给了我，还有我自个儿的，两个一加，合在一起还给你。就如前面所说，你来了，我把你落松到大地，我再加上我自己的浊阴，往下一降，再一起反出，由大地一起还给你。我的加上你的，两个合一,一起打回去，就叫“两打一”。

第四节　反射与反作用力

吴图南大师首先提出反射的概念。他在《内家拳太极功玄玄刀》一书的总论指出："全体各部，均能发现一种反射运动"。我们讲反射，而在武术里老讲反作用力。会利用地面反作用力来推手，已经是很高级的功夫了。只有全身松开了，才能从地面产生反作用力。利用脚蹬地产生的反作用力去对抗对方，或把对方打出去，就是会用反作用力了，这在武术界里已经是高水平了。但是我们提反射而不提反作用力，是因为二者是有区别的。如何理解反射和反作用力的基本概念呢？

举例来说，我们常在海边看到潮水平稳地波动过来，我们只看到波的推动而看不出有能量，谁知道，这波一到岸边，就哗的一声惊涛拍岸，其反射形成的水墙甚至可以有两层楼高，能量全都释放出来了。波来的时候并不起眼，悠悠晃晃，晃晃悠悠，波动再波动，到了岸边就爆发返回，这叫反射。还有，我们讲雷达原理时，用雷达发射电子波束，碰到东西后产生的回波，就是反射波。而拿个铁棍或竹棍用力往地上一捅，嘣，弹上去了，这就是反作用力。拿一个竹棍，往墙上捅，反作用下力就回来了，也叫反作用力。

由此可知，凡由能量传播而产生能量反效应的，称为反射；凡是用力作用而产生力的反效应的，称为反作用力。

我们不注重反作用力，不追求弯腿，蹬脚拧脚，也不练习这些。弯腿以脚蹬地，产生反作用力而出去的，这属后天有形有象的范畴。我们要求不弯腿，在竖直中修炼能量下到涌泉产生“反射”效应。当修炼有素时，手搭上以后，对方就出去了。这个腿不弯、脚不蹬地，对方一碰就出去了的现象，就是能量反射的表现。

实际上，在“虚静、松空、归无、回零”的基础上，你还必须通过凝神聚气、敛神调息来获得能量，这个能量就是丹能，丹元能。我们要求这个能量从腹丹田转移到涌泉，形成涌泉丹能。能量沉下去，叫浊阴下降，下降是手段，而上升是目的。沉下以后聚于一点化虚、化清，化清阳而上返，有如反射。身心松静透澈，好似超导体，能量（清阳）无损耗地反射上来，冲三关，上泥丸而化神，产阳神，并如形成神波般弥漫出去。眼睛是神光，眼睛往你那儿一看，神波就到你那儿了，此时即使手上没有东西，既没有劲，也没有力，你也能感到神的作用，好似神打。

可以实践验证一下反射。对方向我加压，我与他合一后，把能量松到脚底，他会感到很重，再加压会感觉更重。这时我用神意让我身上的能量下降到涌泉，然后在涌泉反射上化，我身中能量直通到泥丸化神、得神，朝他那儿一看，我的手并没有出劲，他就出去了。他一搭手，我就借他的力，加我的涌泉丹能二合一，能量返到泥丸，他就出去了。

第五节 如何理解『涌泉呼吸』？

何谓涌泉呼吸？为什么要涌泉呼吸？涌泉呼吸有何用？涌泉呼吸如何练？在太极拳里有何体现？

关于涌泉呼吸，我在 1991 年就开始研究实践，在 2003 年北京体育大学出版社出版的《大学教授谈太极拳》一书的“太极松功十法纲要”一文中，我明确指出太极拳应实现脚底涌泉呼吸，需修炼“涌泉呼吸法”。涌泉呼吸为内呼吸，内呼吸和外呼吸相系，是练功的要诀。

涌泉呼吸在道家修炼术中称“踵息”，是修炼调息的重要功法，也是炼气化神的重要步骤，对太极拳修炼来说，就是要“内炼丹道调息，外用太极吞吐”。

踵息之意，是指其息深到脚底涌泉穴。《庄子·大宗师》中首先提出了踵息的概念：“古之真人，其寝不梦，其觉无忧，其食不甘，其息深深。真人之息以踵，众人之息以喉。”用现在的话来说，就是平常人呼吸用喉，非常短促，真人呼吸用脚底涌泉。在《庄子集解》一文中说清楚了：“踵，脚跟也，谓呼吸通于涌泉也。”

《性命圭旨》一书中讲得更清楚：“一切常人呼吸，皆顺咽喉而下，至中脘而回，不能与祖气相连，如鱼饮水而口进鳃出。即庄子所谓‘众人之息以喉’是也。如是至人呼吸，直贯明堂而上，至夹脊而流入命门，得与祖气相连，如磁吸铁而同类相亲。即庄子所谓‘真人之息以踵’是也。”这表明，常人呼吸以喉是后天呼吸，属外呼吸，是后天气；以踵呼吸是先天呼吸，属内呼吸，是先天气。

内呼吸以先天气为主，起涌泉，冲夹脊，上泥丸，化阳神，下明堂，降丹田，会祖气，沉涌泉，阴阳二气相合一，吐纳深深，这种感觉也即崔希范《入药镜》所说“先天气，后天气，得之者，常似醉”。

南怀瑾说：“修行的人一定会经历这么一个过程，气脉要从上面下来，下面上去，接不通就会打嗝”。

晚清俞曲园在《枕上三字诀》中说“梳”字诀曰：“乃理吾气，务使顺而弗逆，徐徐焉而下至于丹田，又徐徐焉而下至于涌泉穴。自下而上，若以梳梳发者然，故曰梳也。”

何为调息？为什么要以涌泉调息？调息就是调呼吸。调息法有胎息和踵息两种，静坐以胎息法为佳，静站以踵息法为佳。

《乐育堂语录》中说：“修炼，第一要调得外呼吸均匀，无过不及，一任出玄入牝。”

柳华阳《金仙证论·序》中说：“呼吸者，巽风也。……金丹始终全仗呼吸。”

张三丰在《道言浅近说》中说：“凝神调息，调息凝神八个字，就是下手功夫。”又说：“调息须以后天呼吸，寻真人呼吸之处。”

古云：“后天呼吸起微风，引起真人呼吸功。”此真人就是指“真人之息以踵”之“真人”。

调息的任务，如佛家所说，便是要将呼吸的“风相”“喘相”“气相”之粗气灭绝，往来无迹，方为息调气定。

《养生四要》中讲述了调息的机理：“学长生者，皆自调息为入道之门。

命门者，息之根本也；肺者，息之橐籥也；口鼻者，息之门户也；心者，息之主也。”

黄元吉注《道德经》首章曰：“道家谓之玄关妙窍，只在一呼一吸之间，其吸而入也，则为阴、为静、为无；其呼而出也，则为阳、为动、为有，即此一息之微，亦有妙窍。”

这些妙论，正是涌泉呼吸的理论依据。当我们以涌泉一吸，为静、为无、为阴，在丹元场表现为“空”，当以涌泉一呼，为沉、为阳、为有，上化于神表现为“满”而得妙用也，皆得玄同一炁态。

《胎息铭》中曰：“三十六咽，一咽为先，吐唯细细，纳唯绵绵，坐卧亦尔，行立坦然，戒于喧杂，忌以腥膻，假名胎息，实曰内丹，非只治病，决定延年，久久行之，名列上仙。”可知调息功实际上就是内丹功，上仙者，高寿真人之谓也。

丘处机在《大丹直指》中揭示了炼气的密要：“使气呼吸至于根蒂。吸自外而内，呼之亦入内……但凡人只知吸之在内，不知呼之亦在内，知之则可夺天地正气矣。”这一重要密法，须得让有灵性的人去开悟。

《钟吕传道集》中曰：“胎息以炼气。炼气以成神。”又指出了调息为炼气的要诀。炼气才能化神，化神才能得神，而有神主宰，才能炼神还虚进入最上层的修炼。

由此可知，内炼丹道调息是为了化神得神，得神才能妙用。在太极拳中，当修炼丹道调息与太极拳道相融时，就可得太极吞吐技艺之妙用。

同样，太极拳行功中也是非常重视呼吸的。拳论中有很多关于呼吸的论述，如“能呼吸，然后能灵活”，“以心行气，务令沉着……乃能便利从心”，还有“气遍周身不稍滞”。李亦畬大师的《五字诀》提出：“盖吸则自然提得起，亦拿得人起；呼则自然沉得下，亦放得人出。”这个论点很重要，吸拿得人起，呼放得人出，显然不是用力去提人起，也不是用力推人出，但《五字诀》没交代清楚用的是什么样的呼吸法。当然，呼吸法肯定避不开口鼻之外呼吸，但光外呼吸是很难起作用的。拳论还有一处指出：“拿住丹田练内功，哼哈二气妙无穷。”它揭示出呼吸法是在练得腹丹田内气后，用哼哈二气配合身势，形成拳势呼吸而起作用的。能得到这种功夫已是上层功夫了，是少数人能企及的。如果体现得更细腻，不以功力的形式表现出来，而以“无形无象，全身透空”的状态表现出来时，就必须要修炼以丹道调息而化神的涌泉呼吸法了，只有修炼涌泉呼吸法，才可能表现出这种妙用。

如何“涌泉呼吸”呢？

魏伯阳的《周易参同契》云：“从头流达足，究竟复上升，往来洞无极，怫怫被容中”，把内呼吸的路线都揭示了，其中最重要的是“复上升”，如“浊阴不降，清阳不升”所述，上升才是究竟之道。用虚静松空的方法，将其一松到底谓沉气，再将气一松到顶冲三关、上泥丸谓升阳。

如何练法可参考张三丰真人的涌泉呼吸法：由左右脚涌泉穴分别运气入气穴，再积气开关运周天。《明道语录》曰：“心神默默，气息绵绵，皆入于杳冥中。”就是说神虚灵，心虚静，一切放下，全体皆忘，然后做到气息出入自然轻柔细慢而心息相依。也可参考《修龄要旨》中收录的李真人的“十六锭金”法，前章已有详述。

在太极拳修炼中，涌泉呼吸是必由之路。但学会涌泉呼吸是有一定难度的。只有通过涌泉调息的刻苦修炼，当丹道积能具有能量，阳气上升而进入“漂、飘、缥”的全体虚空无的状态时，才能出现一吸拿得人起，一呼放得人出的效果。由于涌泉呼吸是不随意的，由不随意修到随意需要一个过程。有些人上了年纪，脚弓退化了，或为扁平足，修炼涌泉呼吸就更有难度。还有展窍开关时，尤其以尾闾关、夹脊关和大椎最难冲开，都必须静心修炼，假以时日，才能成功。

第六节 化神用神与化神还虚

何谓化神用神？何谓化神还虚？

先看何谓化神。神为人体三宝之一，是生命的主宰，也是生命现象的综合表现。修炼就是由炼精下手，炼气入手，炼神了手。其过程就是炼精化气，炼气化神，炼神还虚。

《性命圭旨》曰："大哉一乎！以其流行谓之气，以其凝聚谓之精，以其妙用谓之神。""一"者，指一气、一精、一神、一丹。说明精是凝聚的，需要化气。气是流动的、运行的。神是可妙用的。得神才能用神，用神才有妙有，这就是阶及神明了。

首先要把神的概念弄清楚。神有"元神"和"识神"之分。何谓"元神"？何谓"识神"？"元神"为先天之神，"识神"为后天之神。

《青华秘文》中指出："夫神者，有元神焉有欲神焉。元神者，乃先天以来一点灵光也。欲神者，气质之性也。元神者，先天之性也。"

《乐育堂语录》对“神”更有清楚的解读，神分为先天元神、后天识神，“元神者，修丹之总机括也；有为而为者，识神也；无为而为者，元神也。识神用事，元神退听；元神做主，识神悉化为元神。”

由上可知，练功中，排除种种杂念意欲的干扰，头脑保持虚灵状态，这时的神就是“元神”。每天处理各种事务及欲求的神就是“识神”，这个识神就是后天的思维神、意念神、欲望神。练功就是要去“欲神”而返“元神”。

在太极拳修炼中，要去除“意而为之”而阶入神明的“神而为之”。何谓神明？神明者，乃神而明之而用之，自然而然，不思而得，无为而为也。何谓“意而为之”？意而为之者，识神用事，有为而为也。有为而为即强为也，妄为也。无为而为即“神为”，“神为”即“神主宰”，“神为”才是妙用。可知修炼必须去欲神、产阳神、化元神，元神即阳神。

如何产阳神、化元神呢？《青华秘文》一书指出：“凝神者，神融于精气也，精气神合而为一，而阳神产矣。”《还源篇》一书中说：“以神归气内，丹道自然成。”《紫清指玄集》一书中曰：“炼形之妙，在乎凝神，神凝则气聚，气聚则丹成。”而张三丰先师在《道言浅近说》中说：“凝神调息，调息凝神八个字，就是下手功夫。须一片做去，分层次而不断乃可。”可知，如何修炼别无他法，只有站静功、做动功，无非是入静去杂念，放松得净体，调息炼气，冲三关，上游泥丸，化元神。

调息就是炼气，是炼气化神的修炼部分。调息之法，我们宗踵息法，即涌泉呼吸法。

何谓化神用神？当修炼放松入静功夫有素时，能养气得气而气满，然后通过“凝神聚气”得丹能，进一步“凝神调息”，运周天，上游泥丸气化神，化神然后得神，得神才能神主宰。

在实践中如何体现“妙用谓之神”呢？

我与对方搭手时，他的手是松软的，若我起手搭他，他接我手，我落手，他也自动落手，这说明，他已能松手忘手了。其实我是想拿他手上的东西（劲）的，但想拿拿不着，因为他手上没有，是很松透的。只有他有僵处，或有劲时，我才能拿他。而他呢，可趁我拿他的时候，涌泉一吸，这个时候，他一吸我就起根。我还没拿着他呢，就被他先逮起来了。他手是软的，什么都没动，无形无象，而我却被吸起，这是为什么呢？这是他的神在干预，这叫用神主宰。

不用内劲，也不练内劲，而炼神气，炼气化神，用神主宰，神传波，波成场，成整体场能了，他初步成功了。

我们可以这样实验，双方用手牵一个松紧带，只要一方用劲，松紧带就会被拉长。如果一方能用神，就可以以神吸对方起来，而松紧带不会被拉长。在实践中，以这个方式来验证是武修还是道修可以一目了然。

我们知道，太极拳修炼的最高峰是无形无象，全身透空。只是神气转换而摸不着、看不见，只有能量在起作用，我们就是要研究这个。要研究这个，若心不静，体不松，是做不出来的。只有心松了，安静了，体松了，气能沉到脚底了，能凝神聚气了，能调息周天了，能气化神了，才能用神。但用神的层次，也是一步步提升的。

张三丰祖师讲的，要“敛神聚气，神不回来，莫谈修炼。”现在很多人只想着练功力长功力，用功力把人扯拉起来，还想着我要主动突破你推出你，这就完全远离修道了。

这个修炼道理很重要。你想要进入真正的太极殿堂吗？当然，此太极非彼太极，这里只研究如《周易参同契》所说的“排却众阴邪，然后立正阳”。阴阳转换产阳神，神气是个阴阳，所以炼阴化阳是我们研究的方向。这个没半分含糊，修炼层次到了就会有，做得出来，修炼不到就没有，真做不出来，就这么简单。

何谓化神还虚？化神，用神，阶及神明而妙用，但这些还不是最高层的修炼，只能用来验证修炼的层次和增加修炼的趣味性。更上一层是炼神还虚，心归零，身返无，形回空，神还虚，再进行性功修炼，达到圆满与太虚同体，与道合真。对太极拳来说，就是进入无形无象、全体透空的上层功夫。

但是，在太极修炼中，如果气不聚，神不凝，则丹田无能，不到火候则难用神。

第七节 太极大通与太极玄同

“太极大通”是指在太极修炼中，以大通修炼法得“大通体”和“大通态”。这个法就是庄子总结的坐忘（站忘）法：“堕肢体，黜聪明，离形去知，同于大通。”简单明了。“堕肢体”就是首先要放下架子，让身手好好落下去，然后去忘了身架形架，忘己、忘身、忘手、忘脚。显然，浑圆桩、马步桩、三体桩等均难达站忘功。“黜聪明”，关闭耳目，舍弃对耳目等感官的依赖，然后“离形去知”，不落肉身、不着形体，即忘身忘心，得大通体，入大通态，与太虚同体，谓之“大通”。

“太极玄同”是指在太极修炼中，用玄同修炼法，得“玄同体”和“玄同态”，产生“玄同场”。老子在《道德经》中提出玄同修炼法：“塞其兑，闭其门，挫其锐，解其纷，和其光，同其尘，是谓玄同。”“塞其兑，闭其门”指首先要堵塞外缘的入口，关闭欲望出口，即断绝七情六欲；“挫其锐，解其纷”指进一步磨了自己的心气，平静自己的心态，干干净净；“和其光，同其尘”指放下架子，回到本源，平平淡淡。通过这样的修炼，使形气神进入玄同境界，得“玄同体”，入“玄同态”，是谓“玄同”。

玄同者，乃玄妙齐同，与天合一之谓也。齐同就是齐一、均同。玄者，玄而非实，同而一如。换句话说，修炼时外想不入，内想不出，放下架子，不求名利，虚静松空，平平淡淡，干干净净，即是玄同境界。

何谓“太极玄同”？“太极丹道”与“玄同体”融合而形成“形、气、神”玄同一炁的状态，形成玄同场，即“太极玄同”。

玄同者，玄而又玄，玄而不实，同而一如，其中有物，其中有精，其精甚真，其中有信，信而有场，信而有能，这不就是《道德经》中讲的“惚兮恍兮，其中有象。恍兮惚兮，其中有物。窈兮冥兮，其中有精。其精甚真，其中有信”吗?

太极玄同看不到摸不着，但它是存在着，存在着能量，以玄同的形式显示。过去只知道用力、劲来解释问题，那显然是有形有象的，是后天的。如果转化成“能”，转化成“场”，就是玄同。这个无形世界的“场”，也有“标量场”和“矢量场”之分，雷达波就是矢量场，它是以矢量场波出去的，不是一根线，碰到物体就以反射场波的形式回来。同理，人也可以形成矢量场，能量较集中地发射出去。

第八节 漂、飘、缥

先师太极拳大师石明，早年在拳场最常提的字是“piao”，但究竟是哪个字，无人问清。后来北师大的钱育才师兄说：“推手不用手，脚下飘着走。”意为先师说的是“飘”。

老拳友北京化工大学教授陈耀庭先生告诉我，早年在朱怀远大师处学拳时，朱老告诉他要“两脚踩荷叶”，他当时体会很深，写下了如下感悟，还记录在日记中，教授给自己的学生们：

推手不用手，两脚空空走，

打点丢掉面，没有便是有。

可见汪传（汪永泉大师）杨式太极拳是要求脚下飘的。

杨澄甫宗师对苏轼《前赤壁赋》的“浩浩乎如冯虚御风，而不知其所止；飘飘乎如遗世独立，羽化而登仙”独有感悟。

郝为真大师在传武式太极拳时，指出练太极拳有三层境界可以参考：初层练习，身体如在水中，两脚踏地，身与手足运动，如有水之阻力。第二层练习，身体手足动作如在水中而两足已浮起不着地，如长泅者深游其间，皆自如也。第三层练习，身体愈发轻灵，两足如在水面上行，到此境况，心中战战兢兢，如临深渊，如履薄冰，心中不敢有一丝放肆之意，神气稍微一散乱，即恐身体沉下去。

说明习拳第一阶段根基不深而不稳，第二阶段已得到稳根中定，不用扎死，根起而能轻灵自如，第三阶段类似可以漂起，既不沉死，又轻灵而神气不散。

我们深入研究一下“piao”的意义，它可以由三个字表达，即“漂、飘、缥”。

实际上“漂、飘、缥”关系到桩和根的问题。早在1991年，我就发表论文提出了“桩无桩，根无根，有根无根是真根”的概念。太极拳首先要讲究“根”的问题，有根才能稳定，有根才能中定，而中定是“十三式”的根基。所以各流派都重视“松沉得根”，有的要求入地三尺，有的要求根深叶茂，有的更是要求把根砸下去、夯实了，这就变成了一头沉，显然，这不符合阴阳哲理的辩证关系。李雅轩大师提出“稳沉”，而后“轻灵”，所以松沉到最后应该符合虚无的要求。

道学研究专家胡孚琛教授在《丹道法诀十二讲》一书中指出，人体由‘形气神’三层结构组成，形是躯体结构，是物质层次；气是人的生命结构，是能量层次；神是人的心理结构，是信息层次，丹道的修炼就是对人体的形、气、神三个层次的修炼。可见，炼形是养身强体壮精，炼气是产神化神，最后是炼神还虚与道合真。

这个过程实际就是“造化一还原”的修炼。我们提出了具体的修炼方法，即在太极拳修炼中，要相应地修炼“肢体松柔软，体内松空通，全体虚空无”，所谓“虚空无”，即“形回无，身返空，神还虚，心归零”。

在修炼“形无、身空、神虚、心零”的过程中，修炼“漂、飘、缥”是必经之途。

漂，通常指物体浮在水面上，如浮萍漂在水面。飘，为飘风的飘，指物体轻灵飘荡，如飘叶、飘球。缥，是虚无缥缈的缥，通常形容云彩缥缈，虚幻无常，神秘莫测。

可知，漂表示其物有根似无根，漂在那里，能舍己从人，但摸不到它的根，也不知道根在哪里。当然它肯定是有根的，既有根又如无根，称“形漂”。在太极拳修炼中，练到“形漂”的层次，是初步的要求。这时想摸根找根，是摸不着找不着的，它是漂的，正如李雅轩大师说的“没有实地”。这个漂，是脚底下漂，归“形漂”。

这个“根有根，根无根，有根无根是真根”，才是真正符合阴阳哲理之道的。

飘表示其物飘动或者漂移，如气球乘风飘动，为“气飘”的性质。太极拳功夫修炼有素者，行拳潇洒飘逸，表现为具有飘动的根而不是沉重之根。飘动的根比轻灵的根还要活泼。

在太极拳修炼中，气是具有能量的。炼气松沉，可使形端直而得“气中定”，这比“形中定”更上一个层次。松沉是为了得稳根，但气松沉才是真正的松沉。浊阴下降之气得稳，清阳上升之气为轻、为虚，这个至轻至虚之气的升阳谓“飘”，故称为“气飘”。这时的修炼就达到了第二个层次，到了气虚身空的阶段了。

缥是最高层次的，形容云的虚无缥缈，变幻莫测，似有实无，是神的层次。返空了、还虚了，即谓“神缥”。

在太极拳修炼中，由炼气化神而转为炼神还虚的这个阶段，可称为“神缥”。当然，这个层次在修炼中还是可以不断提升的，是永无止境的。只有做到神还虚、形回无、身返空、心归零、气入清之后，才能步入“全身透空，无形无象”的上层功夫。

太极拳练到“漂、飘、缥”，就达到一定高度了。站桩的时候，先要站到能脚底腾虚了，漂飘起来了，再去修炼缥，达到腾虚缥空，这时神就惚兮恍兮了。

“无形入桩态”，放松入静，进入无极态，只是静站在那里，别人只是两手在你的肩上一搭，突然其就被浮气拔根了，惚兮恍兮，甚至跳起来，这种现象很神妙，不可思议，现代科学还无法解释。

更难的是当有形时（如举手），必须要“有形归桩态”，当动形时又必须“动形回桩态”。比如，把手举起来，举起来就有形，此时手跟身体能归无极桩态吗？一般而言，一举手心上就有手存在了，胳膊有架处，马上气就不通了，不干净了。此时应该不想着用手去举，而是试着用脚底和用神领着来举，忘掉手，然后归无极态，腾虚缥起来，这样手臂就不僵了。这个需要慢慢练，从不自如到随心所欲。

缥起来很难，但学会涌泉呼吸就容易了，而举形归无极桩态更难，为什么？一举手，就有形有象了，有牵了，有形有象时如果松不好，则气不通，就缥不了。我们就要解决这个问题。

起手是有形有象的，如果他把手丢了，你摸着就空了，心里就怕了，明明见手，又感觉没有手了。这叫“有手不见手，举手手会空”，这很可怕的。到了这种状态，他怎么打都有，而且你都不知道它是怎么来的。

第九节　论『手』

太极推手中都要讲手，任何武术最后都要通过交手体现武艺效果，故有功夫上手之说。

手在太极拳里很重要，说法也很多。太极大师吴图南经常说到打手，太极拳老的说法叫打手，另有交手、接手、上手，也有进手、出手，还有硬手、柔手之说。所谓硬手，即强手，指功夫过硬，出手令对手害怕，讲究出手见倒、出手见红，不式不招，只是一下。所谓柔手，指功夫深厚而柔和，出手对方则感到威力巨大但又不害怕。打手即推手，指甲乙双方打轮，练习听劲转化之法，在掤捋挤按打轮中，手的表现为沾粘连随不丢顶。如此练习到功夫熟练后，就会理解斯时敌欲进而不得其逞，敌欲退而不得其脱。

关于手的问题，曾经有过一个小故事。当年我和师兄杨家仓、陈惠良等人听吴老讲“手”，提到要“以手带身”，当时大家都不理解，杨振基先生等的书上都是讲要以身带手，以腰带手，哪有以手带身的?

一时想不通。有一次杨家仓带着我们几个一起又问这个问题，吴老很不高兴，我说以手带身，你们怎么老不相信？现在看来这两种说法都对，只是层次不同。功夫如果落在身上，就只能表现以身带手。但如功夫没有上身，以手带身也带不了。只有功夫上身又练到手上，功夫就会提高一个层次，就可以以手带身。但最重要的是功夫出手，而且功夫出手还要修炼到出手无形无象，正如杨澄甫先生提出的“动则至微”，“动手非太极，太极不动手”。根据道家修炼原则，修炼不能落在身上又离不开身上，落在身上头头错，不落在身上也头头错，这就是道。只有合一才行。对太极拳来说，只落在身上以身带手，或落在手上以手带身也不全面，落在身上出手，落在手上出手，都达不到无形无象。

另一个是静手。功夫有成者，两手松落入无极态，一牵他你就啪啪跳，一揪他你就被浮气拔根，想摸他东西人家是空的，一摸就空，想顶人家一顶你就出。人家没动，静着呢，没抓没拉怎么会跳？说明他内部有能量。当然要会感、会听、会耦合，去感他你才会有反应，但若他身上没有通透能量，再会感会听你也不会有反应。

只有下功夫站桩、练松功，身体静中通透了，动中通透了，能量化上去，天地人合一，自然就有了。杨澄甫先生一天到晚强调松开松开，《无极歌》也讲“无形无象无纷弩”。要全身透空才能做到无形无象，才能应物自然，修炼路线很清楚。这个练法符合道家形气神的修炼，胡孚琛在《丹道法诀十二讲》中说的很明确，内丹丹道就是炼形气神。我们叫“漂飘缥”，反映的就是形气神的修炼，即形漂、气飘、神缥。大道太极注重漂飘缥修炼，即修炼达到“漂飘缥”时，手才能表现出更高水平的举手飘手、接手空手、出手无手。

手的情况关系全局，意义重大。

第十节 关于『空』的功夫

一、如何理解“空”“落空”和“透空”？

高层次的太极拳修炼，都要研究空的功夫。空是空性，极其重要，佛家讲“四大皆空”或“五蕴皆空”，道家讲“虚空无”，儒家讲“浩然之气”。吴图南先生在《太极拳之研究》一书中指出：“你本身必须练到无形无象，全身透空的地步，然后才可以去‘应物自然’”。他还说：“全身透空之后，我们就一目了然了。”可知，对太极拳来说，修炼“透空”是高层次要求。

汪永泉大师在《杨式太极拳述真》一书中说：“进一步可以加深内功的锻炼，探索松、散、通、空的奥秘，这是练就太极拳功夫的必由之路……做到了通，才有可能达到‘全体透空’的最高境界。”他也认为“全体透空”是太极拳的最高境界。

石明大师则提出了“虚空散”的修炼要诀。

武式太极拳传人郝少如大师在《武式太极拳》一书中说：“要使身体的肌肉、骨节松开还比较容易，但要达到‘空’的境界却很难，因此必须在‘空’字上下功夫。”

根据以上论述可知，无论杨家、吴家还是武家的太极拳，都认为“空”是最高要求和最高境界，一定要在“空”上下功夫。

在现在的太极拳界，表现空有好几种形式，比如说有手空、肘空、肩空、腰空、胯空和底空等，皆可归于“形空”范畴。第二种是“落空”，即“引进落空”或“引劲落空”等。第三种为“透空”。这三种空的性质是不同的，最难达到的是“透空”。

何谓形空？以形做空称为形空。

腕空为形空的第一节空，可以通过腕松功练得。腕空可以让对方接听不到劲，也听不到根节的动静，称“腕空一片”。如遇双方较劲或相顶时，会腕空功夫者可以突然用空腕，来断开并拍打对方。但这个松空的深度比较浅，功夫好的，仍可渗透过去。

肘空为形空的第二节空。身上能量从肘关节脱开而现空相，汪永泉大师称“肘空一大片”。

肩空，即上臂之根节空。修炼有素者可表现为整个臂空，又谓“手空”，常说的“妙手空空”，或“两手空空”即为肩空。有这个功夫的人已经不好对付了。

胯空，指在不动身形的无形无象下，由实胯变为虚胯，让身体的中心转移而使对方重心落空。胯空是很难练就的。

何谓落空？落空者，“引进落空”或“引劲落空”之谓也。“引进落空”，就是牵引对方身体重心到我的虚空处，让对方跌出，或对方自己失重而跌出，这即是四两拨千斤之术。“引劲落空”，就是将对方攻击之劲引入我的套中，引其至我的虚空处，使其失落而跌出。“乱环诀”就是最好的训练。

引进落空，已是太极拳高层次功夫了。能引进落空，就能四两拨千斤，就能以小搏大，以弱胜强，以巧胜拙了。

不过上述讨论的这些“空”，无论是形空还是落空，都是属于后天的，是“意而为之”的，都归于“做空”的范畴。

不管是各类局部做空，还是整体做空，都是好功夫。能局部做空就能局部断开，能断开就能断发，断发是很厉害的。当你对他的劲儿对得很准时，断发就能清脆利索，赏心悦目。断得越干净越细腻，放得也越妙。对一般太极拳爱好者来说，这是很难做到的。

何谓透空？透空是“无形无象，全体透空”之意，是太极拳修炼的真正上层功夫，是后天返先天的功夫，只有潜心修炼方能得之。

“全体透空”就是“全体虚空无”，无即无其身，空即空其形，虚即虚其神。而心归零，气清虚，三关打通时，就能一灵独现！

修炼到脚底的根虚净了，并且感到身子有腾虚的效应，就会到“漂、飘、缥”阶段。“腾虚缥空”这个空，是无为而为、不思而得的。这个空称谓“透空”，是真空了，不是做空的。

修炼“透空”，现在大家可能只是初步层次，但这是一辈子努力的方向。

在太极推手中，如果对手真透空了，你会体验到他有手但手上没东西，两手空空；有身，但身上没东西，全身漂空的；有脚，但脚底没东西，根是空的；有神，但神无方，神是缥空的。于是你会觉得惚兮恍兮，恍兮惚兮。反映到自己身上，会感到浮气拔根，空无所倚，心似荡，神似无主，无奈何。当到这个层次，就可“空中屈伸”了。

二、空中屈伸与空中粉碎

“空中屈伸”是指太极修炼到“腾虚缥空”状态时，可化神得神而用神主宰。此时可以神行进行屈伸的运作，好似在空中完成的一般，称为空中屈伸。空中屈伸的内容包含有“点击推按，勾挂抖弹，吞吐呼吸，浮气拔根，滚挫折磨，分摆蹬踢”等多种形式。

可以把不同太极修炼状态对比形容为空中部队和地面部队。地面部队好似坦克，稳重而不可抗拒，空中部队轻灵而变换活泼。在太极拳里，用丹田整劲或用脚蹬地面反作用力来上手，就是地面部队。太极拳里，空中屈伸以以神主宰、以神行、以神出手的方式来体现，就像空中部队用飞机导弹，是在空中屈伸攻防的。

这里先说明一下，“空中粉碎”，不是“虚空粉碎”。“虚空粉碎”在道学修炼中，指修炼的最终层次，表示连虚空也粉碎而不存在了，回归到本体的永恒了。

“空中粉碎”指好似在空中产生爆炸，与太极拳里发劲像爆炸相似，区别在于空中粉碎不用“起于脚，发于腿，主宰于腰，形于手”，而是直接在空中产生爆炸。

“空中粉碎”是在无形无象、全身透空的状态下，以神主宰，突然由无到有，由空到满，在瞬间爆发，好似粉碎似的。

这种状态是很可怕的，一般不会者难得到，会者轻易也不用。

第五章

大道太极推手

第一节 大道太极推手论

太极推手亦称“打手”“揉手”“擖手”“打轮”，是双方徒手身手不相脱离的对练，是拳架应用的体现。双方在身手相接、互相圆转推挽的推手过程中进行太极技击艺术的实践。太极技击中，“十三势”“十三式”“十三法”是太极拳所独有的，“掤、捋、挤、按、採、挒、肘、靠”基本八法和“进、退、顾、盼、定”基本五法，合“十三法”，组成了太极技击攻防特技。

推手是太极拳体系的重要组成部分。只练拳架不练推手是不完善的，可以说不能真正入门；只练推手不练拳架，更不能算是太极拳。太极拳架以太极“十三势”为体，是炼己、知己的功夫，是体。太极推手双人对练中，以“十三势”组成“十三式”“十三法”，为用，是练知彼的功夫，是用。有体有用，体用结合才是完善的。

太极推手实践，必须严格遵守王宗岳《太极拳论》及其他太极拳论所述的理法原则。《太极拳论》

指出，“由着熟而渐悟懂劲，由懂劲而阶及神明”。着熟包括“与己熟”和“与人熟”。渐悟懂劲，需要在推手过程中，通过“听劲”“吃劲”“喂劲”等步骤而逐步掌握，在这个过程中要不断的提高感觉灵敏度。

太极推手还具有武术健身运动的特性，体现在其有骨骼运动、肌肉运动、呼吸运动、神经运动及平衡运动等。无论养生推手还是竞技推手，其基本理法是一致的；放松入静、养气修气的养修过程和无极太极阴阳转换的过程是相同的；基本推手理法是相同的；技法实践，即“十三法”的基本法实践过程亦是相同的。王宗岳《太极拳论》作为原理、规矩，必须严格遵循。实践过程由“明规矩”“行规矩”到“熟规矩”，再到“化规矩”和“脱规矩”之后，就可以得心应手，步入不思而得的“不逾矩”了。

太极拳宗师杨澄甫先生 ：“太极拳以练习推手为致用，学推手则是学觉劲，有觉劲则懂劲便不难矣。”陈微明先生论推手说：“太极推手，则有掤捋挤按採挒肘靠八字。此八字，所以练其身之圆活，二人沾粘连随，周而复始，如浑天之球斡旋不已。”董英杰先生谈推手：“要多推手，自得沾粘连随之妙。”叶大密先生谈推手:“太极轻灵如荷叶承露，有倾即泄。推手先求其圆，后求其方。”田兆麟先生谈推手：“初学定步推手，掤捋挤按四手，泰半不能连贯圆满，须跟随老师或艺高者，盘转圆圈至纯熟后，再由教师口授採挒肘靠四手。四手能一一分清，练至绵绵不断，腰腿能旋转自如，粘化均能顺手，然后可以学拿劲、发劲。”

太极推手可以分为竞技推手和养生推手两大类。太极拳在竞技实战中具有独特的“太极特色”。太极竞技推手是参加搏击实战前所必经的阶段，但这是少数专业运动员的工作所需，大部分人是不需要上擂台参加比赛的，竞技推手也不是他们的追求。因此，对普通人而言，养生推手更为重要。养生推手不关注胜负，而注重切磋和研究太极的技艺性及理趣。

太极推手按技艺和表现性质，有形推、劲推、气推、神推之分。

形推，指在内功尚未有基础时，靠物理的“力”和“形招”以对抗，可归于“着打”的范畴，即以太极拳的架势的应用打击对方，表现为太极拳论中所说的“大力打小力，手慢让手快”，反应在手上和身上是“外棍外板”。

劲推，就是“招中含有内劲”，内劲虽由术而生，但术与招结合，归于“劲打”范畴，有劲头、劲路、劲向和劲源的内涵，仍属于有形有象的，当遇到有内功、松静虚灵的高手时，其内劲、内力立即反映出其手上和身上有“内棍”“内板”。无论是“外棍外板”还是“内棍内板”都属于“形而下谓之器”的性质，当其为器，即为工具。

气推，则其身内修炼得更细腻、更精微，化劲为气，以意导气，以气运身，由脚而腿而腰，完整一气，出于身，现于手，又犹如气球似的，一摸必整，找不出棍板，应归于“气打”范畴，表现为气球性质能弹而出。气推已属于无形无象了，正如汪永泉大师所说，“技击功夫有初级阶段和高级阶段，初级阶段的功法是‘听、问、拿、放’和‘找中击中’，高级阶段的功法是‘用气球崩人’。”气推功夫是高级功夫，一般情况下很难练到，但仍属于“意气使然”，意到气到功到，归根到底，还在“用意”层次，仍偏向后天功。

“神推”可归于实际意义的“阶及神明”，归于“神打”范畴。当修炼到“炼气化神，炼神还虚”的层次时，就呈现出“肢体松柔软，体内松空通，全体虚空无”，推手就表现为“无形无象，全体透空，应物自然”，这正是大道太极修炼体系的目标和结果。

大道太极拳体系由无极太极丹道基础功、太极拳架和太极推手所组成，三者缺一即不成体系。大道太极拳以“内炼太极丹道，外用太极武艺”为宗旨，内练修心养性以合道，外用太极武艺以护体。修炼体系为体、为本，武艺体系具有技击特性，为用。

大道太极拳的首要任务是解决人身心健康、生命质量的问题，技击也是修炼的一部分，用来修正不足，增加趣味性，解决防身护体的问题。将太极拳落实在逞强斗狠的较技上面则是走向了歧途，即所谓“末技”。我们不要被技艺之末所束缚，要走修性养寿之道，即性命大道之路。

道家的丹道学是养生修炼的不二之路，正如道家总结的“任他万般差别法，总与金丹事不同”，世间各种技艺锻炼之法与金丹修炼不是一回事。大道太极的大道之行就是“内练太极丹道，外用太极技艺”。外用太极技艺，就必然涉及太极拳架和太极推手。

大道太极丹道之修的程序是先练强体壮精，再下手炼精化气，养气得气，沉气聚气得丹能，继而着手炼气化神以得灵，体现为“以其妙用而言谓之神，以其流行而言谓之气，以其凝聚而言谓之精。”然后炼神还虚，才有“真空妙有”。

内练太极丹道，是性命双修，首先要在修静上下功夫，所以提倡先修无极静桩功。通过凝神聚气在腹丹田聚能成丹，然后转移到涌泉，得丹元能，涌泉丹运转，透尾闾、夹脊、玉枕三关，或中黄直透，上泥丸而化神，形成玄同态丹元场。

静功固然重要，但生命又在于运动，所以也必须练动功，这就涉及太极拳架和太极推手的运动了。动静相济才符合“一阴一阳之谓道”的大道之修。这就要进入到内调息、外吞吐的心、息、形相依的动功修炼模式。涌泉吸，一吞升乾，涌泉丹能运转，上泥丸化于神，丹元场表现为吞收；涌泉呼，一吐降坤，腹丹能下涌泉，涌泉丹能满，化虚入清上返，入泥丸化于神，丹元场表现为吐放；涌泉气归零，而神归无极。

通过涌泉呼吸形成的丹元场的变化，带动形体，任一动作皆是神和内气主导带动的，这就是心息形相依的修炼过程。这种由神主导的动形，实质是神形一体的变化，是无极、太极而阴阳，复归太极而无极的过程。涌泉作为机枢，丹能起于涌泉、源于涌泉又归于涌泉。机理是起于涌泉，化于神，发于丹，出于手，达于玄同。

发动场势，带动形体行拳或推手运动，对持则可使对手浮气拔根而跌出。

大道太极推手是体验和观察内气的运行，验证修为层次和境界，以确保修炼方向正确的最好方法，当然也可以增加理趣性，验证上乘武术推手功夫的效果。大道太极推手以真气舒布对方，相互疏通经络，始终松柔软通空，有助于养生，所以亦称大道养生推手。

汪永泉先生在《杨式太极拳述真》一书中说："如果只练拳架不练推手，内气得不到疏散，如果只练推手不练拳架，内气得不到补养。"所以太极推手在双方沾粘连随、互相推挽的过程中可以达到外练身手腰腿步、内炼精气神意功的效果。将内气渗透到对方体内，既可以起到内按摩的作用，又可以疏通其经脉血液，其体内将会感到温暖舒适和惬意，这就是养生推手的效果。如果推手时会用内气，就不会有顶和抗的感觉。

在太极拳修炼中，要逐步达到"漂、飘、缥"的境界，神还虚、形回无、身返空、心归零、气入清，"全身透空，无形无象"，"彻内彻外，无内无外，内外一如，与太虚同体"，达到这个层次，就可以表现为举手飘手、接手空手、出手无手，应物自然，太极推手就进入了无形无象、一片神行，"掤捋挤按皆非是"的层次了。

这时推手可以不靠外形的形体变动来发动，不用靠用力或用劲来实现，而以神气带动形体，表现为：身不妄动，手不妄动，静定而舍己从人，无过不及，甚至可以不式不招。例如，当你伸手接他的手，想试他或问他的劲时，他的手不伸不屈、不转不弯，腿脚不蹬不伸，似乎静定在那里一动也不动，此时只要你使劲，你就会感应到有场能过来了。不仅如此，他的内功通过你手的接点源源不断地传过来，更奇怪的是它一定反映到你的脚底，使你感到浮气拔根而整身被弹击出去，真如球碰壁回。这种功夫既不是用平送腰胯的方法把你推出，又不是用蹬腿蹬足的方法发力，更不是用肩手抖动或用腰劲发力。其实，这是静定之后，由无生有的一种内气外放的场能作用，这是通过刻苦修炼而得的。这种功夫同样可以在无形无象的状态下很轻松地把重 100 多斤的大汉平移出去，而对方在接触点并未感到是力推他，只是感到浮气拔根，而被一种很强的场能移过去，这会使很多人感到不可思议。此功夫还可以在无形无象的状态下将对方捋虚落空，或者让对方有一揪就起、一摸就空、一碰就出的感觉。

第二节 太极推手的基本概念

一、何谓太极“十三势”“十三式”“十三法”？

（一）何谓“势”“式”“法”？

“势”不同于“式”和“法”，但又离不开式和法。此“势”非“姿势”“势式”“势架”之谓，乃是“势能”之意，并具有“趋势”的性质，所以能形成“势场”。“势”不是“式”，不是太极拳的“十三种式子”。

“式”为“式架”“形架”的外在表现，“势”是内在的能的体现，“势”要通过“式”来体现，即通过“式”来体现“势”，对外体现出“势能”和“势场”。“势能”是要通过无极太极内修而得的，大道太极通过内修丹道而获得丹元能，形成丹元场，得“十三势”，称“十三用功势”。得“势”以后，可以形成“势不可挡”。

“法”也离不开“式”，它是通过“式”的应用表现“法”。“法”者，“法式”也，简称“招法”。当“招”中无“能”时，表现为“形招”，当“法”具有阴阳转换过程时变为“着法”。

（二）何谓“十三势”？

在太极拳里，“十三势”不是十三种式子，而是十三种“势能”。拳论《太极十三势》中曰：“十三势者，掤、捋、挤、按、採、挒、肘、靠，此八卦也。进步、退步、左顾、右盼、中定，此五行也……合之则为十三势也。”可知，任你太极拳是三十七式、四十八式、七十七式、八十一式，还是一百零五式，式式都应贯彻“十三势”。拳诀《十三势歌》曰：“十三总势莫轻视……”“十三势”又被称为“十三用功势”。

（三）何谓“十三式”？

由于“势”由“式”出，“式”由“法”显。“十三势”由“十三式”体现，此“十三式”就相应通称为“八五式”，即“掤、捋、挤、按、採、挒、肘、靠”八门八式和“进、退、顾、盼、定”五步五式，合为“十三式”，称为“十三用功式”。

（四）何谓“十三法”？

“势”由“式”出，“式”由“法”显，三位一体，自然形成“十三法”，称为“十三用功法”。

吴公藻大师在《太极拳讲义》一书中解释说：“掤（南）、捋（西）、挤（东）、按（北）、採（西北）、挒（东南）、肘（东北）、靠（西南），坎、离、兑、震、巽、乾、坤、艮八门方位。八门乃为阴阳颠倒之理，周而复始，随其所得也。总之，四正四隅，不可不知矣。夫掤、捋、挤、按是四正之手，採、挒、肘、靠是四隅之手……以身分步，五行在意，支撑八面。五行者，进步、退步、左顾、右盼、中定，定之方中土也……其数十三出于自然十三势也，名曰‘八门五步’。这可以总结为

‘胸藏八卦，手怀八法，足蹈五行，步有五法’的太极十三法。”

由上，可以归纳十三势、十三式、十三法如下。

太极十三势：掤势、捋势、挤势、按势、採势、挒势、肘势、靠势、进势、退势、顾势、盼势、定势。

太极十三式：掤式、捋式、挤式、按式、採式、挒式、肘式、靠式、进式、退式、顾式、盼式、定式。

太极十三法：掤法、捋法、挤法、按法、採法、挒法、肘法、靠法、进法、退法、顾法、盼法、定法。

在双人推手中，一般先以“掤、捋、挤、按”定步四正手为基础功，再以“掤、捋、挤、按、採、挒、肘、靠”四正四隅手为推手基本八法，然后由定步而转入活步十三法推手。

由太极《八字歌》可知，能得其中真意的是“代不数人”的。

掤捋挤按世间稀，十个艺人十不知。

若能轻灵并坚硬，沾粘连随俱无疑。

採挒肘靠更出奇，行之不用费心机。

果能粘连黏随者，得其环中不支离。

二、何谓太极“阴阳十三法”？

除了常知的太极十三法外，还有一个“阴阳十三法”。太极拳处处离不开无极、太极、阴阳的基础理论，尤其在太极推手运动中，贯彻太极阴阳法尤为重要。阴阳十三法的内涵由太极拳诀《太极阴阳诀》导出：

太极阴阳少人修，吞吐开合问刚柔。

正隅收放任君走，动静变化何须愁?

生克二法随着用，闪进全在动中求。

轻重虚实怎的是，重里现轻勿稍留。

杨班侯是太极技击大家，他把“掤、捋、挤、按、採、挒、肘、靠、进、退、顾、盼、定”十三法纳入“阴阳诀”，组成前六法半，再配上后六法半，合成“阴阳十三法”。

前六法半以“掤捋”为一法，“挤按”为一法，以此类推，组成如下：

掤捋、挤按、採挒、肘靠、进退、顾盼、定。其中掤为阳，捋为阴，挤为阳，按为阴，採为阳，挒为阴，肘为阳，靠为阴，进为阳，退为阴，顾为阳，盼为阴，定为半法。

后六法半为正隅、收放、吞吐、刚柔、虚实、单双、重（中），其中正为阳，隅为阴，放、吐、刚、实、单为阳，收、吞、柔、虚、双为阴，重（中）为半法，与前六法半中的定合为一法，合为“阴阳十三法”。

前六法半是应用基础功，后六法半是应用技法功，这说明，无论在拳架中还是推手中，除了修炼“十三势”功外，还要时刻不忘后六法半的应用技法，但前六法半的应用是基础功和根本功。

太极歌诀曰：

掤捋挤按须认真，採挒肘靠就屈伸，
进退顾盼与中定，沾粘连随虚实分，
手脚相随腰腿整，引进落空妙入神，
任他巨力来打我，牵动四两拨千斤。

三、何谓“着”？何谓“着熟”？

王宗岳宗师在《太极拳论》中曰：“由着熟而渐悟懂劲，由懂劲而阶及神明。”通常认为，太极拳由三层功夫组成：第一层是“着熟”，第二层是懂劲，第三层是阶及神明，可知“着功”是首要练的。何谓“着”？何谓“着熟”？“着”是首要概念。

现在很多人把“着”看成是“招”，这是不全面的，虽然“着”离不开“招”的体现，但其内涵是不同的，必须要分辨清楚。

（一）何谓“招”？

“招”原来是以手形打招呼，或招手的意思，用在武术里就体现为攻防关系，出手就成了“攻招”或“守招”的“招式”了，表现为武术形招。汪永泉大师说：“凡是招都属有形，在后天强力的基础上，用种种不同的招法，应敌制胜。以自己的外形制敌之外形，谓之‘招法’。但这些‘招’只是外形的应用，是定型的单纯的‘招’，必须‘招’中有‘术’，‘术’是一种内功，是本身‘精、气、神’的一种化合。”

由上文可知，“招”是形招，以形出手谓之“招”，即“一手一招”之谓也。一手即一下子，你攻招一下子，我守招一下子，以招对招，以招破招。如果招中无术，只是落在形招的对抗上，则武术的含金量就极低。

（二）何谓“着”？

“着”是着手，为“过着”是谓也。过着即过手，过手者非一手之谓也。吴图南大师在“着功”中说，所谓着功，简单地说就是你往我来，一式一用。比如你练搬拦捶，你应该知道势是干什么用的，怎么叫搬，怎么叫拦，怎么叫捶。其他如揽雀尾、单鞭、左右分脚、扇通臂等都是着。打个比方，对方打我一捶，我如何避开这一捶？这时可以分为三个阶段。第一个阶段是对方将要打我而刚刚出手的时候，我如何使之变化；第二个阶段是打出来的时候，我如何使他的力量打不到我身上；第三个阶段是打到身上了，对方的力量已经传导到我身上了，我如何应用内在和外在结合起来的一瞬间，转移对方力的方向，使他的力折回到他自己身上去，使他力不从心，失去平衡，并把他弹出去，这些都是着功。如上面所列举的搬拦捶势，由三招组成，先搬招，再拦招，后捶招，这个过程就是“过着”，这个功就是“着功”。所以，杨澄甫宗师在《太极拳体用全书》中曰：“着者，拳式也。今同志专悟懂劲，故不能发人。先学姿势正确，次要熟练，渐学懂劲。古人云，不揣其本而齐其末，方寸之木，可使高于岑楼。”这说明，练好拳架才是用“着”的根本。

陈微明先生说：“着熟者，习拳以练体，推手以应用，用力既久，自然懂劲，而神明矣”。说明练拳为体为本，推手为用，有体有用，体用熟练才为“着熟”。

王培生先生说，首先应该按照教师的姿势盘架，要求姿势正确再求着熟，了解每一着的虚实阴阳，再了解每一着的用法，再了解太极拳的各种劲儿的意义，由推手而求懂劲，训练皮肤感觉的灵敏，懂得各种劲的用法，能够随心所欲，方能达于化境。

综上可知，先贤们一致认为，必须先从拳架习练上下功夫。我们常说“拳架是宝库”，拳架中有无极、太极、阴阳动静功，拳架中体现了十三势和十三法。在太极推手中，以无极、太极、阴阳动静功的内功为功基，以十三势和十三法基础技艺为用，在不丢不顶中讨消息，提高知觉灵敏度，在沾粘连随中求玄妙，提高懂劲的层次，斯时可称为“由着熟而渐悟懂劲”矣！这时候就更可明白王宗岳《太极拳论》中所言：“无过不及，随曲就伸，人刚我柔谓之走，我顺人背谓之粘，动急则急应，动缓则缓随，虽变化万端，而理唯一贯。”这就是“着熟”的表现了。

再进一步看，“着”的概念，其实早已由历史俗成，如大家所熟知的“棋高一着”和“三十六着，走为上着”的俗语中的“着”不能用“招”来代替。在太极拳里也有“妙手一着一太极”之说。“棋高一着”之意，是表达棋手棋艺高于对手，水平高对手一筹，就是说高于对手一个档次，对手怎么下都是要输，并不指单步（单招）棋下得好。在“三十六着，走为上着”中，表达的是三十六种计谋中，走为好计，这个“着”有“计谋”“谋略”的概念，并不指单一行为。

由此，大家就可以明白，出手为招，过手为着。过手即过着，过着就有来往，有来往就是多招了。而过手就有手法，有手法内容就更丰富了，有手法就有心法，心法即术。由此可见，以招术过着，熟练时称为“着熟”。

在太极拳里只有无极、太极、阴阳动静，修炼有成，拳架体用正确，十三势、十三法应用完备熟练，还要在推手中轮圈圆融，听劲敏感，在对持中得心应手，斯可成为“着熟”。

四、何谓“听劲”？

王宗岳《太极拳论》曰：“由着熟而渐悟懂劲”，说明着熟以后要渐悟懂劲了。懂劲是渐悟的，如何悟法？这就是由听劲入手。听劲是懂劲的必由之路，听劲的任务就是要听准对方劲的性质，即“劲别”。根据杨家研究，劲别有二十八种之多，主要还是先学会关键的几个劲别，而后举一反三。要听明白来劲的方向、大小、快慢、刚柔和虚实，再找出来劲的劲路、劲头和劲源，这些总称为“阴阳消息”。听劲的灵敏度越高，把握得越准确。水平好的连对方松通的状况都能听清楚，这叫知彼之功（运动）。会用自己的内劲（气）做出应对和控制对方，称知己之功（运动），知己之功也是内听功夫，内听即弄清楚自己体内感觉，必须有内功基础。这样才能知己知彼，百战百胜。那么如何听和怎么听呢？“听”并不是靠耳朵听，是一种感觉运动，“感之于身，觉之于心”，即要在“粘连黏随不丢不顶”的接触中讨消息。双方的手臂相互接触，用皮膝的灵敏度来感知对方的信息，用静心来察觉对方意向，称为“听劲”。可知，皮膝灵敏度愈高，愈能察知对方的症结而稳操胜券。

通常我们说的“行家一搭手，便知有没有”，就是说听劲灵敏度高者，一搭手对方的情况心里就全清楚了。例如有的人松静不好，两臂硬邦邦的，两肩紧紧的，基本骨架都松不好。有的人一出手，就架在那里不往下落了，一碰硬硬的，这就是外棍、外板。有的人手和臂虽未贯力，但一动形就蕴内劲，这就内棍、内板。有的人上身松得挺好，但还习惯性地内部丝丝牵筋。有部分人上肢上身都松，劲都停在腰上了，反应为“腰折”，腰未装好，不能松沉到脚下去……只有一搭手就感到其松沉到底了，才能称为好手。搭手连松沉都未做到，如何能“运劲如抽丝”而出手呢？

如果听到对方松沉落地了，这时就必须学杨家人所说的：要用“问劲”法“点问”出其“劲点”或“劲源”，并让其做出反应以问出其轻重虚实的程度，如李亦畬先生所说的“称彼劲之大小，分离不错，权彼来之长短，毫发无差。前后进退，处处恰合，工弥久而技弥精矣”。

陈微明大师说：“听劲功夫，先练习两臂，久而久之，全身皆需练习听劲，粘在何处，其处皆有知觉。”

陈炎林著的《太极拳刀剑杆散手合编》一书中载田兆麟大师所言曰：“此听，乃周身皮肤感觉之听，非通常用耳之听也，故在未练听劲之前，必须先练粘黏劲，若不明粘黏，则不能听。或以推手之纲领，全在懂劲，而未知不听，则不能懂”“太极拳之听劲亦然。非将己身呆力俗气抛弃，放松腰腿，静心思索，而敛气凝神以听之不可。夫不听，如何能懂？不懂，如何能走？不走，如何能化？不化，如何能发？由此可知太极拳中之听劲，甚为重要，希望学者深注意焉。”

以上所述皆为“触体听劲”。当太极拳练到上层功夫时，即达到虚静空灵状态时，可以“离体听感”，即以气测，以神感。耳朵、眼睛、鼻子、气测、神感都用上了，出现“凌空”现象，即如吴图南大师在《太极拳之研究》一书中所述：“如果两个人的手或臂接触上了，是使的近距离感觉，因为接触上了，用的是触觉。但我们讲的凌空是远距离感觉。远距离感觉大致可分为视觉、嗅觉和听觉。……在我们的手和臂还没有跟对方接触之前，就要在那里听。这时候也在看，鼻子也在嗅，耳朵也在听，处处都用远距离感觉。对方的一切，连内脏到外表全要检测。他的脉搏次数、血压高低、呼吸长短等全听见了。这样全身透空以后，我们就一目了然了，斯时我们去接触，就无处不可接了。远距离感觉也可以叫遥测，我们用神就可以在较远处将他控制起来（遥控）。可以不必有形有象，在无形无象中已经合为一体了。全身透空对自己来讲，任何一个东西都不能加在我身上，就叫全身透空。这样再彼此往来，才能应物自然。所以离而未发，你即能知其将发；他何处欲动，你即知其将动。换句话说，是在你没有跟对方接触，甚至你还没有用远距离感觉时，你已经对他了如指掌，故你随便到他那里，即如入无人之境。”

五、何谓“吃劲”？

在太极拳的正统传承中，练习“吃劲”的过程是很严格的。“吃劲”是一种“练整”的训练，用以养成“得整”的功夫。很多人练的像散架子那样，接也不行，发也不行，不能整吃整化，何谈完整一气，周身一家呢？吃劲也是获得“接”“听”高灵敏的方法之一。有听就可吃，有吃必有因，有因必有果，其果不是吃完“化”，就是吃完“弹”。如遇到功浅者，可以全吸全化，如遇功深者，可以灵敏地整体弹出而自我保护，不用思考便立即反应，这就是高功夫了。实际上，“吃”是摸透对方水平的重要手段，要吃尽而化。如何吃尽而化？这就必须练有松空通内功，吃得越准越细，吃得愈灵敏，松空状态愈高，吃其能，化其根，使对方如临深渊，浮气拔根，六神无主，这时对方就由己任意处置了。练功有素者，其“吸、吃”之法，是以神接，以气引，以底空，而使其“神、意、气、形”全部消空或化空。当然亦可以吃其劲，“榫接”上了再弹出，效果亦是不错的。通常先练吃劲的反应，要练成会吃且能吃干净并能转化为借其力而弹跳的基本功。其表现要如诀所言：“被打欲跌须雀跃，巧挤逃时要合身。”就是说，在吃劲过程中，必须学会雀跃，俗称学会“蹦”。这个“蹦”是有学问的，可以在“整”的情况下把受力卸干净，它是养生的，也是太极功夫上身的一个练法和途径。

其实吃劲更重要的是提高感觉的灵敏度，吃劲练得有素者，对发放者的内气运行都能做出反应。虽然发放者外形没有动作，即所谓无形无象，但其好似眼睛一动，手指一指对方就飞出去了，这个看似是假的，不可思议，其实发放者在做内部功夫，内气运行已经传到四梢了，灵敏度高的人此时能吃而蹦出，功夫未到这个层次是理解不了的。还有一些练习有素者，专能“吃意”，所谓“意到劲到”，他们能在对方意到而劲尚未到之前弹跳而出，所谓“意之所至即能感”，这种吃意，可以验证，能丝毫无差、完全准确。这个“意之所至”者，其“意”是“能”，其“能”颇大，是耗能的，属于后天之功，只能偶尔用之，若常用或久用会伤身体元气。还有些感觉灵敏度高者能“吃空”，即高手练到“全体透空”的“虚空无”的状态，能接其空而弹跳出去，此时即表现为双方并无接触的“凌空现象”。

六、何谓“喂劲”？

“喂劲”是学好“听劲”和“懂劲”的必经之路，也是太极拳的一大特色。“喂劲”是用来模拟“挨打”和“打击”的一种重要手段。很多人不明白，为何要练“喂劲”式的“蹦蹦跳”，其实，很多大师、名师都是在经历恩师“喂劲”和自己“吃劲”的训练后，才步入太极殿堂的。“喂劲”先模拟外家拳的力型架或尚未松好的僵滞架，以“喂”的方式，练习如何挨打，先在师兄弟之间互相“喂着”，再练习在“喂劲”下的击打技艺，熟练之后，脱开“喂着”，自由练习，再逐步过渡到实战中去。其实在实战中经常会遇到喂练中的状态，这时候就可以处理自如。经过长期不断积累后，就能“得心应手”了。

“喂”的原意是“喂食”，即给那些幼者“喂吃”，喂的时候要慢慢喂，渐渐喂，直到幼者自己独立。太极拳将此用为初学者的入门之径。这个“喂”有两层意思，有“被喂”和“主喂”之分，在拳里则分为“与己喂”和“与人喂”。“与己喂”即受喂者自己做好“喂着”的准备状态，称“喂接态”。“与人喂”即喂给者主动做好“送喂”的状态，称“喂给态”。

作为受训方，喂接者在“喂接态”时需要在以下几方面进行练习。

喂打。先把自己得整，即“喂整”，后迎对方的来打。第一步先以力型“喂态”来模拟外力型架状态，然后迎打。第二步模拟内劲型架状态，可以明劲显，也可以暗劲显，然后迎打。其迎喂时，可以用手背、手臂、手掌或肩膀。被打以后，可以将能量通过跳跃释放。

喂听。喂听在调好喂整的状态下，在粘连中“静听”和“感觉”来劲的“劲别”及“劲性”及其迟速和轻重。喂听要求“精神贵专注”“挨何处，心用在何处”。

喂接。喂接即学会接手的功夫。要在不丢不顶中接其中、迎其端，逐步过渡到能“接测”和“接虚”。

喂吃。喂吃即吃来劲，需要在喂整好的情况下，主动“吃劲”和“吃尽”，即吃得干净，而且全部转化为弹跳的能量。吃要吃得准、吃得细，分毫不差。练功有素者，不仅能吃劲，还能吃气和吃神。

喂懂。喂懂即在喂整的情况下，通过“听、接、吃”来渐悟所喂来劲的“劲别”及“劲性”，以获得懂劲的能力。

作为施授（师）方，喂给者的“喂给态”有正喂与反喂两种。

正喂即“正向喂给”，正喂要注意下面几个方面。

喂整。喂整即喂给者本身必须完整一气，周身一家，“得整”，所喂的劲都要是整劲，在喂整的过程中，不能变劲和转化。

喂明。喂明即所喂的劲必须明确清晰，劲别分明，劲性清楚，不能含糊。

喂练。喂练即逐项喂练，循序渐进，如先喂给“八法八劲”劲别及劲性，再喂“八法八劲”中的粘连黏随不丢顶等技法，使受喂者逐渐入门。

喂细。喂细指在喂给过程中，由粗而逐步入细，甚至涉及身内精微细腻的内气运行过程，不宜保守。

反喂则是从“喂给”反转为“喂受”，通过接对方、受对方的劲，给对方提供反馈，让被喂的人对自己的劲有所认识。所以“反喂”的主要任务是通过喂受帮助受喂者学习和熟练“听、问、化、打”技艺。正喂有助于学者“知彼之劲”，而反喂有助于学者“知己之劲”。能做到知己之劲和知彼之劲，就能懂劲儿了。

七、何谓接手？

既然太极拳是武术，武术就要交手。现在的交手有技击交手、切磋交手、以武会友交手和养生交手几种类型。要交手就有出手，有出手就要接手（以手迎接对方出手为接手，通常把双方相接的第一手称为接手）。太极拳接手有特殊要求，即一接便要“粘连黏随不丢顶”，以便在不丢不顶中讨消息，在粘连黏随中求玄妙，目的是一接便要得机得势。即以“沾化”，以“粘顺”先得机。《太极拳论》曰“人刚我柔谓之走，我顺人背谓之粘”，就是对接手而言的，走即化，以沾化得机；粘即顺，以粘顺得势。可知太极拳要求一接手的开局就要得机得势，这是太极拳体系的专有特色。汪永泉大师在《杨式太极拳述真》一书中说：“总之，一接手先应使对方不合适，继而失中。”太极拳接手的另一特色是“以意迎，以手接”。意为主，为主动、为迎，手为被动、为接。如何做好接手，武禹襄宗师在《十三势说略》中曰：“每一动，唯手先着力，随机松开，尤须贯穿一线……始而意动，继而劲动，转接要一线穿成。”汪永泉大师对太极拳接手研究最透，他在书中说：“接手的问题，乃是练拳一生的结晶，既要求具备知己的功夫，也要求具备知彼的功夫。”他告诉我们如下几条：

接手意在先：接手不能“干接”，接手意在先的条件是自己身上要有“东西”，这便如武禹襄宗师所说的“挨何处，心用在何处”。

刺皮不刺骨：手接触对方时要轻，轻如鸿毛。刺皮不刺骨，像牵衣领、皮肤的劲，手要松软，但不是“没有”，意气要贯到手上。要虚接，似接非接，不能实接。手到接实时，对方已被发出去了。

要点不要面：接手时，要点不要面，面中求点，点中有面。面中再求更小的一点，便于意气的渗入。“要点不要面，要面两不便。偶遇面与面，及时松开变，松开重新接。”

一接点中求：一接点中求，指意气通过接触点，即对方的劲端，“求侧”“找缝儿”“叫开门”，深入对方的劲源中。顶点是实点，实点的周围都是虚点。一接手，在似接非接之时，就要听准这个“缝儿”。

汪老特别告诫，在推手中不能用手抓、攥、拽、戳、推、反关节，否则用来侦察、掌握方向的功夫就失灵了。

以上讨论了接手的原理和要领，如果细分其内涵，接手可分为“接形”“接劲”“接意”“接神”。“接形”即是“接招”，是初步功夫，可以手接、臂接或身接，身接需贯以步法。“接形”不是以普通武术的“架接”法去“硬接”，而是以“迎接”或“引接”的方法去“接”，就是说接引对方来力，招入吾壳，即进入我的圈里边化边打，就好似迎接篮球入手，接引后再转移出手那样。

要学会先以意去迎接来形，再以我形（手或臂）接引其入我圈落空，再借其力击之。太极拳诀曰：“引进落空合即出。”

接手的根本问题还是“接劲”问题。

八、何谓“接劲”？

杨氏太极拳大师郑曼青先生在《郑子太极拳十三篇》中说：“余从澄师游七年，为之所苦而难到者，只有一，曰‘接劲’……太极拳之所以过人者，无他，唯有一接劲而已。”接劲是太极拳里独有的一种重要技法，学会接劲才能应用太极拳的各种技艺。郑先生又说，太极拳之接劲，好比一个重球击来，我能接住而复掷出，乃为“接劲”，其缓速轻重，粘提听放，吞吐之意，俱在刹那分寸之际。这些话，其意都在说明“接劲”是太极拳技法中的第一要义，接劲不明，接劲不熟，一接接不上，就只能挨打了。陈炎林在《太极拳刀剑杆散手合编》一书中也提到了接劲，“何谓‘接劲’？是对方以任何方式打来时，我方承接运用之法”。可知，“接劲”的任务是“接而为用，用以化打”。细说有以下几个内容。

（一）听接：在来劲承接的刹那，立即粘黏而听，谓“听接”。听接过程中要有“接点不接面，一接点中求”。由点直听对方松硬状态、劲路运行及劲源点，从而可以以虚接实，以重击中。如果对方不给我点，或者变化很快，我粘黏着任其自由变化，等他再向外出劲时，重新再按上述接点的方法接上，正如拳诀所述“万般变化如新接”。

（二）问接：当双方接手后，对方游离而不出劲时，可以通过“问劲”的方式，点问其劲路，让其做出反应。“点问”可以问出其松紧状态、劲路及其劲源点。刺问的时候要“刺皮不刺骨”，因为“刺骨皮必堵”，什么信息也听不到了，以上这个接手的过程就是“听、问、拿、放”的过程。

（三）引接：当对方来劲时，以意迎，以势引，以手接，即“引、化、拿、放”的过程，归结为“引进落空合即出”。

（四）粘接：即粘黏接。练功有素者，就接就粘，一粘就起，浮气拔根。李亦畬大师已说清楚其原理和方法了，其《撒放密诀》曰：

擎起彼身借彼力（灵），引到身前劲始蓄（敛）。

松开我劲勿使屈（静），放时腰脚认端的（整）。

可知粘擎的手法要在相当内功基础之上才能做出来。吴图南大师的粘接尤为出色，一接就粘，一粘就不脱，此时敌欲攻而不得逞，敌欲逃而不得脱，敌欲变而不得其法。

（五）榫接：榫为接骨斗榫之意，即在接劲过程中，直接与对方的劲完美承接在一起，像榫子一样，榫接无分。所谓“接手如落榫”，落榫的方法就是：一对准，二吃牢，三处置。要能和着彼劲，只有具有“舍己从人”的过硬功夫，才能“从人而由己”。这样就可以“或化、或控、或发”地由己处置了。此层功夫，如未练到“松柔虚空无”的内气运行状态时，是难以胜任的，是无能去榫接的。

（六）弹接：弹接是像接排球那样接后直接弹出。杨班侯宗师就具有此功夫。杨班侯接手只用两手指，应接一弹，对方就被放出数丈，外表看似一弹，其实内气相接，虚实转换在那一瞬间就已完成了。

（七）敷盖对吞接：“敷盖对吞”为武禹襄宗师的“四字秘诀”，在接手中运用得极其巧妙。

敷接：敷者，运气于己身，敷布其劲上，使不得动也。在接来劲时，以我意用内气敷布其劲上，不让其出来和动弹，具体地说，遇劲头时，包裹其头，周匝其劲路，使其不得动。如果劲头劲路不明显时，则深入追其劲源点，并包匝其源，使其无法动弹。

盖接：盖者，以气盖彼来处也。在接劲时，以我意用内气闷盖其劲头来处上，使其不得出也。也就是按盖住他的来劲，使其不能撼动。如劲头不明，则深入追其劲源点，使其劲不得出。

对接：对者，以气对其来处，认定准头而已（而去已）。认定准头的目的，就是对其劲源“对而放”。“对”实际上就是“吞吐”之吐。要吐必须对准。如何对准，就要用榫接的方法，即一对准、二吃牢、三处置。处置即为“对而放”之“吐”。就是说以我意用内气“对”其劲之来源“吐而放”。技高者，可以直接“对”其“根劲”而放。

吞接：吞者，以气全吞而入于化也。在接来劲时，以我意用内气将之全吞而化之。这个“化”不是引接（进）落空的“化”，而是完全“吞化”。“吞化”同样也先要“落榫”对准，吃住再“吞化”。此“吞化”比“引化”功夫层次要高很多，技高者可以直“吞”对方“根劲”，使其全身失空而弹出。

九、何谓“接空”？

接手时，接之于手手为“无”，感之于身身为“虚”，觉之于心心为“空”，是谓“接空”。就是说，接手没有手，身感身为虚，心觉心落空，全体身心接入“虚无空”中。身心完全失控而失惊，表现为六神无主，心荡空，身浮气拔根。这个时候就可以对对手一目了然，任意处置了。这种不用近距离接触而可以离体操作的情况，可归为“凌空”现象。如吴图南大师所言：“太极拳在应用接手的时候，大体上分两种接手：一种是两只手和两只胳膊跟对方接触，就像一般的打手；如果两个人还没有接触就能够由一方制胜了另一方，就属于另一种。它是太极拳所谓的高级部分，就是凌空。凌空的第一步就是要练功，它是由于练而产生出来的。一个人的精跟气是两种物质，两个合在一起产生出来神，也就是说，神是最后的结晶，它微妙得很。阴阳不测之谓神……如果两个人的手或臂接触上了，是使的近距离感觉。因为接触上了，用的是触觉。但我们讲的凌空是远距离感觉……这个时候眼也在看，鼻子也在嗅，耳朵也在听，处处都用远距离感觉……这样全身透空之后，我们就一目了然了。”

第三节　太极推手基本技法和应用

太极拳宗师杨澄甫先生在其著作《太极拳体用全书》中引述了《张三丰太极拳遗论》（王宗岳解）“十三势”之内容：“长拳者，如长江大海，滔滔不绝也。十三势者，掤、捋、挤、按、採、挒、肘、靠，此八卦也；进步、退步、左顾、右盼、中定，此五行也。掤、捋、挤、按即乾、坤、坎、离四正方也，採、挒、肘、靠即巽、震、兑、艮四斜方也，进、退、顾、盼、定即金、木、水、火、土也，合之则为十三势也。”

十三势中指出，就运动方位而言，要符合先天卦位四正四隅之理，即先天八卦八方线的道理，这实际上表述了掤、捋、挤、按正向攻防招数和採、挒、肘、靠斜向攻防招数；就步法而言，要符合五行五步之理，即五行步法理论，合称八门五步，其数十三，故称“十三势”。十三势不是指行拳的十三种姿势，而是指太极拳各拳式招招均含有十三势之内涵。不含十三势内涵的拳不能称为太极拳，所以现今也有人称之为“十三势太极拳”，其练法应概括为神灵太极、怀抱八卦、脚踩五行。

一、掤

掤为八法之首，有弹性之膨胀，通常双臂双手置于对手之下，粘贴在一起，在不丢不顶中讨消息，在不即不离中求玄妙。掤如水负舟行，能化能发。掤在卦为乾，在拳为掤。乾象征天，为阳，为刚，其方位为正南，其气势如“天行健，君子以自强不息”，刚正不阿，正气浩然，刚正中含有弹性。乾的卦体为乾三连（图 5−1a），三连分别代表天、地、人。三连长引成三圈圆，平面图 5−1b 显示了三圈的二维膨散图，似水波之膨散，又似舟在水上浮行。

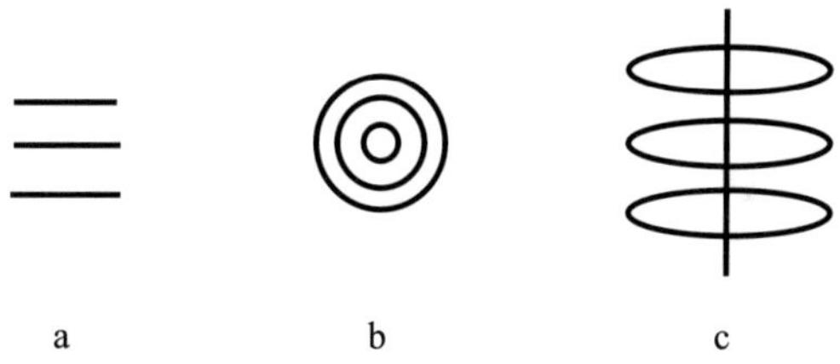

图 5−1　乾三连（掤）示意图

在立体图 5−1c 中，上圈为人身之顶圈，为天，位于人的头顶泥丸百会处；下圈为底圈，为地，位于人的足底两涌泉处；中圈为身圈，为人，位于人的腰胯处。底圈依靠地之母，顶圈依靠天之助，中圈依靠人之灵。三圈一线贯串，内以充气，成三维之簧，为掤的基本原理。由图 5−1b 可知掤的性质为“掤在内，形在外”，“掤之不足，乃内气不充”。在相关拳论中，太极拳《八法秘诀》的内容最符合卦理，解释掤义如下：

“掤”字义何解？如水负舟行。先实丹田气，次紧顶头悬。周身弹簧力，开合一定间。任尔千斤重，飘浮亦不难。

杨澄甫宗师在《太极拳体用全书》中说：“掤法向外，驾御敌人之按手，使之不得按至胸腹贴近，故曰掤。”吴图南大师在《科学化的国术太极拳》一书中说："掤。掤者，捧也。敌击我，而我因彼力而斜上方捧之，使其力复还于其身，而不得下降也。"早期太极名家许禹生先生谓："掤，捧也，上承之意，膨也，如蓄气于皮球中，用力按之，则此按彼起，膨荡也，令力不得下落也。"

以上讲的都是"式法"。

田兆麟大师在手抄本《田兆麟太极拳社》中说八法八劲，讲得很透："掤，为八法之首，太极拳走架子及推手无一时离开此掤劲，即谓太极拳为掤劲拳，亦无不可。掤劲向外向上之动作，乃顺抽丝，居于上而向圈外，位在人手之下为进、为攻、为开、为放，属于阳。考掤劲之根本，系生于弹劲，而弹劲之由来，又生于气功（蓄真阳，内藏充足），气能贯串蓬勃于内，如橡皮之带，即有弹性方可为掤。如掤劲不充，乃内中之气不足，即无弹性，自缺节节贯串之功夫，故掤劲为太极拳之重要劲也。"

二、捋

捋为掤的反向之法，捋有捋虚引空之效，通常双臂双手位于对手之上，粘贴在一起，不丢不顶，不即不离。在卦为坤，在拳为捋，坤象征地，为阴、为柔，其方位为正北。坤的性质为"地势坤，君子以厚德载物"，所以主守、尚柔、为母，有坤顺、含蓄的意义。其卦体为坤六断（图 5-2a），同理可得平面图 5-2b 和立体图 5-2c。

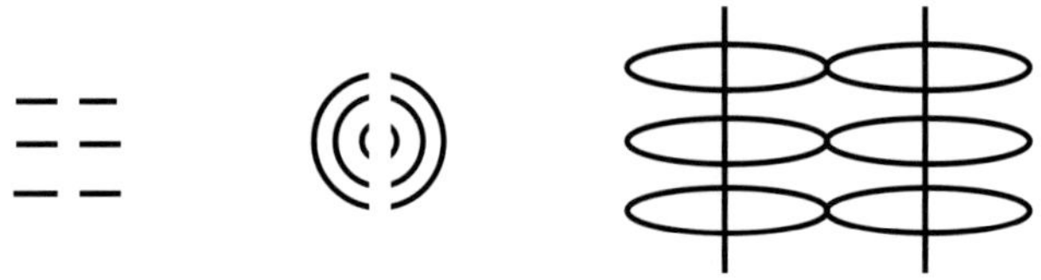
a　b　c

图 5-2　坤六断（捋）示意图

坤卦三爻中间中断，成了一个陷阱，有虚空之义，所以可顺其来势而空化，又可引导使之前而引进落空。图 5-2c 象征人体左右三圈有圆活之趣。上为肩圈，中为胯圈，下为足圈，因而能实现肩引、肩化，胯引、胯化和足引、足化的功用，也可以实现左化右进、右化左进的功用。图 5-2b 显示圆转虚连，能以柔克刚、以静制动、以虚待实、以轻制重。《八法秘诀》中的捋义如下：

“捋”字义何解？引导使之前。顺其来势力，轻灵不丢顶。引之使延长，力尽自然空。重心自维持，莫为他人乘。

吴图南先生解：“捋者，舒也。敌掤我，我向斜下方捋之，以舒其力。”田兆麟先生解：“捋，为掤劲反方向之劲也，亦可说仍为掤劲也，不过掤劲往上而向圈外，捋劲往下而向圈内。故掤劲居于人手之下时为多，捋劲居于人手之上时为多。捋为向内向下之动作，乃逆抽丝，为退、为守、为合、为收，属于阴。故掤捋两劲应随时倒换，捋中亦应有掤，方不至将对方之劲捋入自身。”

三、挤

挤在卦为离（☲），离中虚，在拳为挤。挤为阳抱阴，阳中有阴。离为火，火焰而中空，外实而内虚。刚中有柔，实中有虚，虚而有容。中爻表示虚中充内气，即外似有排挤之势而内以充气。其可直接产生排挤力，间接产生反应力。其方位为正东。《八法秘诀》中的挤义如下：

“挤”字义何解？用时有两方。直接单纯意，迎合一劲中。间接反应力，如球碰壁回。又如钱投鼓，跃跃声铿然。

吴图南先生解：“挤者，排也。敌之以双手捋我，我将肱平曲而排挤之，使敌之双手均避于怀内，而不得移动。”杨澄甫宗师解“挤者，与捋势相反，捋则诱彼敌之按劲，使其进而入我陷阱而取之，必胜矣。”田兆麟先生解：“挤为补足掤劲不够之劲，多用双手，使双手之劲交叉聚于焦点，‘合掤为挤’，则掤之度数自然增加。此劲近于攻，可为用採之预备着。又可谓挤劲乃双掤之合劲也。”

四、按

在卦为坎（☵），坎中实，为满，在拳为按。坎属水，为阴抱阳，外虚内实。水柔而内蕴刚，水无孔不入，无门不进，无洼不满，遇高则膨满。坎中阳爻表示身内中气满而蓬勃，其势不可挡。其方位为正西。《八法秘诀》中的按义如下：

“按”字义何解？运用如水行。柔中寓有刚，急流势难挡。遇高则膨满，逢洼向下潜。波浪有起伏，有孔无不入。

杨澄甫先生解：“按者，因挤势不得其机势，便将右手缘彼敌之左肘外廉转上，仍成捋势捋回。如捋又不得势，则翻右手，以手心按彼左肘节上抽出，左手又以手心按彼左腕上，是谓之按。按之转复为掤，掤捋挤按，终而复始，轮转不已，此谓练习粘连黏随之意也。”吴图南先生解：“按者，抑也，敌挤我，我下按而抑其力，使其力不能上腾。”。田兆麟先生解“按为听劲之用，有如按兵不动之势，以听取对方之变化。其劲系下掤劲，为沉字之功用，使对方之根牵动浮起。若按向前进，则转为掤劲；按向左右，即为捋劲；按而合之，则为挤劲；用按若能得势，则为放劲。‘按’中藏有‘指’之功，用为擒拿术之一。故有单按、双按之分，而以牵动发劲为主。”

五、採

採为採拿，有採果起断之意。在卦为巽（☴），巽下断，在拳为採。巽属风，又为隐。卦象为一阴在二阳之下，巽以入，行以风。《杂卦》说：“兑见而巽伏也。”

《周易大传新注》：“见同现，即显现于外；伏，为隐伏，即隐藏于内。”所以採如风而功隐于内，就是说在做採功时，手不能妄动而内以神气注之。由卦象知，上爻表示神贯顶，中爻表示中气满，下爻表示其根为虚。所以採时要神贯顶，用时如权之引衡。採的结果是对方一定起根。

其方位为西南。《八法秘诀》中的採义如下：

“採”字义何解？如权之引衡。任尔力巨细，权后知轻重。牵动只四两，千斤亦可称。若问理何在，杠杆作用存。

杨澄甫先生解：“採者，连着彼之肘与腕，因彼伸臂袭我，我顺其势而取之，是收回意，谓之採。”吴图南先生解：“採者，摘也，择而采之之谓。将敌之力向旁牵引如选物者，先择而后取之，转置他方之意也。”田兆麟先生解：“採为反向之挤，系两分力之劲。考採之字义，一手外捌，一手下採，有如採取果品，一手执枝，一手摘果。用採之手，须抽丝以向后下斜而採之，不可如拉扯，必须旋转。而后採亦非手向后採，乃系由上而斜向下採，使对方足跟浮起，为补足四正之用也。”

六、挒

挒为旋转，有转动之意。挒在卦为震（☳），震仰盂，在拳为挒。震属雷，雷性动，卦象为二阴覆盖在一阳之上，阴压之愈强而阳之爆发力愈大，象雷之性而震动。动而速，如迅雷不及掩耳，又动而急，如急流成漩涡。由卦象知，上爻虚表示虚领神，中爻表示收敛，下爻气沉而坚，挒之动力源在于底气。其方位为东北。《八法秘诀》中的挒义如下：

“挒”字义何解？旋转若飞轮。投物于其上，脱然掷寻丈。急流成漩涡，卷浪若螺纹。落叶坠其上，倏尔便沉沦。

吴图南先生解：“挒者，以手执物而力转之，转移敌人之力，还击其身也。”田兆麟先生解：“挒为击劲之主，与放劲不同，有空即打，遇隙即击……一手用挒劲，其他一手，须有裹抽之劲，以保持自己身体之平衡。挒劲用法，系以抽丝而出，须待抵达对方之点约数寸间，方许发生挒动作，故又称为太极拳寸劲之击也，此仍以隅手补助正手之法也。”

七、肘

肘为屈使，有肘击或肘防之意。在卦为兑（☱），兑上缺，兑为泽，在拳为肘。卦象一阴进于二阳之上，刚中而柔外，有顺乎自然、逢凶化吉之意义。上爻为阴虚，表示神虚领（灵）。中爻表示内气充盈，下爻表示底气充足、底盘稳固。肘击虚实变化多端，有明肘（阳）、暗肘（阴）、上下肘，还能滚、靠、挤、压、砸等。肘可转化为连环势，而开花捶更凶。肘防可以如泽之化，能肘捋、肘化，有“肘空一大片”之说。其方位为东南。《八法秘诀》中的肘义如下：

“肘”字义何解？方法计五行。阴阳分上下，虚实须分清。连环势莫当，开花捶更凶。六劲融通后，运用始无穷。

吴图南先生解：“肘者，臂之弯曲处之外侧也，因彼之捌力，乘势以肘击敌也。”田兆麟先生解：“肘为击人之二道防线，如有出圈之时，不及以採挒补救，则用肘劲。”

八、靠

靠为靠击，有撞击、崩炸之意，在卦为艮（☶），艮覆碗。艮为山，在拳为靠。卦象为一阳置于二阴之上。上阳有马至悬崖之险和以静待动之义。艮如山，山性静，上顶而下虚，表示山无根而始终中定，所以靠要维持好中定。上阳爻表示神贯顶，下二爻含虚，中定而静若山岳。靠有身靠、背靠、肩靠、胯靠。其方位为西北。《八法秘诀》中的靠义如下：

“靠”字义何解？其法身肩背。斜飞势用肩，肩中也有背。一旦机可乘，轰然如山崩。仔细维重心，失中徒劳功。

吴图南先生解：“靠者，以他物以为安固之谓，因敌力向前进身，乘势以肩靠之。”田兆麟先生解：“靠为击人之三道防线，靠之功用，不许平行而出，予敌方以用连劲之机会，故用时必须斜向下靠，使对方之根不能不断，而后方得靠之用也。在上为肩靠，在下为膝靠，以胯为发动之枢纽，迎面为腹靠，转身为背折靠。总之，非至于手足失其作用，不得已以靠补救之，此空隙仍为补助四正之用也。”

以上已把八法及其功用讲述清楚了，可知每一法的内容都极其丰富。例如掤字意何解？掤有掤法，以手掤为掤手，以臂掤为掤臂，以身掤为掤身。以式显则为掤式，以架显则为掤架，以劲显则为掤劲，以势显则为掤势，以场显则为掤场，以掤“化”则为掤化，以掤“发”则为掤发。以掤接手则为掤接，类推有掤听、掤引、掤牵、掤吸、掤吐、掤沾、掤粘、掤连、掤随等。如与其他七法组合，成为八法组合序列，可有64种组合。以此类推，其他七法同样可以形成各式、各法、各势、各场、各手。这些都应在推手交流中熟练应用，亦归于“着熟”范畴。

以上所有练法还在“着熟”而“渐悟懂劲”阶段，归于有形有象范畴，当修炼到练功有素时，就会进入“掤捋挤按皆非是”的更高层次了。

下面我们讲五步。

九、进

进为进步、前进之意，在卦为坎（☵），坎为水，外虚而内实。在拳为进。在五行也属水，水进而能润下。卦象为阴抱阳，中爻表示阳气充身，上爻表示神虚领（灵），下爻表示足缥虚腾空，进如行云流水，神虚领（灵）而步轻灵。坎卦为阳，主攻，有“进水退火一阴阳”之说，所以进则圆满而不凸。

十、退

退为退步、后退之意，在卦为离（☲），离为火，内虚而外实。在五行也属火，火退而能炎上。卦象为阳抱阴，中爻为阴虚，说明退中含虚，后中有空，即“退一步，海阔天空”。上下爻表示圆满而阳强，所以退则圆强而不凹。

十一、左顾

左顾为左顾步，左旋而顾三前。左顾步可进可退，进为左弓步，退为左坐步，不论左旋为弓步还是坐步，都必须顾好三前不受攻击，三前为眼前、手前、足前。左顾在五行属木，位于东，也称木步，木曰曲直，即能曲能直，左弓、左坐均可曲可直，曲可化，直可攻。木性能生能克，木生火，则木步就能转为退捋、退化。木克土，则木步就能转化为进挫，进挪则其根自然失中。

左顾在卦为恒卦（䷟），为上震下巽。恒卦有恒久之意，震为雷，巽为风，有雷发风行之势。上震卦在五行属木，下巽卦在五行也属木，震巽重木一气，卦象证实左顾步为木步，所以所行之木步必须具有雷发风行之势。

十二、右盼

右盼为右盼步，右转而盼七星。右盼步可进可退，进为右弓步，退为右坐步，不论右转为弓步还是坐步，都必须盼七星。七星即为对方的头、肩、肘、手、胯、膝、足 7 个动点部位。右盼在五行属金，位于西，金曰从革，即能随屈就伸，右坐、右弓均能随屈就伸。金能生能克，金生水，则金步就能转为进掤、进挤。金克木，表示金步之进退用以迎克木步之进退，关键在于随屈就伸。

右盼在卦为履卦（䷉），上乾下兑。履卦象征小心行走。上乾卦在五行属金，下兑卦在五行也属金。乾兑重金一气，卦象证实右盼步为金步，所以金步必须独善其身，盼好七星，才能履危而安、随屈就伸。

十三、中定

中定为桩步，表示不进不退，不左不右，中直而稳定，为固定不变的步法。中定必须“尾闾中正神贯顶”“腹内松净气腾然”“虚灵顶劲气沉底”“松腰松胯松涌泉”“无形无象静待动”。

中定在五行为土，土曰稼穑，万物土中生，五行缺土万事不成。土位于五行中央，故称“中央戊己土”，而“中土不离位”。土为五行之黄婆，修炼时，五气缺土难朝元。土为五行之基，练功缺土缺心意。土为五行之母，练拳缺土无定功，所以五步八法都不好用。

中定在卦为剥卦（䷖），下坤上艮，艮为山，坤为地，剥卦表示阳被阴所剥，天阳领而地阴壮，说明山与地相连，稳固而不能撼，稳定而无根，所以卦理象征中定性质稳如磐石，静如山岳。上艮卦在五行属土，下坤卦在五行也属土，艮坤重土一气，象征中定之桩步为土步，所以万物土中生，中定是根本。

第四节 太极推手的技艺特性

太极推手本身就是太极拳特有的技艺。太极推手的技法，推手八法和“五步法”合成的“十三法”及形成“十三势”亦是独特的。太极推手的技艺特性“沾粘连随不丢顶”“不即不离不失中”“由招熟而渐悟懂劲”等亦是独特的。

一、何为“不丢不顶，不即不离”？

李亦畬先生在《五字诀》中说：“要悉心体认，随人而动，随曲就伸，不丢不顶，勿自伸缩。”又说：“要刻刻留意挨何处，心要用在何处，须向不丢不顶中讨消息。”可知“不丢不顶”是太极拳推手技艺的第一特性。

“不丢”。丢者，丢失也、脱开也、不及也。“不丢”，指接触时不离开、不丢失，表现为人进我退、人退我进，动急则急应，动缓则缓随，无过不及，随曲就伸，如影随形，不分不离，舍己从人。

“不顶”。顶者，对抗也、出头也、顶牛也、攻击也。“不顶”，指接触时不抵抗、不出头、不顶牛，人刚我柔，人攻我化，不逃不退，不贪不欠，圆融合一。即如孙剑云先生所说：“不丢不顶，不用拙力，静心听劲。”其目的是“在不丢不顶中讨消息”。

《圆觉经》曰：“不即不离，无缚无脱。”在太极拳推手里，双方接触时，不论“八法”“五步”，还是各太极拳势，应用时均需“不即不离”以求机势。如李雅轩先生说：“不即不离，只待最佳时机的到来，一举中的。”孙剑云先生说：“在不即不离中，要随化、随进、进而粘定彼之重心也。”汪永泉先生说：“每个姿势在运行时都要不即不离，不追、不贪、不过，不要超过自己的气圈范围，不要勉强做自己体能难以达到的姿势要求。”《太极拳推手原解》中说：“不即不离，不粘不脱，接骨斗榫，细心揣摩。”可知，“不即不离”之核心还是舍己从人，是为了达到“由己”控制局势的目的。

二、何为“沾粘连随”？

老拳谱说：“要知人之知觉运动，非明沾粘连随不可。”太极拳《八字歌》中说：“果能沾粘连随意，得其环中不支离。”说明如果能够获得“沾粘连随”的功夫（真意），那么太极拳技击技艺的要领便不再支离破碎了。《太极拳打手歌》中说：“引进落空合即出，沾粘连随不丢顶。”这说明，“沾粘连随不丢顶”的技艺是太极推手和技击的核心手段、关要特征。

关于“不丢顶”的说法，有好几个版本，有的说是不丢不顶的意思，有的说是“顶头悬”的“不丢顶”之意，也有的说是接触梢端不丢顶劲，才可以沾粘连随。这些说法都有道理，不必太计较。虽然“不丢顶”的讨论很多，不过很多名师都把“沾粘连随”称为“太极推手四纲”，可知“沾粘连随”之重要性。其特性表现为：“沾”为“一沾就起”，“粘”为“一粘就牢”，“连”为“一连就通”，“随”为“一随就从”。“沾、粘、连、随”各有其独特性，又有其相关性，下面分别阐述。

（一）何为“沾”？

老拳谱说：“沾者，提上拔高之谓也”。“沾”的主要任务就是“一沾就起”。起什么？起根也。关于“沾”字诀的学习，20 世纪 70 年代我在吴图南师处学习时，不少师兄弟学“沾”好几年仍未掌握。吴老每次教学时，动作都做得非常干脆利索，只用一个食指往我们手或臂上一点，一点就起，一起就发，我们就噔噔噔地蹦出去了。“一沾就起”这个技艺是很难掌握的，一般太极拳手练十年功夫也不一定能做出来。大部分人的沾功是在对方出劲后才能引沾过来，如对方不出劲，就只能沾皮，沾不了根。沾功的深浅与内功深浅有重要关系，内功愈深愈厚，再加上“点问”功夫，就能沾起对方的根与本。点问功夫，就是会“一接点中求”。

“沾”有三个要点。第一个要点是“沾而不脱”，彼此身手相连才能完成听测的功能，即“沾中听”，听对方阴阳虚实转换的消息。第二个要点是“一沾就测”，测什么？测对方松硬状况及其劲源、劲点、劲根。第三个要点是“一沾就起”，起什么？起根浮气也，这是根本。当对方起根浮气失重心后，就可以随心所欲控制对方了。这个“一沾就起”的浮气拔根就是“提上拔高”的表现。显然，靠胳膊手劲只能沾表面，不能沾其根本，只有内功修炼有成，并在“点问”对方时，以“神意气”内能由点渗入对方体内，直至其根源或根劲，同时以意与对方相合，接骨斗榫，促使对方产生反应力，进而借其劲力顺手沾起，才能让对方自动浮起拔根而失去重心。

“一沾就起”的特技，往往在接手瞬间体现，也可以在推手“十三法”中体现，例如，在以掤接手时为“掤沾”，同样的，还有“捋沾”“挤沾”“按沾”等。这些表现似有劲在其中作用，故又称“沾劲”，如与“粘”合，则称为“沾粘劲”。

（二）何为“粘”？

老拳谱中说：“粘者，留恋缱绻之谓也。”粘的主要特征就是“一粘就牢、一粘就制”。牢为何？不脱也。制什么？制其根，使其不得动也。想要“一粘就牢、一粘就制”，先要做到“粘而不脱”，就是接手一粘上后就要如胶似漆地粘在一起，脱不开，分不开。粘得最好时是无缝隙的，一体的，也叫粘贴。为什么要粘成一体呢？因为要由我“一粘就能制”，制其根，让其失去活力。所谓粘成一体，即“留恋缱绻之谓也”。

粘的要点也有三个。第一个是“粘而不脱”地“粘听”，粘连在一起时能够测听，即所谓“懂测阴阳之所在”。第二个就是“一粘就随”，随即随曲就伸，舍己从人。在粘随过程中，感其松硬状态及其劲源、劲根等状况。第三个就是“一粘就制”，粘上以后要直制其本根。通过“粘而不脱，粘而相随”，舍己从人后，就可以一体了，一体以后就可以由己控制了，由己控制则必须直制对方本根、根源、根劲，只要对方一动，我就可以控制，即如拳论中所说的“彼不动，己不动，彼微动，己先到”。

为什么只有直粘其根劲，才能控制对方呢？因为只有直粘其根，其根自断之后才能浮气拔根。又如武禹襄宗师在《打手要言》中说：“如意欲向上（浮根），即寓下意（即要直达根劲下部），若物将掀起，而加以挫之之力，斯其根自断，乃坏之速而无疑。”功夫就在于如何在对方根劲下加以挫之之力，这就是要以神意气内能直透至其根源处起作用，没有这个功夫是粘不住的。武禹襄宗师还说：“每一动，唯首先着力（内能直渗其根源），随即松开（其根立即浮气拔根而自断），始而意动，既而劲断，转接要一线串成。”到此时，才能“一粘就制”了。便如吴图南大师所形容的：“敌欲攻而不得其逞，敌欲变而不得其变，敌欲逃而不得其脱，斯为上乘。”还有一个故事，汪传太极拳大师朱怀元先生有一次在路上遇到一个朋友，该人搭背打招呼时，手被朱怀元先生粘在背上脱不开了，只好被粘着走了一段路，引得众人大笑。

王宗岳宗师在《太极拳论》中说：“我顺人背谓之粘”“粘即是走，

走即是粘”，说明这个“粘”字非常重要，“一粘”就要转化为“我顺人背”，“一粘”就能化打，粘即是走，走即是化，化即是打。同样，这个“一粘”功夫可以在接手中体现，也可以在推手“十三法”中体现。例如掤式时的“粘”称“掤粘”，同理有“捋粘”“挤粘”“按粘”等。这个“粘”好似有劲在其中作用，故又称“粘劲”，如和“沾”字一起作用，其功效更大，称“沾粘劲”。

（三）何谓“连”？

老拳谱说：“连者，舍己无离之谓也。”一连就通，通什么？通其根也。“连”的主要特性，就是“一连就牵”。牵什么？牵其根也，牵其根以牵移其重心也。只有与其“连”上，才能牵。连者，连在一起不分也，连成一体谓之连，连绵不断谓之连。要连，首先要去掉自己的主观能动，去掉自己的妄动、主动，就是说要舍己从人连成一体不分离。这个相连的功夫也是很难的，大部分人只能做到外连内不连，形连意不连。只有能做到连其心，即连到其本根时，才能“一连就牵”，有牵才能移其重心而失其平衡。

连的第一个要点是“连而不离”求听劲，第二个要点是“连而从人”以测其松硬刚柔的状况，第三个要点是“一连就牵”“移其重心，破其平衡”。只要练就神意气内能，能够渗透到对方的根源处，使其产生间接反应力，就能借其力而牵其重心，而使其失去平衡。“一连就牵”的功能，好似有劲在其中作用，故称为“连劲”。“连”和“沾”“粘”一起作用时，就会变成“沾连”或“粘连”。

（四）何谓“随”？

老拳谱说：“随者，彼起此应之谓也。”一随就从，从什么？从其整也。“随”的主要特性是“一随就合”。合什么？与其合整也。随者，随人所动，随曲就伸，动急则急应，动缓则缓随，彼起此应也。所以随也要舍己从人，不能主观妄随，妄随必失其自持。同样，“随”可“随听”“随测”

和“随打”。

“随合”就是“与已合”“与人合”“合而整”，在道学中称为“合一”，“能得一,万事毕”。“一随就合”，不能外合内不合、形合意不合。外合内不合、形合意不合就不能合成完整一体，就不能随机而击，一击必中了。随要随其本根，与其本根合一而得整，然后就能一切由己。如果将“随”和“沾”“粘”“连”相结合，就变成“沾随”，随中沾；“粘随”，随中粘；“连随”，随中连。所以，又可称为“随劲”“沾随劲”“粘随劲”“连随劲”等。

“沾粘连随”是太极拳推手的特技，既有其各自的特性，又有共性。只有一通皆通，才能起共性作用。它们的共性是必须能够作用到对方本根，“动根”。何为“动根”？就是动其根本，使其浮气拔根而失重。所以“沾粘连随”的共性关乎到“动根”的原理。

如何能动其根？这就关乎到太极拳基本功的修炼层次了。如果只停留在外力或只有胳膊用劲，就只能动皮不动内，在方式上表现为硬打、硬拽、搂抱、绊腿，在推手上表现为低级“形推”。太极拳修炼必须“炼内”，或叫“内炼”。内炼有“秘诀”，所以找名师入门很重要。“内炼”肯定要练“神意气”，练“精气神”。其步骤必然是“炼精化气、炼气化神、炼神还虚”。炼气才能用气，得神才能用神，得虚才能透空。有了神气转换的内能后，就可以在彼此合一的状况下，内能以“渗入”的方式深入对方本源或本根，并引起其反应力，并通过“沾粘连随”起作用。为什么要以“渗透”的方式入内呢？因为如果以劲的形式深入，无论是用“明劲”还是“暗劲”，对方都能听而闻之，听之懂之，这不是自投罗网吗？如果神气转换的能量是无形无象的，对方无所听、无所感，就能“人不知我，我独知人”，然后向“英雄所向无敌”的方向前进。

上面所说的神气转换的内能，就是内炼“精气神”所得的“丹元能”和“丹元场”的形式之一。

三、何谓“渐悟懂劲”？

太极推手的懂劲儿是渐悟的，王宗岳先师在《太极拳论》中说：“由着熟而渐悟懂劲，由懂劲而阶及神明。”懂劲而阶及神明必然需要渐悟。为什么懂劲过程必须渐悟呢？因为欲求懂劲，必须先求听劲；欲求听劲，必须从“沾粘连随不丢不顶”中获得。但是未掌握“沾粘连随”四要前，会先出现“顶匾丢抗”四病，即“四不要”，正如《懂劲先后论》中所说：“在未懂劲之先，常出顶、匾、丢、抗之病。”

（一）何谓“顶、匾、丢、抗”？

老拳谱说：“顶，出头之谓也；匾，不及之谓也；丢，开离之谓也；抗，太过之谓也。此四字太极拳所犯之四忌。要知于此四字之病，不明沾粘连随之功，断也不明知觉运动也。初学对手，不可不知也，更不可不去此病。所难者沾粘连随，而不许顶匾丢抗，是所不易也！”可知“顶匾丢抗”是推手四病，直接影响到知觉运动。

“顶”者，出头，就是顶牛，相互顶牛就是双重，既违反太极拳“人刚我柔谓之走”和“不丢不顶”的原则，也破坏太极拳在“不即不离中求消息”获得听劲的功用，所以是沾粘连随的病手。

“匾”者，不及也，即瘪了、泄了、卸了，如气球泄气一样破坏了圆融、软弹的状态。卸了，就是脱开了，就会断了接听对方信息的渠道，违反太极“无过不及”“随曲就伸”的原则，所以也是沾粘连随的病手。

“丢”者，离开也，逃脱的意思。或跟不上对方，或畏缩退让，违反太极拳的“进之则愈长，退之则愈促”的原则，所以也是沾粘连随的病手。

“抗”者，太过也，抵抗的意思，也是沾粘连随的病手。两力相抗，则大力打小力，有力打无力，乃是旁门了，非太极拳了。

“顶匾丢抗”是初学太极拳推手时的常见现象，是懂劲前的自然病手，必须在推手练习中逐渐消除。

老拳谱《对待无病》中总结得很到位：“顶、匾、丢、抗，失于对待也，所以为之病者，既失沾粘连随，何以获知觉运动？既不知己，焉能知人？所谓对待者，不以顶匾丢抗相对于人也，要以沾粘连随等对待于人也。能如是，不但无对待之病，知觉运动自然得矣！可以进于懂劲之功矣。”这也说明了，即使克服了顶匾丢抗四病，也还只是“进于懂劲之功矣”，因为在真懂劲之前，还会出现“俯仰断接”四病。

（二）何谓“俯仰断接”？

杨家家传谱载《懂劲先后论》说：“夫未懂劲之先，常出‘顶、匾、丢、抗’之病，既懂劲之后，恐出‘断、接、俯、仰’之病。然未懂劲，故然病易出，劲既懂，何以出病乎？劲似懂未懂之际，正在两可，断接无准矣，故出病；神明及犹不及，俯仰无着矣，亦出病。若不出‘断接俯仰’之病，非真懂劲，弗能不出也！”这说明，在推手磨炼中，克服了“顶匾丢抗”四病而能“沾粘连随”后，看似渐悟懂劲了，其实不然。在这个阶段，在沾粘连随过程中，人往往处于懂与非懂的两可之间，还不能稳定做到“不丢不顶”，所以经常出现“断脱、失接、前俯、后仰”，即所谓的“断、接、俯、仰”四病。

杨澄甫宗师在《太极拳之练习谈》中说：“磨练时，头部不可偏侧与俯仰，所谓头顶悬。”又说：“腿曲呈垂直为准，逾此谓之过劲。”杨班侯宗师的《太极字字解》中说：“俯仰矣，则手足无著也，俯为一叩，仰为一反。”可知俯仰之病，在拳架练习中，既失重心又偏离中心，尤失中定态。在推手中出现俯仰时，既失重心离中心，又失根劲，故易被人速制。“断接”之病，乃在沾粘连随过程中“断开”和“脱接”了与对方的连系，既失去了听测的渠道，又丧失了从人由己的控制机会。

在过求“沾粘连随”四功时，更易犯“断接俯仰”之病。例如为了强化“沾粘”功能，在进行“随曲就伸”时，伸劲过了，欲想强沾而脱沾，就会出现仰病。同样，如果伸劲不及，则粘贴不上，欲向前追粘而失粘，就会出现俯病。为了强化“连随”功能，当敌进退时，我只要做好“进之则愈长，退之则愈促”，就可舍己从人。例如当敌方急进或猛进时，我只用“退之则愈促”就可解，但若过求，动急形退则会失连，失连即“断”病。又例如，敌急退时，我“进之则愈长”就可解，但若过求，动急而随不上，断随、丢随即“脱接”病。

为了克服此四病，《太极技击九原则》中提出了“空、结、挫、揉调整法”，并指出，“俯仰”之病，因有缺陷而易为敌所乘，而至变化无从。“断接”之病，敌可趁隙变化或脱开，无法与之粘走则敌不易制，劲不易懂。其实，“断接”之病之根结在于“不丢不顶”的功夫不纯，所以才会表现为断断接接、接接断断。有断必有隙，无接必露形。所以《太极技击九原则》中指出：“因此必须求沾粘连随于不接不断不俯不仰之中，则必须采用空结挫揉四法以调整之。”

（三）何谓“空结挫揉”四法？

根据老拳谱《太极空结挫揉论》阐述，“空结挫揉”之意可总结为：空者，空力法，泻力法，即空泻其力或其劲；结者，结补法，补气法，补劲法；挫者，顿挫法，挫虚法；揉者，揉圆法，揉圈法，或揉虚、揉空之意。

当“脱沾”产生仰病时，可用空劲法，即泻其力或泻其劲，再重新沾起，即不致生“仰”病；当“失粘”产生“俯”病时，可用补结法，即补其劲或气，以紧其粘，即不至生“俯”病；当“失连”而产生“断”病时，可以用内劲挫虚法化之，即重新连上而不必退；当“丢随”而产生“脱接”之病时，可用“揉圆法”紧随之，无需用接而出病。所以《太极技击九原则》中说：“是则空结挫揉之调整，则俯仰断接之四病，而顶匾丢抗亦不致有。于是沾粘连随之十足功用生，以此粘走阴阳相济谓之懂劲。”

其实，空、结、挫、揉之法只是一种调整法，是落在“形”和“劲”层面上的初步功夫。

（四）何为“见隐显微”？

杨班侯大师在《太极字字解》中曰：“断接俯仰四字，关乎意劲也，断接关乎神气，俯仰关乎手足也。劲断意不断，意断神可接，劲意神俱断，则俯仰矣。因手足不著也，俯为一叩，仰为一反。不使叩反，非断而复接不可。对待之时，俯仰最当留意，时时在心，不使断接之能，非见隐显微不可。显微如断而未断，见隐如接而未接，接接断断，断断接接，其心意身体神气，极于隐显，又何谓不沾粘连随哉？”指出“断接俯仰”四病，都关乎意和劲的问题。“断接”关乎神气，即主要依靠神气而除病；“俯仰”关乎手足形体失中之病。如果是落在“劲”上产生的病，则劲断时，要保证意不断，意到则劲到，如果意断神可接，如果神亦断，则必然俯仰，形失中，手足无著。

要真正克服俯仰断接之病，只有提高到“神意气”层面的“见隐显微”，并且“极于隐显”方可。所谓“极于隐显”，说的是隐显功夫达到极致精微的层面时，自然处处能体现“沾粘连随”。

杨澄甫宗师说：“动之至微，发之至骤。”其意就是，细微到你还没看到有任何形动，就已解决问题了，如断而未断，接而如未接，接接断断，断断接接。如何能“动之至微”“见隐显微”呢？《字字解》说：“断接关乎神气。”也就是说，“断接”问题不能在“形、劲”层面上克服，只有在“神意气”内功修炼到上层层面时，才能见隐显微，不丢不顶，似丢似顶，即丢即顶，断断接接，接接断断，似断非断，不接即接。这个上层层面，就是要达到“无形无象，全体透空”，然后视听有由、应物自然。

上面讨论了懂劲渐悟的过程，即在推手“沾粘连随不丢顶”的过程中，先要克服“顶匾丢抗”四病，再克服似懂非懂的“断接俯仰”四病。实际上，真懂劲还是要在“知觉运动”的灵敏性和准确性的基础上渐悟。

陈炎林著书中说：“懂劲又分为自己懂劲、于人懂劲两种。自己懂劲……水火既济，乾坤交泰，性命葆真矣，此乃修道中之要诀。若于人懂劲，视听之际，随遇变化，不着思虑形象而无往不宜，自得太极之妙，此即技击中之要纲。上述两种，乃为太极拳之大成，故习太极拳者非懂劲不可。如莫明此道，则难与言太极拳者矣。”就是说，懂劲不仅是要懂得对方的劲，还要懂得自己的劲。懂自己的劲更重要，自己不懂，何谈于人懂劲？要懂自己，就要懂自己的修炼层次，修炼以“养气”为重，由养气而阴阳相济，水火既济，乾坤交泰，得真气运行，这是基础。于是由“内修丹道”而进入“虚静空灵”之态，“外用武艺”，运气如九曲珠，无微不至，从而“吞吐开合”，十三势、十三法、阴阳十三法信手而拈。

于人懂劲，则必须在双方对峙中由听劲而获得。“能听，然后能懂劲，此为一定理。然听或不准，既不能全懂，故懂劲一门，亦无困难，非得由名师口授并且自己切实研究不可，经相当时期后方能全明其理。”

《懂劲先后论》说：“胡为‘真懂’？因视听无由，未得其确也，知瞻眇顾盼之视，觉起落缓急之听，知闪还撩了之运，觉转换进退之动，则为真懂劲！则能阶及神明，及神明，自攸往有由矣！……明也，岂可日后不慎行坐卧、走、饮食、溺泅之功！是所为及中成、大成也哉！”可知，无论定与动，所识所听不能确切，则知觉运动失其准。观，知者，视而得知；觉者，听而能觉；运者，运而能知；动者，动而后觉。不运不知，不动不觉。“瞻眇”即瞻前眇后，即前后都须看到，须左顾右盼，顾三前和盼七星。视之而知，如听之而觉其起落缓急，则视听有由。“闪还撩了”指劲的运行。闪者，闪开正中定横中；还者，半圈接，半圈还；撩者，诱其入壳撩即打；了者，覆盖对齐也。这样运而后知、动而后觉的知觉运动皆属上乘，是为真懂劲！

第五节　太极推手的形式

一、太极推手形式概述

太极推手有定步法、活步法和散推法。吴图南大师在教学中常说，拳架子要先练“定势架”，在“定势架”上下够苦功后，再练“连式架”。推手也一样，要先练定步推手，用定步打好基础之后，再练活步推手和散手等。

定步推手尤以“掤捋挤按”四正手为基本功，以“採挒肘靠”四隅手为补充功。

（一）定步单推手

在练习四正手之前，要先练定步单推手。严守规矩，由浅入深，一步一个脚印逐步深入，功夫才能扎实。单推手步法，双方以顺步式相对站好后，伸出单臂手背相接触，相互粘连不丢，在弓步和坐步转换时要随曲就伸、舍己从人，双方互相来回打轮。打轮的方式有平圈式、立圈式和八字圈式等类型。单推手过程的基本要求有以下几点。

第一，不求攻防意识，但求绵连相随，不丢不顶；第二，神形舒松入静，神领气沉，立身中正安舒，松柔软活；第三，盘圈圆融活络，无缺陷，无断续，无凸凹；第四，进退得宜，不使有强劲推忤，逐步明白“顶匾丢抗”四病。

当经过基本训练，单轮已圆转活络、粘连不丢，符合规矩，能满足基本要求时，就可以进入定步双推手的实践过程。

（二）定步双推手

“定步四正推手”是推手法的基础，形式主要有掤按式轮和挤按式轮。

定步双推手，双方以顺步式站好，伸出双臂双手相接触。

（1）掤按式轮：甲方以弓步掤手出手，乙方坐步以按手相接，称掤按式。乙方开始按进，甲方掤退，退至坐步时，即以挤手接按，立即转腰捋化乙之按式，转轮为乙方掤式，甲方按式。这就进入了第二回合反向掤按式。如此不断以掤按挤捋掤的循环推挽转轮，称掤按式轮。打轮至纯熟后，就可以开始技击技法的实践了。

（2）挤按式轮：甲方以弓步挤手出手时，乙方坐步以按手相接，称挤按式。破挤捋化为掤再加挤，乙方变为弓步挤进，甲方变为按退坐步，又进入第二回合，变为甲以按破挤捋化为掤。如此不断以挤按捋掤的循环推挽转轮，称挤按式轮。打轮至纯熟后，就可以开始技击技法的实践了。

四正推手打轮要求很严格，要完全按《太极拳论》的原理及其规矩实践，一丝不苟。

二、太极四正推手分解介绍

太极推手中，最为重要的是四正推手，故此，重点阐述掤按式轮四正推手的过程与动作。

太极推手

（一）四正推手步法

定步推手步法比较简单，双方分别右脚在前或左脚在前以坐步顺步搭手开始，一方弓步，另一方就坐步，双方皆是如此来回往复，如图5-3即为推手过程中步法变换的示例。

如果活步推手，则一方后腿进步成弓步，另一方前腿退步成坐步，也是如此来回往复，手法与步法配合协调。

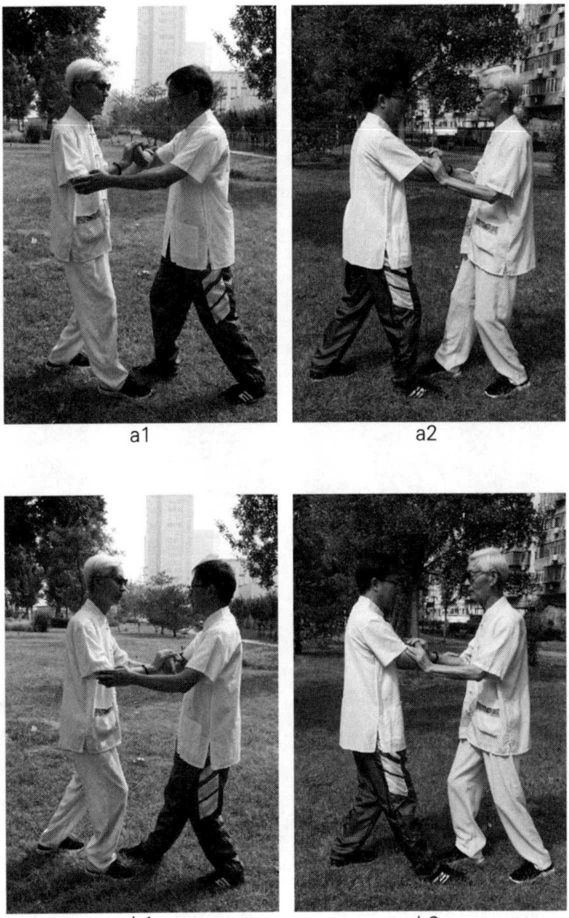

a1　a2　b1　b2

图5-3　四正推手步法

（二）四正推手手法

图 5-4~ 图 5-16 示出了四正推手掤按式轮的基本动作要领，从图 5-4 的按进掤退到图 5-16 的按进掤退完成一次完整的推手过程，以下循环往复。动作要点是按进掤退、挤接捋化。整套动作顺序为：按进掤退、挤接（一接腕接）、挤接（二接肘接）、挤接（三接掌接）、捋化、转正、按进掤退、挤接（一接腕接）、挤接（二接肘接）、挤接（三接掌接）、捋化、转正、按进掤退。

四正推手从身形上看，掤与挤是进攻形态，捋与按是退守形态，推手时以掤方先动，而后循环往复。掤、捋、挤、按结对过招，具体表现为：掤来捋化、捋来挤化、挤来按化、按来掤化。周而复始，循环不止。

图 5-4　按进掤退

图 5-5　挤接（一接）

图 5-6　挤接（二接）

图 5-7　挤接（三接）

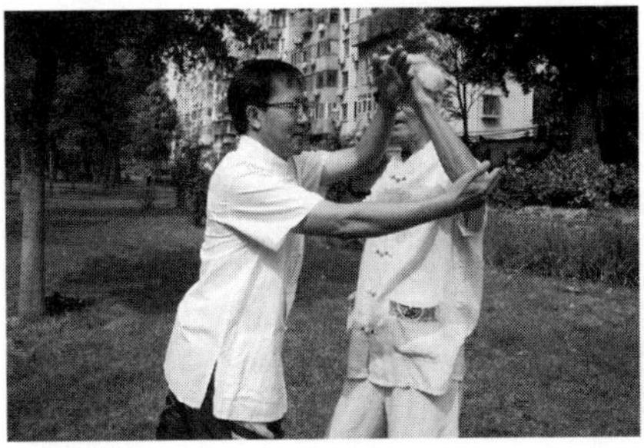

图 5-8　捋化

图 5-9　转正

图 5-10　按进掤退

图 5-11　挤接（一接）

图 5-12　挤接（二接）

图 5-13　挤接（三接）

图 5-14　捋化

图 5-15　转正

图 5-16 按进掤退

在四正推手中，双方互动之中要不失平衡而保持中正安舒、不偏不倚、应对自如。在推手过程中双方易犯顶抗、硬拉硬推之本能习惯，故推手功的练就难度较大，须神舒体静、处处轻灵，体会双方身体接触处的体肤感觉和整体能量的综合利用，避免手上的局部纠缠。尤其要注意捋化时，易范用局部（如手臂或肩部）使劲硬扳对方之病，应向上长腰并双手扶对方之手向己斜后上方捋化，使对方有腾空之感而不敢再前进；掤退时易范下肢僵持硬撑之病，应注意在躯干掤退时，及时向后移胯坐步，前退虚后退实，使对方有落空之感而不敢再欲前进。

定步四正推手熟练后，可结合步法进退练习活步推手，体会“进、退、顾、盼、定”，全面领悟太极十三势。

推手中宜恪守“沾、连、黏、随”、“不丢、不顶”、“借力打力”、“四两拨千斤”等原则，细心体查“听劲”、“问劲”、“化劲”、“发劲”，由着熟和招熟而渐悟“懂劲”，懂劲后愈练愈精，发、拿、化、打之推手功夫渐渐上身。

推手功外在表现是双方手上的互动，实质修炼用功皆在脚下涌泉，涌泉虚空、化神出手是根本，故而自下而上尤需节节贯穿。用能量而不用力量，“举手飘手”“接手空手”和“出手无手”应成为推手功夫的更高境界。

推手功练至至纯至精时，“掤捋挤按皆非是”，将逐渐达到“心想事成”，再到“从心所欲”，更致“不思而得”应对自如的“神明”高级技艺。

第六章

大道太极拳拳架

第一节　大道太极拳拳架功简介

大道太极拳拳架功是大道太极功法体系中的重要一环，其秉承传统太极拳之十三势行功拳理，以老子《道德经》之大道理论为修炼指引，将太极丹道与太极拳道相融合，内练太极丹道，外用太极技艺，体用结合，内外兼修，将太极拳由“招、术、形、劲”的锻炼及后天意气使然的“武修”升华为以拳载道、拳道合一的“道修”，并成为造化还原、性命双修之实证载体。

大道太极拳拳架功始于无极态，运化于太极态，复归于无极态。“无极静中求，太极松中得”是拳架功修炼之本，“无为入，有为练，返无为”是拳架功修炼之法。行拳走架遵循放下、忘了、归桩、浩然，讲求肢体松柔软、体内松空通、全体虚空无，一呼一吸一定间、涌泉呼吸透中黄，渐次进阶形、气、神之“漂、飘、缥”。大道太极拳拳架功式式皆有骨升肉降、一灵独现、腾然鹤立之态，动动皆含无极太极、有无相生、空满相变、吞吐开合、虚实变换、浊阴下降清阳上升之理，招招皆循起涌泉、发于丹、化于神、出于手、至于玄同之（丹）能、气、神、形运行转化之技术路线。分解式定式连式快架各得其妙，相依式心、息、形相依以至于玄同。大道太极拳拳架功修炼层层递进，强体壮精、炼精化气、炼气化神、炼神还虚、炼虚合道，登顶“无形无象无纷拏、一片神行至道夸”之缥虚腾空神明妙境。

大道太极拳拳架功融吴式太极拳之精微细腻与杨式太极拳之舒展大方为一体，因吴图南吴式太极拳拳架头虚领、脚川步之特点更利于以拳载道、拳道合一的道修之需，故大道太极拳拳架功以吴图南吴式太极拳拳架为基架，由预备式、第一至第四路、收功式凡三十七总式、717 动分解式组成，亦称大道太极拳三十七式。

第二节 大道太极拳拳解

（按：2019 年 11 月 17 日上午，黄老师在北京航空航天大学绿园给弟子们讲解了太极拳拳架起势、揽雀尾、单鞭和收势，全面、系统、详尽地阐述了大道太极拳的有关原理及其在拳架中的应用。虽只是部分讲述，大道太极三十七式同此一理，参悟其意，对大道太极体系亦可管中窥豹。本节内容根据现场录音整理。）

一、行拳要义

太极是从无极来的，无极生太极，太极生阴阳。

无极、太极、阴阳，三者之间，太极离不开无极，阴阳离不开太极，谁也离不开谁，所以叫玄同。

一方面，无极是无极，太极是太极，阴阳是阴阳。另一方面，阴阳是太极下的阴阳，太极是无极下的太极。打拳的时候，只要动就有阴阳。阴阳是太极下的阴阳，所以要有无极态、太极态。

你有无极态吗？有太极态吗？你前进、后退、左顾、右盼，什么都有，阴阳也有，但你这个阴阳不是无极态下的阴阳，是表象的阴阳，是假阴阳，所以就叫作妄动。

拳架须得是有无极态的拳架。这个一定要强调，它很重要。

二、预备式解

（恭身立正）先立正。为什么要立正？在部队首长来了要立正，为什么？要尊敬首长。我们立正，因为我们尊重传承，尊敬太极拳先贤，尊敬父母、老师，尊师重道。总之要诚心正意。

无极态下立正，是什么状态？是飘的。后跟儿不能扎死了，一定要飘，要能表现出来飘。如果只是立正，没有飘，就没有生机。达到可以飘，就入无极态了。无极态下得整，就是太极态。

立正以后我们做什么呢？很多门派练法是把左脚踏出去就行了，我们是练内的，是要以内动带动外形。

（脚分虚实）两只脚是平行站立的，左边脚底（涌泉）能量运转到腹丹田，再从腹丹田将能量搬移到右脚底（涌泉），这时左脚就是虚的了。要分虚实，虚实怎么分呢？要内部运动。外静内动，是看不出来的。我没动，我就从丹能运转下手，让能量从左脚开始运转，再把能量运到右脚，左脚虚了，右脚实了。

（提顶左丁步）再让涌泉干活，右涌泉一吸气，把左脚吸起来。不是像有些练法那样随意跨出去，那样做是有问题的。如果随意拿起来，就是妄动。我们是内动，内动带外动，右边涌泉一吸气，把左边吸起来。要吸得长，然后右涌泉呼，左脚点地。左边能量上来，右边能量下去，好，起来了，左脚跟抬起，脚尖点地，整体无极态。

一圈一太极，这样，阴阳就有了。无极有了，无极态下得整，就是太极态，然后就是阴阳。

（左脚起圈）右涌泉一吸气，带动左脚向后划一圈，曲中求直，不是直着移出去到左边。双脚距离，不要太宽。不要求双脚间距与外肩同宽，因为我们要求身体是直的，双脚宽了以后，身体就不直了。应该是双脚平行适当分开，身体正好是最舒服、最自然的直立。

（无极式）现在是平行的无极态。刚开始的时候是立正的无极态。无极态有好几种，还有动静中的无极态，这是平行的无极态，又叫对称无极态，这个时候要飘。如果脚岔开宽了，就飘不起来了。即使飘起来，也是小飘，飘不大。平行的无极态要求涌泉跟肩井在一条垂线上，所以两脚间距一定不能宽。

太极拳要飘态，在飘态下打拳。要有飘一定先要沉气，沉了以后才能飘。就是先沉后飘。你没沉就飘不起来。

三、太极起势的秘密

为什么要有起势？你不起来怎么干活啊？太极拳的招法，拳架子，都要你起来的。所以它就是起势。是势起来，而不是形体起来。不是体操，是势。就是像潮起潮落一样的势，有势就有能量，所以是能量起来的。不是一想就把手抬起来。当然，想也不错，用意不用力嘛。如果太极起势是手举起来的，是形动。形动没有气、意的话，那是操。有意的话那就不是操了，但是毕竟还是后天的。

唯一的办法就是得能，涌泉得能。我们讲涌泉产生丹元能，丹元能好似正电荷。正电荷充电就有能量了，能量产生辐射。两个涌泉要产生丹元能。

丹元能沉到涌泉，要得气、沉气、聚能，能聚满了，要还虚上化到神，将双手飘起来，是“能”飘起来的，不是手直接起来的。也不是用意把手带起来，虽然用意把手带起来已经是不错了。（两手起掤）我们就是用能，涌泉产生丹元能，满、满、满……丹元能上化到神，玄同态丹元场能将双手飘起，一直到与地面平行。涌泉丹能上化以后，用这个“能”维持着。如果不维持，这个手就自己掉下去了。有能了，手就自己飘上去了，不是手用劲。手用劲，手就架在那儿了，再下来，就是手拿下来的。如果靠丹元能维持它，我把“能”的开关一关，手就掉下去了。

《道德经》里讲“天下万物生于有，有生于无”“有无相生”。这个现象就是有无相生。丹元能有了，就能飘着手起来，丹元能没有了，手就自己掉下来。说明丹元能是心意控制的，丹元有能就能维持，丹元没能就维持不了。这就是太极起势。

丹元有能，不用力就能起。八十多岁的老年人用力把年轻人掤出去，用的就是丹能。汪老（指汪永泉先生）晚年有一段视频，年高走路都不方便了，但是别人一碰他就出去了。因为他有内能，能用内能把人掤出去。

太极起势太重要了，老说法讲，练一个太极起势要练三年。你没有能就是白练，练出能来才是太极起势。

（黄老师再示范起势）太极起来了，从无极势起来的。起来干什么？整体有了，太极有了，才能有阴阳，有了阴阳才能吞吐、开合、进退、聚散，这些都是阴阳。胳膊起来了，但就是不能动胳膊（妄抬）。

丹田要有内气，要有“能”才能干活。能量起来了，手不妄动，怎么打太极？用内气内呼吸，“一吸升乾、一呼降坤”。可以通过涌泉呼吸，实现“心、息、形相依”行拳。

四、吞吐功

神主明，气主动。神主明，神明要干什么？要御气，御气要干什么，触发形动。

（开背张肘）神主明，要求练吞吐功。怎么练？一吸气，吸到夹脊，涌泉吸气吸到夹脊。气吸到夹脊，满满的，从夹脊往两边分，开背。不是手动，手没有动。手不干活，夹脊在干活，夹脊的气在干活。夹脊的气在往外往两边分胀。手一动就是妄动了，是后天，是形动。手不能主动干活，要内部干活。夹脊管手、肩、肘、腕。夹脊开背，手往两边分。

开背……好，归零。好，这是收。恍兮惚兮，太极而无极。

（沉肩坠肘渐竖掌）开以后呢，吸气。这么一想，把这个手啊吸到鼻子那儿去。吸气，你看，气在干活。涌泉一吸气把这个手吸起来。再呼气，沉肩、坠肘、提顶。

（太极吞吐）然后再呼、呼、呼……手的劳宫向外。他们（指一般社会上的太极拳练习者）是怎么做的？起来（抬手、翻掌），手往外，然后翻手往外，这是一般打拳的一种方法。我们现在要避免手妄动，手不能动，手不干活。什么让你干活，内气让你干活。强迫让你练内，太极拳练内。吸气、夹脊开、胀，分、胀；开背也是拔背。归一下零，再吸气，再呼气。一呼气，也是拔的。涌泉一呼气，下去的，但是神领着往上。你看阴阳、开合都有了吧，这就是在无极态下、太极态下的阴阳、开合。手心对外（劳宫对外），是手三阴对外。手背对外，是手三阳对外。手三阴对外，涌泉呼。归零。

恍兮惚兮。你看我在飘态下干活。外面是整的，有太极，进来是阴，归零。飘态，再呼，吐又是开。出去是阳，进来是阴。呼气是阳。

（黄老师示范两手起掤）呼，有了，归零，没有了。

（黄老师示范吞吐功）呼，不吐了就归零。势能维持。吸，归零。吐，放出去，归零。吞……，归零。凡“有”总要归零的。

这就是吞吐功。吸进来，满了，在太极态下再呼出去。我就是用能量，其他什么都没有用。能量、气满了，再吐。满就是太极。你要吐出去，不满怎么吐啊！归零是无极，满就是太极，吐就是阴阳，所以它是玄同态下的，阴不离阳，阳不离阴，阴阳离不开太极，太极离不开无极。这不玄同了嘛！

好，太极起势明白了。太极起势干什么的？怎么会变？手三阳变手三阴，怎么会变呢？首先阳在外，然后变成阴。

这是道修，首先要符合道。符合道了肯定就是真太极，太极从道来的。太极起势包含吞吐。起势干什么？起势要有阴阳，阴阳要有吞吐，吞吐就是开合。又是身体的收缩扩张，又是进退。你看着形是动的，其实形是被动的。形是内气（的反应），气主动。

五、展翅

下面是展翅。怎么展翅?（开背亮肘势）涌泉一吸气，夹脊开背，神明，亮肘。归零，穿出去，呼……再归一下零。（雀展翅）再呼，扩散，往两边扩散，满、满、满……飘着满。你看，飘着满，不是死满。飘着满是活的，活的满。（脚分虚实）下面脚底阴阳虚实分好，（回翅左丁步）接下来，回翅左丁步，左涌泉一吸气，右涌泉一呼气，虚实分明，上下相随，吸、吸、吸……左脚起来。双手合（左掌心向上，右手搭左腕，掌心向下）。呼，左脚尖点地。右採。

六、捋挤按

（左掤势）掤。吸起来，不是脚拿起来，是右涌泉将脚吸起来。我们的掤是气势掤，涌泉要满，气势要满。满、满、满……它不是形在掤，它是内能满。你看，一吸进来，好，归零。

（转身左碾脚）吸，化神以后转，怎么转?涌泉转。涌泉转，带着轴、神转。转过来。你看把这个脚，涌泉转。整个身体一转，立柱转，这个左脚跟碾脚，左脚转过来放平。（磨掌右碾脚）重心移到左边去，右脚跟起来，右脚掌碾掌。（捋採右丁步）转过来以后手落下，吸起来，上下相随，吸起来一落地，满了。（翻掌右起掤）归一下零。吸，涌泉一吸气，神明，一收，提手。（右掤势）归一下零，一呼。掤，掤中有太极。（略转掌拍）

（抚掌右捋势）下边讲捋，捋的动作不是手做。很多吴式太极拳是这么轻灵的捋。我们是神不丢，眼睛不能跟着看。神不丢，涌泉吸气，上顶，有灵了，有神了，捋，吸气。不能只是形动（普通捋的做法）。形不能乱动，神、灵不能丢。气捋下来，神在上面。神不丢，吴老（吴图南先生）老讲，你这一捋，这么一下来，丢神啦！捋，要吸住捋，捋到胯缝，捋不能捋到实的地方。你捋到实的地方，不就打死了嘛！所以一捋，神一领，右胯拉开，内部干活，内部的东西，外面没东西，妙不妙？这个捋，如果形捋没有用。

（右採势）这样捋下来，採一下。怎么採？採是手去摁吗？採是呼气，涌泉呼气，神去採，不是形採，是神採。外边你看不出来，是里面採。好，再归一下零。

（翻掌左採势）再吸，翻右手掌心向上，左手向下，合上（手指搭在右腕）。吸上来以后呢，左手下採。左採怎么採？还是神採。你不化神，怎么採啊？是内部干活，不是外部干活。这一翻过来，左採有了。

（提顶右丁步）再吸起来，右脚尖点一下，（进步滚挫预备挤）步一动，表示我要跨步了。跨步上，准备好，涌泉干活了。吸气，滚、挫、折、磨。（挤势）再放平了，挤。涌泉呼……一呼，三关一长，一折叠这不出去了嘛！挤怎么挤，还是涌泉干活，都是内部干活。

（坐步靠势）挤完以后，提顶，一提顶不就三关一竖了嘛！然后后靠，右脚尖翘起。（左顾肘势）左涌泉吸，亮左肘，归一下零。（右盼肘势）转移过来，右涌泉吸，亮右肘。都是脚底在干活，涌泉吸进来。

（旋腰右掸手）再掸，掸是呼。（提顶坠肘捋）再吸，竖起来了。（仰掌右穿掌）再呼，穿，三关一长，（坐步靠势）吸气竖顶，坐步靠，右脚尖翘起，（退步右丁步）然后脚稍回，吸提起，脚尖点地，（漩涡右挒掌）然后转圈，怎么转圈？漩涡挒，一个圆圈转过来，压住。怎么漩涡呢？呼……吸……圆弧很漂亮。不是拿回来的。吸气，一看你的味儿就知道了。看见了吧。（沉肩坠肘右竖掌）吸回来以后，再沉下去，（进步预备按）跨步。跨步放好以后，用丹元能，有了丹元能以后，（按势）呼……这是按。按出去不能丢神，好，归一下零。

七、单鞭

（提顶右舒掌）再提顶起来。（钩挂抖弹）提顶起来以后，钩、拿。

吴老讲这是秘密，不是一勾就完了，还有抖、弹。对方摸到你的手，一弹打他鼻子、脸，一抖打他下巴，很厉害的。

再做单鞭。（起顶收鞭左丁步）吸、合、提顶。右涌泉吸气提顶。这不就合了吗？归一下零。（略退步展鞭）（坐步靠势）再靠，呼……（转身右碾脚）眼睛往右边看一下，然后再转。注意涌泉，立轴，转过来，后跟碾脚，碾过来，转移过来，（捌手拉单鞭）划单鞭，这个碾脚，左脚掌碾脚，右后跟碾脚。这里有一个秘密，所以你看单鞭，其胯如海，胯是开的，用神把胯拉开，后跟是虚的，神是起来的。你看杨澄甫的拳架子，胯的能量大得不得了。再吸一下。（略马步单鞭，斜弓步单鞭掌）

八、收势

（脚分虚实）现在是平行无极态，左涌泉丹能经腹丹田运至右涌泉，右实左虚。（左脚回圈）右涌泉吸气，将左脚提起，向后画圈，内收，右涌泉呼，左脚尖点地、放平。归零，回到立正无极态，恍兮惚兮。

（两臂横掤）涌泉呼，双臂从两侧飘掤起，一字平展，劳宫向下，归零，恍兮惚兮。（收翅双转掌）涌泉吸，微微屈肘，双掌上翻至劳宫朝上，归零。（两臂拢气）涌泉呼，双臂伸直；归零，恍兮惚兮；涌泉吸，双臂上拢，散气回收，神回收，拢气贯顶，双手叠于百会。（拢气归元）涌泉吞，双手从百会松落，经面部（血压高者可从耳后）、下巴、前胸、至丹田，停留片刻，气归丹田了。（恭身立正）双手自然松落下垂，归零归无。还不能马上走动，静站一会儿，还要飘飘荡荡、恍兮惚兮。搓搓手，搓搓脸，再踏踏步。完成，收功！

第三节 大道太极拳三十七式分解式

完整拳架

一、拳谱目录

预备式（无极式）
第一式 太极起势
第二式 揽雀尾十三势
第三式 单鞭
第四式 提手上势
第五式 白鹤亮翅
第六式 搂膝拗步
（一）左搂膝拗步
（二）右搂膝拗步
（三）左搂膝拗步
第七式 手挥琵琶
第八式 进步搬拦捶
第九式 如封似闭
第十式 十字手
第十一式 抱虎归山
第十二式 肘底看捶
第十三式 倒撵猴
（一）左倒撵猴
（二）右倒撵猴
（三）左倒撵猴
第十四式 斜飞势
第十五式 海底针
第十六式 扇通背
第十七式 翻身撇身捶
第十八式 云手
（一）云手一
（二）云手二
（三）云手三

第十九式 高探马
第二十式 分脚式
第二十一式 转身蹬脚
第二十二式 进步栽捶
第二十三式 翻身二起脚
第二十四式 打虎式
（一）右打虎
（二）左打虎
第二十五式 双风贯耳
第二十六式 披身踢脚
第二十七式 野马分鬃
（一）右野马分鬃
（二）左野马分鬃
（三）右野马分鬃
第二十八式 玉女穿梭
（一）玉女穿梭一
（二）玉女穿梭二
（三）玉女穿梭三
（四）玉女穿梭四
第二十九式 穿掌下势
第三十式 金鸡独立
第三十一式 十字摆莲
第三十二式 搂膝指裆捶
第三十三式 单鞭下势
第三十四式 上步七星
第三十五式 退步跨虎
第三十六式 转身双摆莲
第三十七式 弯弓射虎
收功式
（一）合太极归无极
（二）拢气收功

二、拳架动作分解

预备式（无极式）（南，5 动）（图 6-1）

由预备而入无极态。

（1）恭身立正
（2）脚分虚实
（3）提顶左丁步
（4）左脚起圈
（5）无极式（无极态）

无极歌：

无形无象入无为，一灵独现无极态；

参透虚无归命蒂，混混沌沌乐无涯。

图 6-1

第一式　太极起势（南，7 动）（图 6-2）

图 6-2

从“无极式”静中静而静触动，动而起势，称为太极起势。太极起势是无极而太极，太极分阴阳。

（1）无极而太极　　（4）沉肩坠肘渐竖掌

（2）两手起掤　　（5）太极吐功

（3）开背张肘　　（6）太极吞功

（7）沉肩坠肘势中定

起势歌：

太极起势静触动，神领气沉体中正；
双臂擎起气澎满，吞吐开合一定间。

第二式　揽雀尾十三势（西，31 动）（图 6–3）

图 6–3

将对方手臂比喻为雀鸟头翅尾，用双手持取雀头翅尾运行太极十三势体用之势，称为揽雀尾。

《太极十三势》诀中曰：“十三势者，掤、捋、挤、按、採、挒、肘、靠，即乾、坤、坎、离四正卦和巽、震、兑、艮四隅卦，此八卦也；进步、退步、左顾、右盼、中定，即金、木、水、火、土，此五行也；合而言之，曰十三势。”

在《十三势歌》歌中曰：

十三总势莫轻视，命意源头在腰隙；
变换虚实须留意，气遍身躯不稍滞；
静中触动动犹静，因敌变化示神奇；
势势存心揆用意，得来不觉费功夫；

刻刻留意在腰间，腹内松静气腾然；
尾闾中正神贯顶，满身轻利顶头悬。

（1）开背亮肘势
（2）雀展翅
（3）展翅中定势
（4）脚分虚实
（5）回翅左丁步
（6）右採势
（7）左掤势
（8）转身左碾脚
（9）磨掌右碾脚
（10）捋採右丁步
（11）翻掌右起掤
（12）右掤势
（13）转掌拍
（14）抚掌右捋势
（15）右採势
（16）翻掌左採势
（17）提顶右丁步
（18）进步滚挫预备挤
（19）挤势
（20）坐步靠势
（21）左顾肘势
（22）右盼肘势
（23）旋腰右捭手
（24）提顶坠肘捋
（25）仰掌右穿掌
（26）坐步靠势
（27）退步右丁步
（28）漩涡右挒掌
（29）沉肩坠肘右竖掌
（30）进步预备按
（31）按势

揽雀尾歌：

揽雀尾式体用全，十三总势莫轻视；
手持雀形身心整，八法五门均修全。

第三式　单鞭（南，9动）（图6–4）

以手臂击人喻为鞭，有双单之分，单鞭即单臂鞭。

（1）提顶右舒掌
（2）钩挂抖弹
（3）起顶收鞭左丁步
（4）退步展鞭
（5）坐步靠势
（6）转身右碾脚

图 6-4

（7）捌手拉单鞭

（8）马步单鞭

（9）斜弓步单鞭掌

单鞭歌：

单鞭正斜右挂钩，尾闾正中虚领神；
通臂内气贯手梢，採捌肘靠皆寓内。

第四式　提手上势（南，10 动）（图 6-5）

图 6-5

将手持物上举之势称为提，提手为合，上势为开。

（1）提顶左碾脚
（2）移步收鞭右丁步
（3）左採势
（4）起脚右掤势
（5）坠肘捋
（6）左採右丁步
（7）跨步滚挫预备挤
（8）挤势
（9）提顶并步势
（10）提手上势

提手上势歌：

提手上势长身形，神领气沉势上开；
腰腹松净脊伸展，掤採按挤随机行。

第五式 白鹤亮翅（南，6 动）（图 6–6）

图 6–6

将两臂向上高举，左右对称分展，形如鸟翼称为白鹤亮翅。

（1）翻掌单亮翅
（2）左顾旋腰单亮翅
（3）起手双亮翅
（4）回身右盼正亮翅
（5）沉肩坠肘双竖掌
（6）落翅千斤坠

白鹤亮翅歌：

白鹤亮翅展双臂，腰脊旋转壮腰肾；
呼吸深长慢匀细，神领体正忌猫腰。

第六式　搂膝拗步（东，38 动）

将手横过膝盖称为搂膝，进左步而右手前伸，或进右步而左手前伸称为拗步，反之则称为顺步。搂膝拗步有左右之分。在搂膝拗步式中还含有“左顾右盼”势，顾三前，盼七星，除表现在目光顾盼外，还配以顾盼之步法和手势。

（一）左搂膝拗步（东，14 动）（图 6–7）

图 6–7

（1）脚分虚实
（2）转身右碾脚
（3）腾挪左丁步
（4）右盼掌
（5）双捋採
（6）左顾掌
（7）双捋採
（8）起手右横扩
（9）右手回耳左按掌
（10）进步左搂膝
（11）沉肩坠肘右舒掌
（12）右穿掌

（13）提顶右回掌

（14）拗步掌

（二）右搂膝拗步（东，12 动）（图 6–8）

图 6–8

（1）上步右丁步

（2）右盼金龙豁口

（3）合口捋採

（4）左顾掌

（5）双捋採

（6）起手左横扩

（7）左手回耳右按掌

（8）进步右搂膝

（9）沉肩坠肘左舒掌

（10）左穿掌

（11）提顶左回掌

（12）拗步掌

（三）左搂膝拗步（东，12 动）（图 6–9）

（1）上步左丁步

（2）左顾金龙豁口

（3）合口捋採

（4）右盼掌

（5）双捋採

（6）起手右横扩

（7）右手回耳左按掌

（8）进步左搂膝

（9）沉肩坠肘右舒掌

（10）右穿掌

（11）提顶右回掌

（12）拗步掌

图 6–9

搂膝拗步歌：

搂膝拗步腰中找，左顾右盼示机灵；
上下相随虚实分，气聚神灵涌泉源。

第七式　手挥琵琶（东，12 动）（图 6–10）

图 6–10

将两手相抱，如怀抱琵琶，以手指如抚弦之势为抱琵琶，再以手向前上方挥出称手挥琵琶。

（1）坐步捋靠
（2）回脚左丁步
（3）左提手
（4）转掌拍
（5）抚掌左捋势
（6）左採势
（7）捋挒圈手左丁步
（8）掤定势
（9）进步左上挒
（10）抚掌双立掌
（11）并步掤举势
（12）手挥琵琶

手挥琵琶歌：

双手圆转上步随，怀抱琵琶手抚弦；
似手持肘擎其根，吞吐开合瞬息间。

第八式　进步搬拦捶（东，14 动）（图 6-11）

图 6-11

将左搬移、右拦截、正出拳之势称为搬拦捶，可进步和退步，为太极五捶之一。

（1）抚掌捋採
（2）捋挒圈手左丁步
（3）掤定势
（4）上步左横挒
（5）提顶抚掌左立掌
（6）转掌左直掌
（7）拢指右握拳
（8）抚掌右接拳

（9）坐步靠势
（10）右拳左搬移
（11）左掌右拦截
（12）提顶回拳左丁步
（13）预备捶
（14）进步护肘捶

进步搬拦捶歌：

左搬右拦正出拳，太极五捶此为先；
搬拦均用腰脊功，全体心息形相依。

第九式　如封似闭（东，5 动）（图 6-12）

图 6-12

封是封合，闭是进逼，如若门之合开，象征封合对手并进闭逼敌之谓也。

（1）右接拳左截腕
（2）坐步靠
（3）卸臂捋
（4）退步丁步封
（5）进步按逼

如封似闭歌：

如封似闭寓开合，封化合之蓄中开；
引之落空合即出，腹中松净肩肘沉。

第十式 十字手（南，10 动）（图 6–13）

图 6–13

将两手搭于胸前，状如十字称为十字手。

（1）双掌下捋採
（2）起顶移后步
（3）转身左碾脚
（4）马步双内採
（5）提顶转掌双外採
（6）起身横扩双展翅
（7）提顶左回步
（8）双捋翅
（9）双展翅
（10）回翅十字手

十字手歌：

马步坐势内外採，十字双手胸前搭；
神灵气沉护中线，掤捋挤按皆寓内。

第十一式 抱虎归山（东南 – 西北，27 动）（图 6–14）

来者势猛如虎，我乘势以手抱持后撤转体而归者，称为抱虎归山。

（1）十字千斤坠
（2）转身右碾脚
（3）腾挪左丁步
（4）十字沉肩双捋採
（5）起手右横扩
（6）右手回耳左按掌

图 6–14

（7）斜步左搂膝
（8）弓步右耳掌
（9）坐步靠势
（10）转身左碾脚
（11）翻身腾挪右丁步
（12）圈手右提手
（13）转掌拍
（14）抚掌右捋势
（15）右採势
（16）丁步右竖掌
（17）进步预备按
（18）按势
（19）提顶右舒掌
（20）拢指挂钩
（21）收鞭移步左丁步
（22）退步展鞭
（23）坐步靠势
（24）转身右碾脚
（25）挒手拉单鞭
（26）马步斜单鞭
（27）弓步斜单鞭掌

抱虎归山歌：

抱虎归山引落空，翻身提按解背击；
神灵气沉脊柱展，撮钩横挒斜单鞭。

第十二式　肘底看捶（东南 – 东，11 动）（图 6–15）

肘下看守有捶之谓，即将右拳放在左肘尖下，看守对方，以静待动

图 6-15

之势，称为肘底看捶。左手可捶可掌。亦有称叶底藏花，为太极五捶之一。

（1）提顶收鞭右碾脚
（2）左碾脚
（3）伸翅左弓步
（4）翻身挪移右丁步
（5）跨步右弓步
（6）双伸翅
（7）提顶右碾脚
（8）左上步丁步
（9）提膝採挒右独立
（10）独立肘底看捶
（11）落步肘底看捶

肘底看捶歌：

肘底看捶大转圆，移步转身大挪移；
金鸡独立叶底花，落地捋空捶即出。

第十三式　倒撵猴（东，44 动）

喻似遇猴引之前扑，退而落空，并进而以手还击其头胸者，称为倒撵猴，也称为退步搂膝拗步。倒撵猴有左右之分。

（一）左倒撵猴（东，14 动）（图 6-16）

图 6-16

（1）落捶左丁步
（2）右盼金龙豁口
（3）提顶左退步
（4）坐步靠势
（5）捋採左闪展
（6）合口捋採
（7）起手左横扩
（8）左手回耳右按掌
（9）腾挪右丁步
（10）进步右搂膝
（11）沉肩坠肘左舒掌
（12）左穿掌
（13）提顶左回掌
（14）拗步掌

（二）右倒撵猴（东，15 动）（图 6-17）

（1）坐步靠势
（2）提顶右丁步
（3）左顾金龙豁口
（4）提顶右退步
（5）坐步靠势
（6）捋採右闪展
（7）合口捋採
（8）起手右横扩
（9）右手回耳左按掌
（10）腾挪左丁步
（11）进步左搂膝
（12）沉肩坠肘右舒掌
（13）右穿掌
（14）提顶右回掌

(15)拗步掌

图 6-17

(三)左倒撵猴(东，15 动)(图 6-18)

图 6-18

(1)坐步靠势
(2)提顶左丁步
(3)右盼金龙豁口
(4)提顶左退步
(5)坐步靠势
(6)捋採左闪展
(7)合口捋採
(8)起手左横扩
(9)左手回耳左按掌
(10)腾挪右丁步

（11）进步右搂膝
（12）沉肩坠肘左舒掌
（13）左穿掌
（14）提顶左回掌
（15）拗步掌

倒撵猴歌：

闪展后撤又腾挪，撵猴扑虚回击首；
搂膝拗步退中进，左右倒撵轻移步。

第十四式　斜飞势（南，9动）（图 6-19）

图 6-19

喻两臂斜展似鸟之举翅斜飞而名，犹如鸟斜张翅而飞。

（1）提顶左捋採
（2）侧身右挒耳立掌
（3）回身左垂掌
（4）挒手双龙滚柱
（5）提顶上步左丁步
（6）左跨步
（7）左钩脚
（8）转身左靠右碾脚
（9）斜飞势

斜飞势歌：

跨步斜靠倾敌倒，腰背伸缩手足随；

横进腋下腰脊功，开合之中藏掷推。

第十五式　海底针（东，14 动）（图 6–20）

图 6–20

以手向下点刺谓之海底针，其势为“俯之则弥深”。

（1）提顶左碾脚
（2）回手移步右丁步
（3）抚掌左採势
（4）右掤势
（5）坠肘捋
（6）左採右丁步
（7）进步滚挫预备挤
（8）挤势
（9）坐步靠势
（10）提手上势
（11）转身右碾脚
（12）腾挪左丁步
（13）合手预备针
（14）蹲身海底针

海底针歌：

海底针前寓掤挤，提手上势左转腰；
直下点刺势弥深，神领（灵）体正忌猫腰。

第十六式　扇通背（东，6 动）（图 6–21）

喻将脊背比作扇轴，两臂比作扇辐而横侧分张，犹如折扇之张开，

图 6-21

称之谓扇通背。亦有称山通背，山者，艮其背，谓由脊背通于两臂者之谓。

（1）提顶起针　　（4）转身双仰掌

（2）上步撩阴　　（5）回身马步势

（3）左旋坐步靠　　（6）扇通背

扇通背歌：

回身转腰扇通背，两臂分张如扇开；
神灵脊直势通背，张弓放箭神安泰。

第十七式　翻身撇身捶（西，25 动）（图 6-22）

以撇身化开后方来力而后翻身出拳还其身者，谓之翻身撇身捶，为太极五捶之一。

（1）松臂转身右碾脚　　（6）撇身翻身右盖捶

（2）碾脚落臂双抱肘　　（7）弓步劈按掌图

（3）坐步靠势　　（8）左跨步

（4）碾脚右转身　　（9）松捶右丁步

（5）披身右点脚　　（10）右提手

图 6–22

（11）转掌拍
（12）抚掌右捋势
（13）右採势
（14）丁步右竖掌
（15）进步预备按
（16）按势
（17）提顶右舒掌
（18）拢指挂钩
（19）回脚收鞭左丁步
（20）退步展鞭
（21）坐步靠势
（22）转身右碾脚
（23）捌手拉单鞭
（24）马步单鞭
（25）斜弓步单鞭掌

翻身撇身捶歌：

撇身化开后背力，扭项回身还以捶；
腰为转折脊为轴，翻身左掌进如风。

第十八式　云手（南，50 动）

两手在腰脊运转带动下，作上下左右回旋，如行云盘绕，称为云手。云手有三式。

（一）云手一（15 动）（图 6-23）

图 6-23

（1）松钩转身右碾脚
（2）起顶回脚左丁步
（3）右捋採左抚掌
（4）退步右竖掌
（5）抚掌按势
（6）坐步靠势
（7）转身右碾脚
（8）左云手
（9）起顶右撩脚
（10）落步点步左竖掌
（11）抚掌左按势
（12）转身右碾脚
（13）右云手
（14）提顶回脚左丁步
（15）右捋採左抚掌

（二）云手二（12 动）（图 6-24）

（1）退步右竖掌
（2）抚掌按势
（3）坐步靠势
（4）转身右碾脚
（5）左云手
（6）起顶右撩脚
（7）落步点步左竖掌
（8）抚掌左按势
（9）转身右碾脚
（10）右云手
（11）提顶回脚左丁步
（12）右捋採左抚掌

图 6–24

（三）云手三（23 动）（图 6–25）

图 6–25

（1）退步右竖掌

（2）抚掌按势

（3）坐步靠势

（4）转身右碾脚

（5）左云手

（6）起顶右撩脚

（7）落步点步左竖掌

（8）抚掌左按势

（9）转身右碾脚

（10）右云手

（11）提顶回脚左丁步

（12）右捋採左抚掌

（13）退步右竖掌
（14）抚掌按势
（15）提顶右舒掌
（16）拢指挂钩
（17）回脚收鞭左丁步
（18）退步展鞭
（19）坐步靠势
（20）转身右碾脚
（21）挒手拉单鞭
（22）马步单鞭
（23）斜弓步单鞭掌

云手歌：

双手行云忌妄动，左右上下腰脊主；
运行盘绕掌足全，大圈小圈捋挒全。

第十九式　高探马（东，4 动）（图 6–26）

图 6–26

身体高耸，向前探出，如攀登乘马探身向前者称高探马。高探马有左右二式，与左右分脚相协调。

（1）转身松鞭右碾脚
（2）腾挪左丁步右回耳
（3）左翻捋右探掌
（4）高探马

高探马歌：

乘马探身向前耸，一捋一探迎面掌；
腰脊贯通神虚领（灵），扑面掌法迎鼻喉。

第二十式　分脚式（东，17 动）（图 6–27）

图 6–27

用脚向左或向右分踢称为分脚，或分腿、起脚，均与左右高探马相协调，有左右二式。

（1）右捋採
（2）右翻掌左抚掌
（3）上步弓步
（4）右仰穿掌
（5）起顶右丁步
（6）双抱肘
（7）右分脚
（8）落步右丁步
（9）右翻捋左探掌
（10）高探马
（11）左捋採
（12）左翻掌右抚掌
（13）上步弓步
（14）左仰穿掌
（15）起顶左丁步
（16）双抱肘
（17）左分脚

分脚歌：

左右分踢须平衡，源自腰脊腿放松；
两臂分张可捋抛，尾闾正中神虚领（灵）。

第二十一式 转身蹬脚（西，9 动）（图 6-28）

图 6-28

左后转身，再以足跟前蹬称为转身蹬脚。

（1）落脚左丁步
（2）捋採双抱肘
（3）提膝右独立
（4）落腿后点步
（5）转身右碾脚
（6）腾挪左丁步
（7）起手劈掌左蹬脚
（8）落脚左丁步
（9）右盼掌

转身蹬脚歌：

右脚为轴左转身，单腿回旋稳中站；
上惊下取左脚蹬，立如平准神虚领（灵）。

第二十二式　进步栽捶（西，9动）（图6-29）

图6-29

向前进步以捶下击，如栽物植入地下称为进步栽捶。栽捶即表示用手握拳，由上向下击打，可击其腹部、胯部，为太极五捶之一。

（1）双捋採
（2）起手左顾掌
（3）左捋採
（4）起手右横扩
（5）右手回耳左按掌
（6）进步左搂膝
（7）右手落捶左圈手
（8）预备捶
（9）栽捶

进步栽捶歌：

进步搂膝右栽捶，由上向下俯弥深；
拳眼方向皆可备，神领项直忌猫腰。

第二十三式　翻身二起脚（东，8动）（图6-30）

向后翻身，左右脚连续出踢称为翻身二起脚。青年人翻身跃起在空中完成二起脚。

（1）起捶双抱肘
（2）坐步靠势

图 6-30

（3）转身左碾脚
（4）披身右点脚
（5）翻身撇身捶
（6）弓步劈按掌
（7）起顶提膝一起脚
（8）落步提膝二起脚

翻身二起脚歌：

翻身撇化后背力，复以右捶盖其臂；
左掌出劈右掌随，随即左右二起脚。

第二十四式　打虎式（东，27 动）

一手提拳上举，拳眼向下，另一手握拳压下，拳眼向上，上下相对，独立守神，如同打虎，称为打虎式。打虎式分左右两式。

（一）右打虎（14 动）（图 6-31）

（1）落脚右丁步
（2）提膝后撤步
（3）弓步双探掌
（4）捋採坐步靠
（5）转身左碾脚
（6）转身右碾脚
（7）右伏虎
（8）仆步採按低伏虎
（9）转身双採膝
（10）起顶移步左丁步

图 6–31

（11）转身右碾脚

（12）腾挪左丁步

（13）起膝独立右提拳

（14）右打虎

（二）左打虎（13 动）（图 6–32）

图 6–32

（1）松捶落脚后撤步

（2）弓步双探掌

（3）捋採坐步靠

（4）转身右碾脚

（5）转身左碾脚

（6）左伏虎

（7）仆步採按低伏虎

（8）转身双採膝

（9）起顶移步右丁步
（10）转身左碾脚
（11）腾挪右丁步
（12）起膝独立左提拳
（13）左打虎

打虎歌：

仆步採按先伏虎，起身打虎击其腹；
独立守神膝挂打，气沉丹田神虚灵。

第二十五式　双风贯耳（东南，10 动）（图 6–33）

图 6–33

以双拳击打对方双耳门，运行之速，犹如风行贯耳，称为双风贯耳。

（1）落步丁步双抱肘
（2）提膝右蹬脚
（3）落步右丁步
（4）双捋採
（5）进步弓步预备按
（6）按势
（7）双掌下捋採
（8）后捋双伸掌
（9）拢指双握拳
（10）双风贯耳

双风贯耳歌：

起身斜踢右蹬脚，落地双按如水行；

回手双拳行外线，疾如风行贯双耳。

第二十六式　披身踢脚（东，12 动）（图 6–34）

图 6–34

身体侧立，披身下蹲，起身以足前踢，称为披身踢脚。

（1）提顶双抱肘
（2）起脚左丁步
（3）左提膝
（4）十字屈腿身下蹲
（5）披身顶肘势
（6）起身左丁步
（7）提膝右独立
（8）分掌左踢脚
（9）右转身落腿左点步
（10）旋身右碾脚
（11）落翅右丁步
（12）右提手

披身踢脚歌：

披身脚踢气势宏，丹田内能输腿脚；
顺势转身灵巧动，手脚齐到身势稳。

第二十七式　野马分鬃（西，30 动）

身体舒展，势若前进，两手左右上下，犹如野马之奔驰，风吹马鬃左右分张者，称为野马分鬃，有左右之分。

（一）右野马分鬃（西，9 动）（图 6-35）

图 6-35

（1）转掌拍
（2）抚掌右捋採
（3）侧身左手耳立掌
（4）回身右垂掌
（5）挒手双龙滚柱
（6）提顶右丁步
（7）跨步钩脚
（8）侧弓步挒掌靠
（9）右野马分鬃

（二）左野马分鬃（西，9 动）（图 6-36）

图 6-36

（1）转身漩涡挒
（2）回身右手耳立掌
（3）侧身左垂掌
（4）挒手双龙滚柱
（5）提顶右碾脚
（6）上步左丁步
（7）跨步钩脚
（8）侧弓步挒掌靠
（9）左野马分鬃

（三）右野马分鬃（西，12 动）（图 6-37）

图 6-37

（1）转身漩涡挒
（2）回身左手耳立掌
（3）侧身右垂掌
（4）挒手双龙滚柱
（5）提顶左碾脚
（6）上步右丁步
（7）跨步钩脚
（8）侧弓步挒掌靠
（9）右野马分鬃
（10）转身碾脚右挒掌
（11）起顶落掌并步势
（12）右提手

野马分鬃歌：

野马奔驰疾如风，头鬃分张蛟如龙；
腰为主宰踵为宗，全身舒展透玲珑。

第二十八式　玉女穿梭（西南 – 东南 – 东北 – 西北，80 动）

态势贞静而周行四隅，纤巧灵动，犹如织锦穿梭，称为玉女穿梭。玉女穿梭式有左右四隅之分。

（一）玉女穿梭一（西南，20 动）（图 6–38）

图 6–38

（1）转掌拍
（2）抚掌右捋採
（3）起掌右丁步
（4）跨步左劈掌
（5）滚手上仰掌
（6）左掌后挒双展翅
（7）提顶回翅耳立掌
（8）侧身左垂掌
（9）挒手双龙滚柱
（10）上步左丁步
（11）斜跨步左挒掌
（12）抚掌坠肘捋
（13）弓步仰掌左穿掌
（14）坐步靠势
（15）撤步左丁步
（16）漩涡挒掌势
（17）沉肩坠肘左竖掌
（18）右盼左顾势
（19）跨步弓步滚仰掌
（20）穿梭右按掌

（二）玉女穿梭二（东南，18动）（图6-39）

图6-39

（1）坐步靠势
（2）转身左碾脚
（3）侧身左手耳立掌
（4）回身左垂掌
（5）挒手双龙滚柱
（6）翻身后点脚
（7）转身左碾脚
（8）腾挪右丁步
（9）斜跨步右挒掌
（10）抚掌坠肘捋
（11）弓步仰掌右穿掌
（12）坐步靠势
（13）撤步右丁步
（14）漩涡挒掌势
（15）沉肩坠肘右竖掌
（16）左顾右盼势
（17）跨步弓步滚仰掌
（18）穿梭左按掌

（三）玉女穿梭三（东北，24动）（图6-40）

（1）坐步靠势
（2）转身右碾脚
（3）落手右丁步
（4）右提手
（5）转掌拍
（6）抚掌右捋採
（7）起掌右丁步
（8）跨步左劈掌
（9）滚手上仰掌
（10）左掌后挒双展翅

图 6-40

（11）提顶回翅耳立掌
（12）侧身左垂掌
（13）挒手双龙滚柱
（14）上步左丁步
（15）斜跨步左挒掌
（16）抚掌坠肘捋
（17）弓步仰掌左穿掌
（18）坐步靠势
（19）撤步左丁步
（20）漩涡挒掌势
（21）沉肩坠肘左竖掌
（22）右盼左顾势
（23）跨步弓步滚仰掌
（24）穿梭右按掌

（四）玉女穿梭四（西北，18 动）（图 6-41）

图 6-41

（1）坐步靠势
（2）转身左碾脚
（3）侧身左手耳立掌
（4）回身右垂掌
（5）捌手双龙滚柱
（6）翻身后点脚
（7）转身左碾脚
（8）腾挪右丁步
（9）斜跨步右捌掌
（10）抚掌坠肘捋
（11）弓步仰掌右穿掌
（12）坐步靠势
（13）撤步右丁步
（14）漩涡捌掌势
（15）沉肩坠肘右竖掌
（16）左顾右盼势
（17）跨步弓步滚仰掌
（18）穿梭左按掌

玉女穿梭歌：

玉女穿梭四隅行，纤巧灵动如神传；
连绵不断穿梭行，拧身回转腰宰定。

第二十九式　穿掌下势（南，30 动）（图 6–42）

图 6–42

将身下降以避来势称为下势。用十字穿掌下势称穿掌下势。

（1）坐步靠势
（2）转身捋採右丁步
（3）右提手
（4）转掌拍

（5）抚掌右捋势
（6）右採势
（7）丁步右竖掌
（8）进步预备按
（9）按势
（10）提顶右舒掌
（11）拢指挂钩
（12）提顶收鞭左丁步
（13）退步展鞭
（14）坐步靠势
（15）转身右碾脚
（16）挒手拉单鞭
（17）马步单鞭
（18）斜弓步单鞭掌
（19）回鞭转身右碾脚
（20）提顶腾挪左丁步
（21）跨步弓步右劈掌
（22）弓步十字穿掌势
（23）十字坐步靠
（24）转身上挒左碾脚
（25）右碾脚
（26）起顶左脚侧丁步
（27）提顶左提膝
（28）仆步下势双穿掌
（29）撩靠左弓步
（30）提顶起掌右垂掌

穿掌下势歌：

下势仆步俯弥深，腿臂相随肩上靠；
脊骨正直不前倾，两足平松气下沉。

第三十式　金鸡独立（东，12 动）（图 6–43）

图 6–43

一足独立、一足起提，一手上扬、一手下抑，仰之则弥高，抑之则弥深，如金鸡独立展翅状的潇洒姿态，称为金鸡独立。

（1）提顶起脚右丁步
（2）起顶竖腰右提膝
（3）右手上扬左下按
（4）金鸡左独立
（5）落脚右丁步
（6）右捋採
（7）翻掌左抚掌
（8）跨步右弓步
（9）抚掌仰穿掌
（10）提顶收翅左提膝
（11）左手上扬右下按
（12）金鸡右独立

金鸡独立歌：

金鸡展翅独立守，稳静身直神虚灵；
上扬下抑足底松，提足寓有膝足攻。

第三十一式　十字摆莲（西，14动）（图6-44）

图6-44

将两手交叉左右横分，形如十字，同时起脚摆踢，疾如风摆荷叶，开而复合，称为十字摆莲。

（1）落脚左丁步
（2）左捋採
（3）左翻掌右探掌
（4）高探马

（5）右捋採　　（10）坐步靠势
（6）跨步左吐信　　（11）转身左碾脚
（7）白蛇吐信　　（12）翻身右点脚
（8）吞信左翻掌　　（13）点脚十字手
（9）迎面掌　　（14）转身起手右摆莲

十字摆莲歌：

转身交叉显十字，乘势起足向旁踢；
疾如风摆荷叶开，神灵腰柔开合定。

第三十二式　搂膝指裆捶（西，15 动）（图 6-45）

图 6-45

上步搂膝乘势以捶击其裆部者，称搂膝指裆捶，为太极五捶之一。

（1）落步右丁步　　（7）提顶左丁步
（2）提顶右退步　　（8）起手右横扩
（3）左顾掌　　（9）右手回耳左按掌
（4）双捋採　　（10）进步左搂膝
（5）右盼掌　　（11）转身圈手
（6）捋採坐步靠　　（12）回身预备捶

（13）指裆捶　　　　（15）进步捶

（14）提顶起脚右丁步

搂膝指裆捶歌：

上步搂膝击其裆，右肩松开身前探；

神灵脊竖气贯捶，周身一家忌猫腰。

第三十三式　单鞭下势（南，25 动）（图 6-46）

图 6-46

将身体下降避来击之势称下势。以持单鞭下势称单鞭下势。

（1）松捶左上步

（2）右上步丁步

（3）右提手

（4）转掌拍

（5）抚掌右捋採

（6）丁步右竖掌

（7）进步预备按

（8）按势

（9）提顶右舒掌

（10）拢指挂钩

（11）提顶收鞭左丁步

（12）退步展鞭

（13）坐步靠势

（14）转身右碾脚

（15）挒手拉单鞭

（16）马步单鞭

（17）斜弓步单鞭掌

（18）转身右碾脚

（19）左掌上捋抚右腕
（20）右手翻钩
（21）起顶左脚侧丁步
（22）提顶左提膝
（23）仆步下势左捋掌
（24）穿掌靠
（25）弓步后反钩

单鞭下势歌：

仆步下引左探掌，右手后钩寓单鞭；
穿掌弓步七寸靠，两足平松神虚灵。

第三十四式　上步七星（东，4 动）（图 6-47）

图 6-47

双臂交叉，两掌斜行，向前上步，犹如北斗七星，称为上步七星。

（1）起顶松脚右起步
（2）松鞭右丁步
（3）回手上步双交捶
（4）七星势

上步七星歌：

上步七星解敌攻，两臂斜对如北斗；
交叉十字寓掤挤，掌捶膝足皆备用。

第三十五式　退步跨虎（东 – 西，10 动）（图 6–48）

图 6–48

退步两臂分张与肩平，一掌一钩，一足立地，一足提起，状如跨虎，称为退步跨虎。

（1）起顶右起脚　　（6）提膝独立东跨虎
（2）退步坐步靠　　（7）转身左点脚
（3）落捶左丁步　　（8）翻身右碾脚
（4）起臂双展翅　　（9）提顶左丁步
（5）左掐拳右竖掌　　（10）提膝独立西跨虎

退步跨虎歌：

退步跨虎脊背舒，一手立钩一手掌；
身体耸立腿跨虎，气沉丹田神虚灵。

第三十六式　转身双摆莲（西 – 东，14 动）（图 6–49）

将身旋转，双手起舞，右脚摆莲旁踢，状如旋风开而复合，称为转身双摆莲。

（1）落步左丁步　　（2）回手高探马

图 6-49

（3）右捋採

（4）跨步左吐信

（5）白蛇吐信

（6）吞信左翻掌

（7）迎面掌

（8）坐步靠势

（9）转身左碾脚

（10）翻身右点脚

（11）转腰上捌双伸掌

（12）右脚外摆踢

（13）两手旋风双拍脚

（14）落脚右丁步

转身双摆莲歌：

转身横扫身后手，双掌起舞如风旋；
起脚旁踢双摆莲，神灵气沉身中正。

第三十七式　弯弓射虎（东，4 动）（图 6-50）

双拳自右向左，状如猎夫骑马张弓射虎，称为弯弓射虎。

（1）斜上步弓步双挂捶

（2）提臂双上捌

（3）转身弯弓预备势

（4）弯弓射虎

弯弓射虎歌：

两臂运行腰身随，双拳前击螺旋行；

图 6-50

骑马弯弓状射虎，身体舒松稳中定。

收功式（南，50 动）

（一）合太极归无极（东 – 西 – 南，43 动）（图 6-51）

图 6-51

（1）起顶左丁步

（2）回手高探马

（3）右捋採

（4）跨步左吐信

（5）白蛇吐信

（6）吞信左翻掌

（7）迎面掌
（8）坐步靠势
（9）转身左碾脚
（10）腾挪右丁步
（11）右提手
（12）转掌拍
（13）抚掌右捋势
（14）右採势
（15）翻掌左採势
（16）进步预备挤
（17）挤势
（18）左顾肘势
（19）右盼肘势
（20）旋腰右掸手
（21）提顶坠肘捋
（22）仰掌右穿掌
（23）坐步靠势
（24）退步右丁步
（25）漩涡右捌掌
（26）沉肩坠肘右竖掌
（27）进步预备按
（28）按势
（29）提顶右舒掌
（30）钩挂抖弹
（31）起顶收鞭左丁步
（32）退步展鞭
（33）坐步靠势
（34）转身右碾脚
（35）捌手拉单鞭
（36）马步单鞭
（37）斜弓步单鞭掌
（38）提顶实右腿
（39）起顶左回步
（40）松钩双展翅
（41）合翅双亮肘
（42）两手松落
（43）合太极归无极

（二）拢气收功（南，7 动）（图 6-52）

（1）脚分虚实实右腿
（2）左脚回圈
（3）两臂横捌
（4）收翅双转掌
（5）两臂拢气
（6）拢气归元
（7）恭身立正

图 6-52

《太极歌》

静中触动动犹静，动中归静静还虚；
一式一动又一定，一动一静俱混然；
有无相生修大道，造化还原炼太极；
阴阳相济悟拳理，修心养性存玄德；
滔滔太极长拳毕，气血平和回丹田。

附录

大道太极拳源流

吴子玉　尹风雷　编著

第一节 大道太极拳的创立与要旨

北京航空航天大学位于北京城北，校园内绿树成荫，小桥流水，假山座座；绿园荷花池内，夏秋季节“映日荷花别样红”，池中喷泉水柱数丈之高，甚为壮观。在这样风景优美的环境中，常年活跃着一批太极拳修炼者，无论是酷暑还是严冬，他们的修炼从不间断。每到周末和节假日，都有一些人从北京城的四面八方，甚至从外地赶到绿园同这些修炼者会合，聆听一位老师讲解太极拳。这位老师就是著名太极拳家、北京航空航天大学教授黄震寰先生。

先生中等身材，头脑睿智，身体轻灵，神采奕奕，虽已年近 90，看上去却像是中年人。他同弟子们推手时拿发的高超技艺令人赞叹不已。他同人搭手时，一会儿不动声色地令对方轻轻地拔根浮起；一会儿看似神态自若，转瞬间风云突变，爆发出极强的力量，使对方六神无主、惊惶失措，跌出丈外。前者叫“文发”，是极好的养生和体悟的方式；后者叫“武发”，是很好的自卫防身方法。其情其景深深吸引和感染着在场的人们，使很多人萌发出学习太极拳的念头。

黄先生曾任北京航空航天大学电子工程系无线电导航专业教研室主任，是我国无人机领域的先驱，为国家的航天事业做出了杰出贡献。先生自少年时代就开始修习太极拳，迄今已有 70 多年。1947 至 1952 年于上海启蒙，受教于杨式太极拳大师田兆麟先生；1969 至 1989 年间，于北京师从吴式太极拳大师吴图南先生；1980 年前后又师从如意太极拳大师石明先生。先生酷爱太极拳，工作之余，全身心投入太极拳修习。在几位大师的言传身教下，先生经过刻苦修习，加之悟性极高，对太极拳有了深刻的理解与体悟。

1982 年，先生开始授徒教拳。1991 年，他与吴图南先生的弟子们共同创建吴图南武术思想研究社，并任常务执行副社长。

1994 年退休后，先生全身心投入太极拳和道家丹道理论研究，同时进行艰巨的实践修炼验证，并不断有所创新，最终将太极拳道与道家丹道完美融合于一体，创立了大道太极拳。

先生认为，大道太极拳不是新拳种，而是太极拳的上乘功夫。他提出了“道修”的概念，强调借拳悟道，修炼中“以拳载道，拳道合一”，“内练太极丹道，外用太极技艺”，以养生为本，技击为末。

道修即性命双修。太极拳是动功，太极丹道是静功。修道养寿是大道，技击是余事。“穷理尽性以至于命”这个口诀是性命之学的纲要，也是大道太极拳修炼的基本步骤。要一面穷理，一面尽性，尽性立命，后天返先天。

“武修”是以输赢论英雄，或欲达武术的最高峰，长此以往，身体耗损成疾，或早衰亡。太极拳武修讲气沉丹田（脐腹部），注重内劲运转，脚底上手或腹丹田能出手，究其实质仍是后天意识用事。运行路线是：起于脚跟，发于腿，主宰于腰，形于手。武修重输赢，容易以形体的拙力或内劲合手发放对手，耗费体力，易生伤害。

而道修的目的是修道养寿、祛病延年，要求修炼太极内丹功，内气运行走大小周天，得涌泉丹，运用踵呼吸，化气至上丹田泥丸得神。道修的特点是神主明、气主动、腰主形。大道太极拳拳架和推手，体不妄动，完全基于涌泉吞吐气化神形成的丹元场，通过神气的转换变化，带动形体动作，并发动“场势”，使对手浮气拔根而跌出。运行路线是：起于涌泉，化于神，发于丹，出于手。道修推手以真气舒布对方，相互疏通经络，始终松柔软通空，有助于养生。

太极拳道修与武修有着根本的区别，先生划清了道修与武修的界限，倡导太极拳由“招、术、形、劲”的锻炼及后天意气使然的武修升华为拳道合一的道修，这在太极拳发展史上写下了光彩夺目的一笔。

大道太极拳修炼的系统工程是强体壮精、炼精化气、炼气化神、炼神还虚、炼虚合道。修炼总纲分初、中、高三阶：肢体松柔软，体内松空通，全体虚空无。修炼的态势是放下、忘了、浩然。

无极静桩功是大道太极拳最重要、最基础的入门功法，是不二法门、无上妙法。它的特征是态无极、法无为、静悟道、桩立基。其修炼的方法遵循“有无相生”规律，即“无为入，有为炼，返无为”。当无极静桩功由无极而太极的触动，导息而进入太极拳架修炼模式时，自然进入内调息、外吞吐的心、息、形相依修炼，“神主明，气主动，腰主形”体现了“拳以载道”的修持，在拳架中同时体现“有无相生，动静相因，阴阳相济，吞吐相变”的道修性质。

先生的推手功夫高深莫测，已达空灵化境。每逢节假日，在北航校园练功场，先生带领弟子们练习养生推手、空灵推手，研究太极凌空现象，并进行“镇日玩真空”的深入探索。

近 40 年来，先生不间断地在海内外各地义务教授大道太极拳，弘扬太极拳这一中华瑰宝，其诲人不倦和无私奉献的精神，实在令人敬佩。先生思想开放，鼓励弟子们授徒，教学相长，发展创新，把大道太极拳理法发扬光大。

第二节　大道太极拳理法体系的形成与发展

先生退休时，正赶上20世纪90年代改革开放的大潮。作为北京航空航天大学教授、博导，先生有着雄厚的专业实力，下海经商或应聘当顾问，都能轻松为之。但恰恰相反，先生做了令人意外的抉择——以“太极拳学者”自任，全身心地投入太极拳研究，传授弟子并参加国内外的学术交流活动。此举足以说明，先生同大道、同太极拳有着深厚的渊源，负有使命。后来的事实也充分证明，先生领悟到了太极拳博大精深的真谛。

一、大道太极拳理法体系的形成过程

1990年先生撰写《太极拳第二运动系统》一文，并在1991年吴图南武术思想研究社成立大会上进行了宣讲。该文将运动状态分为一般运动系统、太极拳

放松运动系统（第一运动系统）和太极拳虚空运动系统（第二运动系统）。在对三种运动状态进行比较后，先生得出结论：太极拳修炼应该由放松运动系统转变到虚空运动系统，如此才能达到养生长寿的目的。在修炼方法上，先生特别强调，无极静桩功是大道太极拳修炼最重要的功法，是太极拳入门的无上妙法。无极桩是获得涌泉功（底气功）的不二法门，而底气功是太极拳上乘功夫的基础功。这些标志着大道太极拳功法体系的初步形成。

1992—1994 年，先生应北京市海淀区太极拳气功协会邀请，为该区数百名教练员讲授太极拳松功、单操功、养生推手等，共集训了 3 个冬季。先生通过集训验证了功理，获得了教学经验。

1994—1998 年，先生研读了大量儒释道经典及太极拳拳论，汲取 3 位太极拳先师武术思想精华和杨式、武式、吴式太极拳精粹，总结教学实践经验，撰写《论太极拳抽丝功》《太极拳松功十法》，教授太极养生推手等，将太极拳由招、术、形、劲的锻炼升华到道的修炼。先生在理论和实践中凝结了大量的心血，不断强调：练松功，先要心松、神松、意松、气松，而后达到形松。形松要达到内松五脏六腑、外松筋骨皮肉，最后达到大松、大柔、大软、大静、大虚（简称“五大”)和无形、无象、无根、无源、无点（简称“五无”）。这一时期，大道太极拳功法体系逐步丰富。

1998—2002 年，先生运用《道德经》《易经》及太极拳理论揭示的宇宙空间万物造化－还原运动的根本规律，及道家丹道周天之理，以吴图南先生所传太极拳（定式）为基础，汲取杨式、武式、吴式太极拳的特点，创编大道太极拳功架，强调行拳过程要做到：

第一，必须遵循《道德经》揭示的宇宙间有无相生、阴阳相济、动静相因、吞吐相换的造化－还原基本规律，并贯彻行拳过程的始终。

第二，必须遵循道家丹道周天之理，次第修证小周天和大周天，实现内气循“任脉－涌泉，涌泉－督脉”运转，进而实现“中黄直透”，以神气运行触动形体运动并贯彻始终。

第三，必须以太极之理修炼内丹，形成丹元场，实现养生护体并贯彻始终。

2002—2003 年，先生在《〈授秘歌〉与大道太极拳》一文中全面阐述了大道太极拳的原理、修炼方法及实践成果，并着重指出《授秘歌》揭示了太极拳的内炼秘诀和全体大用，是太极拳修炼的至高口诀。还进一步指出，《授秘歌》是太极拳上乘功夫修炼的原理和方法，也是太极拳修炼者的目标和归宿。此文以《大道太极拳》《〈授秘歌〉中的太极拳理》等为题分 4 期刊登于《武魂》杂志（2002 年第 11 期，2003 年第 1、2、3 期）。

2003 年 3 月，先生又在北京召开的大道太极拳研讨会上宣读论文《太极拳丹元场》。文章阐明以太极原理修炼内丹，在体外形成丹元场，因其无形无象的性质，在推手时不易为对方察觉，克服了太极拳武修中产生的“力”和“劲”的有形有象、易为对方所制的缺陷。正如《周易参同契》云：“有形易忖量，无兆难谋虑。”先生还用现代科学理论解释了这个现象，这不但丰富了大道太极拳理论，而且为深入理解和研究太极拳修炼、养生推手开拓了新思路、新境界。

至此，大道太极拳理法体系完全形成。

二、大道太极拳理法体系的深入发展

先生 2013 年出版的《大道太极——太极拳修炼理论与实践》（以下简称《大道太极》）系统地阐述了大道太极拳的修炼理论和实践方法。先生特别强调了两大重点：一是太极丹道的修炼，即道修；二是无极静桩功的修炼。

先生在 2013 年前后提出“太极五空”，即身空（腰胯手空）、心空、脑空、底空（涌泉空）、气空，为大道太极拳修炼指明了开悟的方向。“空”是“道”之体。在太极拳家讲“无形无象，全身透空”，在道家讲“空则通灵，通灵则变化由心”，在佛家讲“五蕴皆空，度一切苦厄”。

2017年4月，在大道太极拳内部研讨会上，先生做了题为《大道太极修炼中的几个基本概念》的讲座，这是一次集大道太极拳理论概念及修习方法于一体的精彩讲座，共讲了12个问题，先生对太极拳修炼的认识和修习都有了更加深入的阐释。

2018年10月，在北京大道太极拳内部推手研训班，先生做了《大道太极推手理论与实践》的讲座，阐明大道太极拳内求修心养性以合道、外用太极武艺以护体，指出大道太极拳体系由无极太极丹道基础功、太极拳架和太极推手组成，三者缺一即不成体系。

大道太极拳的拳架和推手是在丹道理论基础之上的修炼，十三势用太极丹道来充实。拳架要以“无极太极之内功”修炼太极十三势，修知己功夫，为“体”。在双人对练的推手中贯以十三势，组成“十三式”“十三法”，练知彼功夫，为“用”。有体有用，体用结合。

先生指出太极推手按技艺和表现性质，有形推、劲推、气推、神推之分。

形推靠物理的“力”和“形招”以对抗，表现为“大力打小力，手慢让手快”，反映在手上和身上是“外棍外板”。

劲推就是“招中含有内劲”，劲推有劲源、劲头、劲路，有形有象，其内劲、内力反映在手上和身上是“内棍内板”。无论是“外棍外板”还是“内棍内板”，都属于“形而下谓之器”的性质。

气推则化劲为气，以意导气，以气运身，由脚而腿而腰，完整一气，出于身，现于手，犹如气球一摸必整，找不出棍板，归于“气打”范畴，表现为气球性质而能弹出。气推已属于无形无象了，但仍属于“意气使然”，意到气到功到，归根到底，还在“用意”层次，仍偏向后天功。

神推归于“神打”范畴。“神打”一定要修炼到炼气化神、炼神还虚的境界，表现为“无形无象，全身透空，应物自然”。此时修炼者“肢体松柔软，体内松空通，全体虚空无”，可谓“阶及神明”。

三、大道太极拳理法体系的特点

先生师古而不泥古，在继承传统的同时敢于超迈前人，不断创新，建立了严谨的大道太极拳理法体系，并提出一整套修炼方法，极大地丰富了中国太极拳宝库。这套理法体系有着非常鲜明的特点。

（一）以德为先

先生提出的练拳六原则是：忠国、孝亲、尊师、积德、为学、为道。忠国、孝亲、尊师重道是先生一贯的主张与要求。而在继承了几位先师的武学精髓的基础上，先生几十年如一日，不辞辛苦地把自己的所学所悟毫无保留地传授给有心求道之人。大道太极拳传播到全国各地及海外各国，很多人因此而受益，也彰显了中国太极文化的巨大魅力。先生以“不言之教”为弟子和学生们树立了榜样。

（二）涌泉功，亦称涌泉丹

大道太极拳无极静桩功强调“气沉丹田，以气沉涌泉为究竟”，精气神聚而化合，得涌泉丹能（即炼精化气）。在无极态中，以踵呼吸（涌泉呼吸）为宗，外吞吐，内调息，走大小周天。无论吞或吐，皆是降浊升清而侧重不同。

（三）丹摆功

大道太极功法的丹摆功就是先生所讲的“无为入，有为炼，返无为”中的“有为炼”。丹摆功属动功，是以丹能的运行实现纵向的开关展窍。这里一定是以丹能的运转带动形体，而不是以筋骨气力发动，否则就是歧路杳渺。大道太极拳的丹摆功又有双丹摆和单丹摆，双丹摆着重腹丹能到涌泉的运转，而单丹摆注重涌泉丹能的上化。

（四）神功，亦称神丹

涌泉得丹能后，清阳的能量松升到泥丸百会。这个松练过程可归于炼气化神。化神得（阳）神，就可用神，继而就可以炼神还虚了。此为不神之神，即先天之神。至此，无极静桩功的“虚领其神”就变成了“其神虚灵”。神于天地合一，乃至于虚空合一。

太极拳推手大多是以力相抗，比较好的是以内劲相抵，后天之神用事，有形有象。再高层次的推手，是用丹田内气带动相互推挽，但是涌泉无反射，以识神用事，仍属“有形有象”或“无形有象”的层次。而得“神丹”后的太极推手可“纯以神行”，其外在表现是“浮气拔根”而“无形无象”，此乃神之妙用。

（五）丹元场

丹元场是“气”通过炼气化神、炼神还虚，虚化成的场能和场势，其实质是“能”。纯阳之气入泥丸而化，弥散至虚空，亦可像波一样散播。儒家圣人孔子说“神无方”，也是指神自然合于天地，乃至虚空。道家《黄庭经》有“头戴白素足丹田”，正是大道之修所讲的炼神还虚的体现。

以“神行”让对手浮气拔根、失措跌出，实质是丹元场的场能和场势的变化。通过神、气的转换，形成“能”的“空”“有”变换，进而产生“势”的变化。跟传统的“跟劲传送”或“丹能出手”相比，由有形转为无形，由有向转为无方，由物介转为空中，实质是“后天意气用事”转为“无为真气妙用”。

（六）漂飘缥

在修炼“行无、身空、神虚、心零”的过程中，修炼“漂飘缥”是必经之途。

“漂”，原指物体浮于水面，如浮萍之漂。能舍己从人，既有根，又如无根，脚底下漂，称为“形漂”。“飘”，“飘风”之“飘”，指物轻灵飘荡，如飘叶或气球乘虚飘动，为“气飘”的性质。太极拳功夫训练有素者，行拳潇洒飘逸，表现出飘动而不是沉重之根，比轻灵的根还活泼。练气松沉，可使形端直而得“气中定”，浊阴下降之气得稳，清阳上升之气为轻、为虚，这个至轻至虚之气升阳谓之“飘”，故称为“气飘”。这就达到了第二个层次——气虚身空的阶段了。“缥”是最高层次的，形容云的虚无缥缈、变幻莫测、似有实无，是神的层次，返空了、还虚了，谓之“神缥”。炼气化神转为炼神还虚的这个初效阶段，可称为“神缥”。

修炼层次是要不断提升、永无止境的。只有做到神还虚、形回无、身返空、心归零、气入清，才能练成“无形无象，全身透空”的上乘功夫。

（七）虚空功

“无形无象，全身透空”是太极拳修炼的真正上乘功夫，是后天返先天的功夫，只有潜心修炼方能得之。“全身透空”是在身空、心空、脑空、底空、气空的基础上形成的大道太极拳最高境界，是在无极静桩功态中，由先天之神修炼到脚底的根虚净了，身体有腾虚的效应，就会到漂飘缥阶段。

如果说神功很神奇、神妙，那么虚空功就是变幻莫测。太极拳武修者局部做空，或丹田出手、回归时做空，同“无形无象，全身透空”根本就不在一个层次。

在太极推手中，对方会体验到有手两手空、有身全身漂空、有脚脚底根空、有神神缥空无方，会觉得惚兮恍兮、浮气拔根、空无所倚、心似荡、神似无主、无奈何。当到这个层次，就可得空中屈伸的妙用了。

凡有幸看到黄先生同对方搭手做虚空表演的人，看到对方不知所以、六神无主的惊心动魄场面，无不惊叹叫绝。黄先生解释此现象的理法是，以“已有”同对方合成一体，当“已有”突然变成“已空”时，对方的头脑身心立即失去平衡。

（八）“太极大通”与“虚空玄同”

以无极静桩功，站忘无我，松透静极，与太虚同体，谓之“大通”。炼神还虚进入“玄而非实，同而一如”境界，与虚空合一，玄妙齐同。“太极玄同”即是“太极丹道”与“玄同体”融合而形成形、气、神玄同一炁的状态，形成“玄同场”。

在“大通”与“玄同”态中，是一种“其大无外，其小无内，仰之弥高，俯之弥深”的境界，是“非空非有，即空即有，非阴非阳，阴阳俱足”的不二状态，也是“虚空圆满”态。“神”之所至，“能”即所现，不用以意导气及以气运身，“能”的变化是以玄同的方式，无点、无源、无运行线路，不是前后、上下等单方向的变化，也不是阳或阴单极转换，而是同体“一空俱空，一满俱满”的性质。

“真空妙有”的虚空玄同，受者会有一体同空或同有之感，自身仿佛被玄同场融化一同，身体的每个点都会有化空或充满的觉受。是施者、受者、玄同场一体不二的性质。

（九）“空中屈伸”和“空中粉碎”

气“化神得神”而“神主宰”，通过神、气的转换，丹能在丹元场中形成场势的变化，丹能可以矢量化运作，好似在空中完成的，称为空中屈伸。空中屈伸包含点击推按、钩挂抖弹、吞吐呼吸、浮气拔根、滚挫折磨、分摆蹬踢等多种形式。这时候再进行推手，对手完全找不到真实目标，强大的力量也无从发挥。

玄同场中场能的空、满转换，空则同空，满则同满，“真空妙有”皆备，而瞬间的丹能遍满和归零会形成“空中粉碎”，受者会产生如爆炸般的失控之感。

（十）以养生为本

“人法地，地法天，天法道，道法自然”（《道德经》），这是老子发现并留给人类的养生法典，是对道家“天人合一”养生观最全面、最权威的阐述。“人法地，地法天”是讲人身小宇宙的上下阴阳同大宇宙的天地阴阳相通相合。如果能悟透这两句话，后面两句“天法道，道法自然”就不那么难理解了。

无极静桩功比其他桩功更能体现老子的四句养生法典。人身的上下（天地）阴阳，比之自身的前后阴阳、左右阴阳、内外阴阳，是主导性的。这是因为人身的骨架结构及其活动，是以脊椎骨为主体的。如果能够悟透此理，无极静桩功的突破就不是很难的事。

先生是我们的楷模，他以自己的实际行动诠释了张三丰“欲令天下豪杰延年益寿，不徒作技击之末”、吴图南大师“太极拳修的是大道，技击乃太极拳余事”等理念。先生今年已届 90 岁高龄，看起来却仍像五六十岁，神采奕奕、精力充沛，奔波在传道教拳的路上。每逢节假日，先生必到练功场释疑解惑，并耐心示范，轻松自在，神采不减当年，令人感动。

第三节 大道太极拳的传承

“柳荫边，松影下，竖起脊梁诸缘罢；锁心猿，擒意马，明月清风只说长生话。”先生道修悟后，放弃了一切社会名利，在北航绿园布道有缘人，专心教学。先生常年在北航任教，弟子和学生大都是高级管理人员和科技人员，这是自然形成的，并不是主观所为。任何有缘前来求理求法之人，先生总是高兴接纳、真心传授。先生教弟子从不收学费，义务授拳几十年，对弟子一视同仁，没有亲疏之分，来去自主。可以说是有教无类，广纳有缘，俱舍无求，大愿利生。

大道太极拳开放包容，若有其他门派的武术家及爱好者到场交流切磋，先生都表示欢迎。先生要求弟子学生取人之长，对他人短处以理剖析，不妄议贬低，体现出和为贵的学术交流之风。

先生反复强调，无极静桩功是入道之门、道修之基。没有真正的突破，不得无极玄同态，就没有大道的魂，拳架推手只是空壳无实。所以先生要求大家先静心站好无极桩，获得突破，继而练习并步桩、分步桩，再做到举手投足、行住坐卧乃至重压之下都能保持桩态、心态。由此，从初步入门到深入道修，明理尽性。

先生多次应弟子、同修邀请，奔波于国内外各地传播大道太极拳。他高尚的道德、出神入化的技艺、变幻莫测的推手、空然飘逸的身形震撼和感动了很多武术爱好者，使他们从心底升起从学的愿望。迄今为止，先生收徒已有 40 多次，正式拜师的弟子近 300 人，遍及海内外。

在国内很多地区（包括香港），经常可以看到大道太极拳爱好者站无极桩的身影，美国、俄罗斯、西班牙、新加坡等国也拥有众多大道太极爱好者。2018 年 6 月，永城大道太极协会成立。大道太极拳之所以有这么旺盛的生命力，被越来越多的人接受，主要是因为大道之行，益于身心，当然也得益于先生和广大大道太极拳传承者不辞辛劳的传播。

先生将几十年的所参所悟和盘托出，不留秘密。鉴于道修需要真悟，而“道”不可说，难以描述，老师同讲，而弟子所会千差万别，极难悟得真实，所以先生总是谆谆教诲，极其耐心，从不指责。大道太极拳所特有的无极态、腾虚缥空、虚空态、玄同态等，不是语言能描述的，也不是听懂道理就能达到的，所以必须是老师千万遍地身授演示，弟子才能直观体会。所以无论聪颖愚钝，每个人的成长无不倾注着老师的心血。

先生谆谆，学者萌萌。开始时木石难开，但先生毫不气馁，每每千语万法，点化生明。经过先生和习者双方长期不懈的努力，近年来一批修炼者取得重要突破。可以预见，今后将有更多的修炼者进入大道太极之门。

跋

2013年出版的《大道太极——太极拳修炼理论与实践》售罄后，因故一直未予重印，许多读者求之不得，纷纷询问。近十年来，本人教学相长，持续总结修炼心得体会，修订《大道太极》亦是自然而然。

整体而言，我融合体证了田师“涌泉论、推手八法”，吴师“松功论、反射论、无形无象论、不思而得论”，以及石师“漂接走、虚空散论、无极太极”等，经年参悟《道德经》《黄庭经》《悟真篇》《大丹直指》《周易参同契》《性命圭旨》等经典，逐步将武修升华为道修，新版的《大道太极》更为系统深入地呈现了我几十年的研修成果。本人一生致力于传承弘扬中华优秀传统文化，尽力将其精神内涵融会贯通并行诸文字，毫无保留献予同道同修和广大读者，但愿对大家有所裨益。

付梓之际，我要感谢汪涛对出版事宜的用心安排，尹风雷对整部书的结构调整及整体编排，梁国柱对拳架及单操分解式的整理与编写，罗为民、戴东亚对拳架讲解的整理，李清生对调息功的整理，马启荣、杨斌对松功的部分整理，赵保平对单摆功的整理，余玉材、梁国柱、李贵宇对文稿的校对，刘志刚、陶雨生、张彦中对太极拳架的拍摄以及洪启煌、张晓明等其他弟子亲友的大力协助！

黄震寰

2022年2月于北京航空航天大学

人文武术精品书系

北京科学技术出版社

武学名家典籍丛书

杨澄甫武学辑注 《太极拳使用法》《太极拳体用全书》	杨澄甫 著 邵奇青 校注
孙禄堂武学集注 《形意拳学》《八卦拳学》《太极拳学》 《八卦剑学》《拳意述真》	孙禄堂 著 孙婉容 校注
陈微明武学辑注 《太极拳术》《太极剑》《太极答问》	陈微明 著 二水居士 校注
薛颠武学辑注 《形意拳术讲义上编》《形意拳术讲义下编》 《象形拳法真诠》《灵空禅师点穴秘诀》	薛 颠 著 王银辉 校注
陈鑫陈氏太极拳图说（配光盘）	陈 鑫 著 陈东山 陈晓龙 陈向武 校注
李存义武学辑注 《岳氏意拳五行精义》 《岳氏意拳十二形精义》《三十六剑谱》	李存义 著 阎伯群 李洪钟 校注
董英杰太极拳释义	董英杰 著 杨志英 校注
刘殿琛形意拳术抉微	刘殿琛 著 王银辉 校注
李剑秋形意拳术	李剑秋 著 王银辉 校注
许禹生武学辑注 《太极拳势图解》 《陈氏太极拳第五路·少林十二式》	许禹生 著 唐才良 校注
张占魁形意武术教科书	张占魁 著 王银辉 吴占良 校注
王茂斋太极功	李培刚 辑校
太极拳正宗	杜元化 著 王海洲 点校
太极拳图谱（光绪戊申陈鑫抄本）	陈鑫 著 王海洲 藏
陈金鳌传陈式太极拳暨手抄陈鑫老谱	陈金鳌 编著 陈凤英 收藏 吴颖锋 薛奇英 点校
黄元秀武学辑录 《太极要义》《武当剑法大要》 《武术丛谈续编》	黄元秀 编著 崔虎刚 点校

武学古籍新注丛书

王宗岳太极拳论	李亦畬 著 二水居士 校注
太极功源流支派论	宋书铭 著 二水居士 校注
太极法说	二水居士 校注
手战之道	赵 晔 沈一贯 唐顺之 何良臣 戚继光 黄百家 黄宗羲 著 王小兵 校注
李氏太极拳谱	李亦畬 著

百家功夫丛书

张策传杨班侯太极拳108式（配光盘）	张喆 著 韩宝顺 整理
河南心意六合拳（配光盘）	李洳波 李建鹏 著
形意八卦拳	贾保寿 著 武大伟 整理
王映海传戴氏心意拳精要（配光盘）	王映海 口述 王喜成 主编
张鸿庆传形意拳练用法释秘	邵义会 著
华岳心意六合八法拳	张长信 著
戴氏心意拳功理秘技	王 毅 编著
传统吴氏太极拳入门诀要（配光盘）	张全亮 著
吴式太极拳八法（配光盘）	张全亮 马永兰 著
拳疗百病——39式杨氏养生太极拳（配光盘）	戈全刚 戈美葳 著
尚济形意拳练法打法实践	马保国 马晓阳 著
非视觉太极——太极拳劲意图解	万周迎 著
轻敲太极门——太极拳理法与势法	万周迎 著
冯志强混元太极拳48式	冯志强 编著 冯秀芳 冯秀茜 助编
刘晚苍传内家功夫与手抄老谱	刘晚苍 刘光鼎 刘培俊 著
赵堡太极拳拳理拳法秘笈	王海洲 著
京东程式八卦掌	奎恩凤 著
功夫架——太极拳实用训练	朱利尧 著
道宗九宫八卦拳	杨树藩 著
三十七式太极拳劲意直指	张耀忠 张 林 厉 勇 著
说手——太极拳静思录（全四卷）	赵泽仁 张 云 著
太极拳心法体用——验证与释秘	宋保年 杨 光 编著
宋氏形意拳及内功四经精解	车润田 著 车铭君 车 强 编著
陈式太极拳第二路——炮捶	顾留馨 著
孙式太极拳心解：三十年道功修习体悟	张大辉 著
王文魁传程氏八卦掌精要	王雪松 编著
吴式太极拳三十七式诠真	王培生 著
鞭杆拳技法与健身	毛明春 毛子木 著

民间武学藏本丛书

守洞尘技	崔虎刚 校注
通背拳	崔虎刚 校注
心一拳术	李泰慧 著 崔虎刚 校注
少林论郭氏八翻拳	崔虎刚 校注
拳谱志三	崔虎刚 点校
少林秘诀	崔虎刚 校注
拳法总论	崔虎刚 点校
少林拳法总论	崔虎刚 点校
母子拳	崔虎刚 点校
绘像罗汉短打	升霄道人 编著 崔虎刚 点校
六合拳谱	崔虎刚 点校
单打粗论	崔虎刚 点校

拳道薪传丛书

三爷刘晚苍——刘晚苍武功传习录	刘源正 季培刚 编著
乐传太极与行功	乐 匋 原著 钟海明 马若愚 编著
慰苍先生金仁霖太极传心录	金仁霖 著
中道皇皇——梅墨生太极拳理念与心法	梅墨生 著
杨振基传太极拳内功心法	胡贯涛 著
卢式心意拳传习录	余 江 编著
习练太极拳之见闻与体悟	陈惠良 著
廉让堂太极拳传谱精解	李志红等 编著
武当叶氏太极拳	叶绍东 何基洪 蔡光復 著
无极桩阐微	蔡光復 蔡 昀 著
功夫上手——传统内功太极拳拳学笔记	陈耀庭 著 霍用灵 整理
会练会养得真功	邵义会 著
八极心法——传统八极拳，现代研修法	徐 纪 著
犹忆武林人未远 ——民国武林忆旧及安慰武学遗录	安 慰 著 阎子龙 田永涛 整理
推手践习录	王子鹏 著
刘纬祥形意拳雏释	马清藻 著 马道远 马彦彦 整理
大道太极：太极拳道修诀要	黄震寰 著

功夫探索丛书

内家拳的正确打开方式	刘 杨 著
借力——太极拳劲力图解	戴君强 著
武学内劲入门实操指导	刘永文 著
武术的科学：实战取胜的秘密	〔日〕吉福康郎 著 宋卓时 译
格斗技的科学：以弱胜强的秘密	〔日〕吉福康郎 著 宋卓时 译
借势：武术之秘	沈 诚 著
太极拳肌肉解剖图解	〔西〕伊莎贝尔·罗梅罗·阿尔比奥尔等 著 刘旭彩，胡志华 译

老谱辨析丛书

马国兴释读杨氏老谱三十二目	马国兴 注释 崔虎刚 整理
马国兴释读太极拳论	马国兴 注释 崔虎刚 整理
马国兴释读浑元剑经	马国兴 注释 崔虎刚 整理

国术档案系列

太极往事	季培刚 著

格斗大师系列

伊米大师以色列格斗术	〔以〕伊米·利希滕费尔德，伊亚·雅尼洛夫 著 汤方勇 译
拳王格斗：爆炸式重拳与侵略性防守	〔美〕杰克·邓普西 著 史旭光 译

格斗技图解系列

泰拳入门技术图解	〔德〕克里斯托夫·德尔普 著 滕 达 译
巴西柔术技术图解	〔巴西〕亚历山大·派瓦 著 薄 达 译
健身拳击训练指南	〔加拿大〕安迪·杜马斯，杰米·杜马斯 著 赵 彧 孙智典 译
武术格斗解剖学图谱	〔美〕诺曼·林克，莉莉·周 著 常一川 译